本书系广东省哲学社会科学规划基金资助项目研究成果

廖仲恺家族·东江历史文化丛书之五编委会

东江文化概论

廖仲恺家族·东江历史文化丛书 五

成晓军 杨 凤
徐旭阳 吴映萍
余 彬 张菊梅
万齐洲 郑鲁晶 著

暨南大學出版社
JINAN UNIVERSITY PRESS
中国·广州

图书在版编目（CIP）数据

东江文化概论／成晓军等著．—广州：暨南大学出版社，2012.4
（廖仲恺家族·东江历史文化丛书）
ISBN 978－7－5668－0138－8

Ⅰ.①东…　Ⅱ.①成…　Ⅲ.①文化史—广东省　Ⅳ.①K296.5

中国版本图书馆 CIP 数据核字（2012）第 041673 号

出版发行：暨南大学出版社

地　址：中国广州暨南大学
电　话：总编室（8620）85221601
　　　　营销部（8620）85225284　85228291　85228292（邮购）
传　真：（8620）85221583（办公室）　85223774（营销部）
邮　编：510630
网　址：http：//www.jnupress.com　http：//press.jnu.edu.cn

排　版：弓设计
印　刷：佛山市浩文彩色印刷有限公司

开　本：787mm×960mm　1/16
印　张：14.25
字　数：269 千
版　次：2012 年 4 月第 1 版
印　次：2012 年 4 月第 1 次

定　价：32.00 元

目　录

导　言

当今世界，国家与国家之间、地区与地区之间、城市与城市之间的竞争越来越明显，也越来越激烈。在这一竞争过程中，综合实力的强弱，决定其优胜劣败。而在综合竞争力中，文化竞争力起着至关重要的作用。这是因为，文化对社会经济的渗透力逐渐增强。就整体状况而言，作为软实力的文化，已经并且继续向着硬实力转化。从而，文化与经济、政治的相互交融，软实力与硬实力的相互渗透，构成国际竞争、地区竞争的当代新图景。文化的力量，从根本上说是一种精神力量。它深深熔铸于民族的生命力、创造力和凝聚力之中，是影响综合实力消长的长期性、基础性和战略性要素。[①] 鉴于文化具有如此重要的影响力，全国各地都在推进文化建设。而在文化建设的过程中，区域性文化竞争力的培养和建设又显得特别重要。换言之，对于自然地理条件和人文社会风尚相类似，且具有历史区域性共生共存传统的特定地区内城市与城市之间的相互融合和促进，存在着特殊的文化建设价值。

广东作为中国改革开放、社会主义现代化建设的前沿阵地，惠州、东莞、深圳等地作为广东境内最具发展潜力的城市群体，在历史上又同属于“循州”→“惠州”行政建制辖区，在实施《珠江三角洲地区改革发展规划纲要》，大力推进文化建设步伐的重要历史时刻，应当具有更高的目标和长远发展的眼光，以历史上形成的东江区域经济、政治和文化教育联合体为己任，“必须确立更高层次、涵盖更广泛范围的文化核心，形成强势文化，以凝聚和团结更多更广阔的资源为我所用”[②]。历史具有连续性，文化也具有连续性。现实生活中的许多方面，与历史存在着直接或间接的联系。因而，总结、梳理、开发、利用东江地区历史文化资源，不仅可以凸显惠州、东莞、深圳、河源、汕尾等地“人无我有，人有我独”的文化建设特色，而且可以使这些城市的文化建设形成合力的特色，发挥自古至今的东江区域性文化竞争力在现实

---

① 严昭柱:《文化的力量》,《求是》, 2004 年第 2 期。

② 成晓军主编:《东江文化纵横谈——首届东江文化全国学术研讨会论文集》, 暨南大学出版社 2010 年版, 第 5 页。

生活中的重大支撑作用，达到“连接和包容客家文化、广府文化和潮汕文化，辐射和影响范围涵盖珠江三角洲东部、粤东及粤东北、江西及福建”的文化建设目标。①

传统观点通常将历史上的岭南大文化体系划分为广府文化、桂系文化、潮汕文化、客家文化、海南文化和港澳文化等地区文化。而研究现今广东省行政区划内的岭南文化学者，一般将岭南文化划分为广府文化、潮汕文化和客家文化三个主要分支，对于地区（区域）特色明显地体现出多元文化要质的东江文化，则将其纳入客家文化这个范畴。其实，东江地区特定的自然地理条件和人文社会风尚，催生出历史悠久又颇具特色的东江地域性文化体系。东江文化生成、发展、演变的历史表明，它的主体和要质虽然是客家文化，但不等同于纯客家文化。它不仅保留了诸多客家文化要素，而且吸收了广府文化、潮汕文化的许多成分，形成独具特色的多元文化体系。如果说现有的客家文化、广府文化、潮汕文化研究已经形成地域文化研究特色，那么通过对东江文化的研究，又可形成新的地域文化研究特色。这个特色，就是东江文化具有多元化的交流、融合、创新能力。这个特色生成的原因是多方面的，既有自然地理、水土气候的影响，又有历史行政区划建制的影响；既有外来移民的影响，又有长期演变过程中社会风尚即人文传统的影响。

研究东江文化，面临如何定位的问题。针对前些年流行的“四东文化”提法，我们明确主张“东江文化”的定位。这个定位的依据，不是从民系文化内涵或结构的角度来阐述问题，而主要是根据地区（地域）文化内涵或结构来加以论述。因为，民系文化的界定，主要以语言特征为依据；地区（地域）文化的界定，不仅以地理区域和行政区划特征为依据，而且特别重视特定地区（地域）内由于自然地理条件和人文社会环境对文化生成、发展、演变的影响。凭借这个依据，我们提出了“东江文化”的名称定位。东江文化不再依附于客家文化范畴，而是岭南文化大体系中一个独具特色的、与客家文化、广府文化和潮汕文化并列的区域文化分支。在研究中，除了对东江地区自然地理条件和行政区划建制在东江文化生成过程中所起作用重点关注之外，更注重对多次中原移民、外来名人学士、谪居东江的中原士大夫以及历代守惠官吏与东江文化生成、发展、演变之间的关系作出分析考察。必须指出的是，我们不主张从语言这个轴心来论述问题。因为，文化虽是由人来传递，但人在传递文化时，并非局限于语言这一途径，特定地区（地域）内的人群的思维观

---

① 成晓军主编：《东江文化纵横谈——首届东江文化全国学术研讨会论文集》，暨南大学出版社2010年版，第5页。

念、生活方式等深层次的部分也在起作用。东江文化的生成和发展，与外来人口将外来文化传递进来，逐渐形成东江地区（地域）性人文社会风尚，即与它的开放性、兼容性和创新性特征十分突出的多元文化传统、再生性文化传统密切联系在一起。

东江文化的独特内涵由东江地区多元文化现象构成。而东江文化的多元性，与有的学者提出的“杂合文化现象”密切相关。我们认为，东江文化的“杂”显示的是东江文化的多元化“源”与“流”，“合”所显示的是多元性文化要素的相互交流、融合。它既非对多种文化的简单拼凑，更不是多种“低俗的”、“粗野的”文化成分的共生共存，而是通过长时间发展演变，吸收多种文化优长之后，经过重新整合的具有东江文化特色的地域性文化体系。在这个文化体系中，兼容并包催生出开拓进取、勇于容纳外来文化长处的特有属性。

东江地区特有的自然地理条件和人文社会风尚，催生出东江文化的“源”与“流”，形成其多元化的基本内涵，进而演绎出开放性、兼容性和创新性鲜明的东江地域性文化特征。

东江文化的开放性，表现为以开阔的胸怀容纳外来文化。诸如中原文化，闽、赣客家文化尤其是以梅州为主体的纯客家文化，还有广府文化、潮汕文化等，都可以在东江地区找到生存发展的空间。东江文化的开放性，很少有广府文化和潮汕文化的自大性和自信性，也很少有梅州等地纯客家文化的自在性和自我性。换言之，不仅广府文化和潮汕文化很少有对外来文化的怠慢和轻视，而且梅州等地纯客家文化也很少有自满性和悠闲性。东江文化的开放性引发了东江文化的兼容性，这主要表现为对外来文化的兼容并包，而兼容并包的特征，则表现为对外来文化进行“以我为主，为我所用”的文化嫁接。诸如官话、白话、客家话、闽语、潮汕语，在东江地区很早就形成了混合使用的格局。广府的茶楼文化、粤曲文化，很早就在东江中下游地区扎下根基。至于广府人喜爱的红茶，客家人喜爱的绿茶，闽地人喜爱的乌龙茶，都在东江地区饮食文化中占有一席之地。东江文化的开放性和兼容性，最终催化出东江文化的创新性。这种创新性，首先表现为一种内在结构诸因子的多变量的相互影响的复杂过程，最终形成新的文化要质。其次，东江文化的创新性，明显地表现为从异质文化中吸取养分，进行文化嫁接特别是文化创造。这种文化嫁接和文化创造，又明显地表现为对外来文化的“和而不同”。

总之，东江文化的开放性、兼容性和创新性特征，且延续力、再生力十分旺盛，原因在于它是在长期历史演变、社会发展、文化交融中不断形成的，在当今文化建设过程中，很有必要总结、梳理、开发、利用其可资借鉴、吸取的有用成分。

东江文化由诸多要素构成，在数千年的历史发展演变过程中，它们既受东江文化多元性规约，又在不断彰显之中丰富了东江文化的内涵。这主要表现在传统教育、传统学术思想、传统文学艺术、传统风俗和民间信仰，以及在近现代历史过程中彰显出革命的、先进的、地域特色鲜明又具全国典型意义的红色文化要素。这些要素，不仅存在于东江文化发展演变的历史长河中，而且存在于当今社会诸多方面并不断产生着直接或间接影响。譬如，东江传统的以书院为主体的教育，不仅仅表现于培养、造就科举人才，更重要的是从一个侧面孕育、促进着东江社会重教崇文传统风尚代代相传，生生不息，并且对于当今社会仍然产生着直接或间接的影响力。又如，近现代东江地区诸多重大历史事件包括辛亥革命时期广东光复首先在东江地区揭举义旗，东江农民运动高涨并成为全国农民运动的中心，两次东征在东江地区的发生，全国首个区县级苏维埃政权在东江地区的诞生，东江纵队和东江抗日根据地的创立及其重大影响等。为什么这些重大历史事件不是发生在西江地区或北江地区，而是集中在东江地区发生呢？原因尽管是多方面的，但与东江文化的开放性、兼容性、创新性特征存在着必然的联系。进而，通过诸多重大历史事件，孕育出极具时代意义又有启发借鉴价值的、革命的、爱国的、进步的红色文化要素，丰富和发展了东江文化的内涵，给后人留下了一笔宝贵的文化遗产，对于今人的启迪作用是不可低估的。据此，我们完全有理由将东江地区作为岭南文化中一个颇具特色又颇具影响的地域文化圈，与客家文化、广府文化、潮汕文化平起平坐加以深入探讨。然而，我们对于东江文化研究的基本态度和方式方法，诚如陈泽泓所指出的："不能停留在罗列种种文化现象，还要从更深更广的角度去思索造成这个文化现象的原因，探索其在社会演变中的走向与作用。"①

① 陈泽泓著：《潮汕文化概说》，广东人民出版社2001年版，"引言"第7页。

第一章　东江地区与东江文化

文化是人类生活的写照和人类活动的结晶，文化具有为社会成员所共同接受、共同享有的普遍性。如中国古代的“四大发明”，西方近代以来的“声、光、电、化”，都是全人类共有的文化，是人类所共同接受的普遍的社会进步。[①] 同时，因人类活动必须借助一定的空间条件才能进行，从而文化也就自然而然地具有差异性即地域性或区域性的特征。就世界范围而言，存在着东方文化和西方文化的区分；就某一区域而言，存在着海洋文化、大陆文化、山地文化、草原文化的区分；具体就中华民族大文化体系而言，则存在着中原文化、燕赵文化、三晋文化、齐鲁文化、荆楚文化、吴越文化、巴蜀文化、岭南文化等各具特色的地域文化的区分。

任何文化的生成和发展，离不开自然环境与人文社会环境的支撑和制约，地域文化的生成和发展也与这两个主要因素存在着密切的联系。而在一种地域文化或区域文化之内，随着社会的进步和自然环境的变迁，有可能形成几个相互联系又彼此有所差异的地区性文化圈。如岭南文化中又可分为广府文化、潮汕文化、客家文化和东江文化这几个分支性地域文化圈。

一、东江地区自然环境

有学者指出：“地理因素，始而决定了一地居民的生产、生活方式，进而影响到居民的思维方式、社会关系，决定了一地之世风民俗。在很大程度上，还制约了一地的开放与开发，直接影响到一地与外地在政治、经济、文化上的交流融合。概而言之，影响到一地的社会发展进程，以及与其他地域人文之异同。”[②] 我们同意这种观点。东江文化的生成和发展，首先起决定作用的是岭南大区域内自然地理环境的差异性和不平衡性，即这种差异性和不平衡性决定了东江地区特有文化圈的生成和发展趋向。

---

① 田广林主编：《中国传统文化概论》，高等教育出版社 1999 年版，第 6 页。

② 陈泽泓著：《潮汕文化概说》，广东人民出版社 2001 年版，第 1 页。

（一）封闭而又开放的多元化地理区位

司徒尚纪在论述广东文化的地域条件时说："广东地处我国南疆，北枕五岭，南濒大海，是一个相对独立的地理单元。这造成它既封闭又开放的地理区位，极利于孕育和发展富有地域特色的文化体系。"① 而在岭南这个相对独立的地理单元之内，东江地区则以多元化地理区位并具有相对独立性的面貌而出现。

我们所说的东江地区，指的是历史上的东江地区。它大体上包括现今惠州、河源、汕尾、东莞等市所辖区域，以及广州市之增城、深圳市之宝安和梅州市之兴宁等区县。东江地区以东江水流所经地区而得名。东江，古称湟水或循江、龙江、龙川等。它发源于江西省寻乌县桠髻钵山，上游称寻乌水，水源实际上还应包括定南、全南等山水资源。寻乌水流至广东龙川县合河坝汇安远水后形成了较大流量的水势，始称之为东江。东江水经龙川、河源、紫金、惠阳、博罗等县境，至东莞市石龙流入珠江三角洲网河区注入狮子江，再由虎门流入南海。沿途有新丰江、秋香江、西枝江、增江和绥福水穿注而入，干流全长562公里，流域面积3.53万平方公里，其中约有90%即3.18万平方公里在广东境内。② 东江上游段干流属寻乌水，流经山丘地带，河床显得陡峻窄浅；东江中游段干流自合河坝至博罗县观音阁，此段两岸渐趋宽阔，在观音阁附近东江右岸存在平原，但东江左岸仍为丘陵；东江下游段自博罗观音阁以下至石龙，左右两岸多为平原，河床宽阔，水流平缓，河中沙洲多且流动性大，但河岸稳定，堤防牢固。③ 西枝江作为东江的重要支流，位于东江左岸，发源于紫金县南岭镇竹坳，流向西南，至惠州市区东新桥附近汇入东江，干流长176公里，流域集水面积4 120平方公里。另外，它还有集水面积100平方公里以上的支流12条。远古时代人类社会发展与自然环境紧密相连的客观规律告诉我们：有了江河就有流水，有了流水就有人类活动的足迹，就有人类文明的产生。因此，东江地区远古文明产生较早，实与东江流水密切相关。据有的学者论证，东江流域在两亿年前中生代时期就发育于东北—西南走向的断陷盆地之中，即被流水侵蚀、削低了山地。流水沿着这些夷平面两侧下切，把处于这条断裂带上的河源、灯塔、龙川等盆地切穿，并连贯起来，形成东江干流。由于古生代地层分布广阔，河谷得到充足时间的扩展而显得宽广，尤其是东江下游

① 司徒尚纪著：《广东文化地理》，广东人民出版社1993年版，第1页。

② 惠州市地方志编纂委员会编：《惠州市志》（一），中华书局2008年版，第393页。

③ 惠州市地方志编纂委员会编：《惠州市志》（一），中华书局2008年版，第393页。

河段，河床覆盖层深厚，便于垦辟，所以东江文明产生得也就较早。[①] 考古发现证明，早在新石器时代中晚期，以惠州为中心的东江地区就有人类繁衍生息。在当时，东江先民们凭借其顽强的意志，以捕捞、狩猎和原始农耕为生存的方式，开创了东江地区远古文明。据惠州潼湖蚬壳角新石器遗址采集的打制石斧、石锛，磨制石斧、夹砂细绳纹陶片和夹砂陶器座显示，与珠江三角洲地区新石器时代中期遗址的器物特征接近，说明距今 6 500 年前东江文明就已经发展到了一定程度。[②] 至夏商周三代和春秋战国时期，东江先民们更将文明水准发展到了一个新的阶段。据《惠州日报》2006 年 8 月 16 日报道：在惠州镇隆窝尾坳发掘出一处商代前期东江先民的生活遗址，保存的文物有陶器和石器。陶器包括圆足盘、罐、釜等；石器包括石锛、石斧、石戈、石环等。就其制造技术和花色式样而言，不管是陶器还是石器，均已达到了相当高的水平。又据被列为 2000 年全国十大考古发现之一的惠州博罗“横岭山春秋墓葬群”显示，所存文物品种多样化，陶器中有罐、釜、瓮、篮、瓿、豆等；青铜器中有甬钟、短剑、锛、戈、矛、镞、斧、容器等；玉器中有玉管、玉块、水晶块、砺石等。尤其值得指出的是，“其中原始瓷器非常精美，代表岭南先秦时期陶器的烧造水平”[③]。完全可以说，东江水孕育了东江早期文明，东江水为东江先民的生存发展提供了条件。

除了东江水对东江文化生成和发展产生重要影响之外，东江地区特有的地理区位或自然环境还包括山地、丘陵、平原和海岸线等重要因素，促进东江地域性文化不断发展演变。

历史上的东江地区，幅员辽阔，纵横千里，东依梅州、潮汕以至闽南，西连珠江三角洲，与香港、澳门毗邻，北靠赣粤边境，南临浩瀚大海。在这个地区之内，既有较长的海岸线，又有起伏不平的丘陵和连绵数十里的大山，如罗浮山、莲花山、九连山等，险峻绵延，还有较开阔的平原，如东江下游地区的东莞、增城等地。这种多元化的自然地理环境，使得东江地区成为闽、赣至广州的必经之路，同时又成为通往海外的最近出海口。自然地理环境的多元化，深深影响着东江文化的地域性特征。这在它产生和形成时期，就已经明显地体现出来，并且至今仍可找到某些痕迹。在东江地区之内，我们“可以找到代表广府文化的大平原地域，又可找到哺育客家文化的山地丘陵景观，还可找到

---

① 司徒尚纪著：《珠江传》，河北大学出版社 2001 年版，第 28 页。

② 惠州市地方志编纂委员会编：《惠州市志》（四），中华书局 2008 年版，第 4036 页。

③ 惠州市地方志编纂委员会编：《惠州市志》（四），中华书局 2008 年版，第 4046 页。

显示潮汕文化背景的海岸地带与小平原景域”①。在这种山地和水域，丘陵和平原相互交错下形成的多元化自然地理环境中，东江文化可以依存于这个环境共生共存，并经过不断交流融合获得新生而形成开放性、包容性和创新性特征。以居住方式为例，惠阳等地存在着典型的客家围龙屋，惠东等地存在着潮汕地区为防御台风袭击的低矮古民居，龙门等地又存在着典型的广府民居群落。出现这种多样化民居建筑风格的原因，在于“各式各样的周边文化一旦进入有着丘陵、河谷、平原的惠府文化区，便很容易找到各自继续生存与发扬光大的再生环境”②。这个再生环境，就是东江地区多元化的自然地理环境。在这个多元化自然地理环境中，尤其是平原区独具海外交通的便利性，有利于从境外获取新思想、新信息，从而东江文化不断吸取新的要素；山地多，回旋余地大，又可以使东江文化进退自如，消化、理解外来文化要素而使自身文化获得创新。以近百年东江地区革命文化、红色文化要素的生成和弘扬为例，诸如辛亥革命在东江，两次东征在东江，东江农民运动的高涨，东江苏维埃政权在全国的率先产生，东江抗日根据地和东江纵队在全国的重要地位，由此而产生和形成的既具东江地域性又具有全国意义的红色文化要素，足以说明东江地区多元化自然地理环境在其中所起的作用是不可低估的。

东江地区多元化的自然地理环境，即丰富的水流（包括东江干流和若干支流以及较长的海岸线）、山地和丘陵（尤其是罗浮山、莲花山和九连山等绵延数十里的险峻大山），还有东江下游的平原等自然环境（如东莞、增城等开阔的土地有利于农作物的生长），分别构成了东江地区多元化自然地理区位特征，从而孕育和促发东江文化的包容性和开放性生态状况的特有品格。

（二）温暖湿润的气候

以惠州为中心的东江地区，尽管因山地、丘陵、平原和江海交错构成多元化自然地理环境，其自然气候在各地呈现出差异性，但总体而言，东江地区属于亚热带气候。以东江地区经济、政治、文化中心惠州为例，由于地处低纬度地区，北靠南岭，南临南海而受温带和亚热带天气系统的影响，太阳高度角较大，日照时间较长，太阳辐射较多，所以呈现出热量丰富，雨量充足，季风气候等特征。③

就惠州等地热量丰富这个气候特征而言，年平均气温为20.9℃ ~21.9℃，

① 付海燕等：《惠府文化是东江文化的缩影》，《东江时报》，2008年3月20日。
② 付海燕等：《惠府文化是东江文化的缩影》，《东江时报》，2008年3月20日。
③ 惠州市地方志编纂委员会编：《惠州市志》（一），中华书局2008年版，第380页。

按照气象学划分的旬平均气温大于22℃为夏季，旬平均气温小于10℃为冬季的标准计算，惠州“夏季长达6～7个月，冬季长不足两个月”[①]，形成了夏长冬短，热量丰富，温暖湿润的气候特征。但按照气候统计学原理的划分，3～5月为春季，6～8月为夏季，9～11月为秋季，12月至次年2月为冬季来细分，各季度仍然存在差异性。春季处于冬季风与夏季风交替转换的季节，气温虽逐渐上升，但因冷暖空气交错出现，所以天气显得复杂多变，阴雨日比冬季增多，是一年中日照时间最少、湿度最大的季节。夏季是夏季风最盛的时期，炎热多雨成为这个季节最明显的特点，雨量占全年总雨量的38%～49%，下雨天占全年总数的85%～88%。这个季节热带气旋活动频繁，常造成强烈的暴风雨。秋季处于夏季风与冬季风交替的转换季节，前期持续高温、高湿天气，但雨天和雨量减少；后期冷空气活动增多，天气日渐干燥，日照时间明显增加。冬季是全年最冷、最干、平均风力最大的季节，偏北风最多，大于或等于八级的大风天数占全年的30%左右。[②]

就惠州等地雨量充足这个气候特征而言，全年平均降水量为1 761.0～2 451.9毫米之间，分布特点是北部多于南部，山地多于平地，内陆多于沿海，形成夏季雨日多，春季次多，冬季最少的特点。下雨天最多的时间一般从4月开始，9月结束。年平均暴雨日数在十天以内，沿海和山区降雨强度大于其他地方。[③]

就惠州等地季风气候这个特征而言，由于受亚热带季风的影响，惠州等地冬季以偏北（北—东北）风为主，夏季以偏南（南—东南）风为主，春、秋两季风向不如夏、冬两季稳定。初春与晚秋一般多偏北风，晚春与初秋则以偏南风居多。惠阳、龙门及河源、宝安等地以北到东北风为主，惠东及汕尾等地以偏南风为主，博罗及东莞、增城等地以偏东风为主。以惠州为中心的东江地区风力资源较丰富。因风受地形和地理位置的影响较大，所以东江地区多元化的自然地理环境，使得风速不仅随季节变化表现不同，而且各地风速呈现出较大的差异性。总体说来，越靠近沿海年平均风速越大，如惠东、大亚湾、海丰、陆丰和宝安等地，山上的风比山下的要大，如罗浮山等地就是如此。[④] 季风气候给农作物和人民群众的生命财产带来灾害的同时，也利于近海和东江干流帆船运输事业的发展。

---

① 惠州市地方志编纂委员会编：《惠州市志》（一），中华书局2008年版，第380页。

② 惠州市地方志编纂委员会编：《惠州市志》（一），中华书局2008年版，第380～381页。

③ 惠州市地方志编纂委员会编：《惠州市志》（一），中华书局2008年版，第383～384页。

④ 惠州市地方志编纂委员会编：《惠州市志》（一），中华书局2008年版，第385～386页。

温暖湿润气候环境下体现出的热量丰富、日照时间较长和雨量充足的特征，为东江先民精耕细作、多种作物综合经营提供了适宜的自然环境条件，而季风气候明显的自然环境，则利于江河航运和近海鱼类捕捞，增加东江居民的经济收入和促进东江区域经济、政治以及文化的繁荣。进而，生活在温暖湿润气候下的东江民众，易于萌发细腻的思想情感，养成丰富多彩的生活情趣，其价值观念并非单一，而是具有多元化特色。

（三）水旱风雹等自然灾害频繁

东江地区一年气候的总体状况是温暖湿润，雨量充足，无霜期长，四季常绿，但山区、丘陵、平原、海边气候不仅有所差异，而且常常面临不利于农作物生长和民生的自然灾害。春季天气复杂多变，雨量偏多的年份常会造成洪涝灾害，且前期低温阴雨，后期伴有“倒春寒”，危及春播春种。夏季常受热带气旋影响，暴风雨、海啸时有发生，形成风、洪并发的灾害性天气。秋季前期往往因连续暴雨引起洪涝，或出现寒露风天气，后期则冷空气活动增多，下雨天少而造成严重秋旱。冬季时常受到强冷空气侵袭，造成低温、霜冻或冰冻灾害，这在连平、和平、龙门等地尤为突出。总体而言，东江地区遭遇的自然灾害较多，主要表现在以下几个方面。

一是水灾。引发东江地区水灾频繁且灾情严重的原因，主要是暴雨。据新旧地方志记载，东江地区水灾自宋代绍圣元年（1094）以来的900多年间，有130多年发生过不同程度的水灾，平均六年一遇。① 在众多洪涝灾害中，有的严重危及人民生命财产和农作物生长。如宋绍圣二年（1095），暴雨骤降，东江水势暴涨，惠州西城被淹。元至正二年（1342），连日大雨导致罗浮山山崩27处，附近民居大多被毁损，田地被淹甚多。次年，罗浮山山洪暴泻，山体崩裂，导致100余人丧生。明嘉靖四十四年（1565），惠州及周边洪水泛滥，淹至府仪门，时人称之为“乙丑水”。明万历三十九年（1611），东江地区大水，惠州堤围多处溃决。明崇祯前期六七年间，东江地区连年多雨，洪灾严重，导致饥荒，如博罗山崩54处：“龙门山崩地溃，禾稻淹没，谷价高腾，民多饥死。”清顺治五年（1648），龙门连续七天遭遇大雨，山崩地溃，农作物受损严重，“谷价较前贵十倍，途中到处可见尸骨，居民流离者甚众”。与此同时，归善、博罗、海丰、河源等地大饥荒，如归善“斗米贵至八九钱，树叶食尽，有人相食之惨事”发生。清康熙三十三年（1694），洪水危及东江多地，惠州府城头门被淹，“全城街巷水深丈余，舟从城垛出入，城垣颓塌，

① 惠州市地方志编纂委员会编：《惠州市志》（一），中华书局2008年版，第423页。

庐舍倾倒无数”。博罗北城墙则被淹没，房舍倒塌无数。清乾隆三十八年（1773），东江流域普遭暴雨，东江干流及西枝江支流水位遽涨，且淡水、多祝、平山等处多从山上地下涌瀑出水，“水势横注合山门，倒泻横沥，合东江汛滥入城中，舟从城垛出入者5日。两江沿岸田庐漂没无数。归善县仓谷被淹数千石，城内外民屋倒塌六七百间”，时人称之为“癸巳水”①。清光绪十四年（1888），东江地区连绵阴雨一个多月，东江之水陡然暴涨，灾害遍及惠州所属各县，房屋倒塌，田禾被淹没，丧生者甚众，灾情引起广东巡抚吴大澂的重视，前往东江地区视察并设法赈济灾民。1947年夏，东江水涨势为前30年所未有，东江各地“普遍成灾，冲缺堤围近三万米，惠阳、博罗、龙门三县37.59%的人口、22.85%的耕地受灾，损毁房屋面积39 865亩，农作物遭受损害，人口、庐舍损害价值无法估计”②。1959年6月，东江中下游之惠阳、博罗、东莞、增城等县发生百年未遇的特大洪灾，沿江堤围漫顶，冲垮堤围683处，271处决口，山塘、水库被冲毁的达723处，早稻淹没面积达总面积的52.15%，倒塌房屋24.8万多间，死亡99人，127万多人受灾。1964年，东江地区之和平、连平、龙川、河源、龙门、惠阳等县遭大暴雨袭击，11万人被洪水围困，107人丧生，2 660人受伤，农作物被淹没达6万多公顷，12.67万间房屋倒塌。1987年夏，东江地区之海丰、陆丰、博罗等县遭受大暴雨袭击十余天，各地河流、山塘、水库水位急速上升，1 900个村庄和44.68万人口被洪水围困，70人丧生，808人受伤。农作物被淹达13.7万多公顷，24 192间房屋倒塌，32 711间房屋损坏，近万处水利设施被毁坏。③

二是风灾。东江地区沿海各地时常受到台风的威胁，受灾区域主要集中在惠阳、惠东和宝安等地。台风影响的时间主要集中在每年5～11月，其中7～9月占三分之二以上。台风最大风力在12级以上，平均风力八级以上，持续时间最长达到48小时，且台风发生时往往伴有大雨、暴雨。台风灾害主要表现在风、雨造成的洪涝而引起房屋倒塌、人口伤亡、农田被淹等生命财产的损失。东江地区有台风灾害记载始于宋绍圣元年（1094），当年夏天，飓风迅猛，损坏海船30多只。④ 宋乾道八年（1172），台风袭击东江地区海船30余

---

① 以上史实参见惠州市地方志办公室编：《惠州历史大事记》，中华书局2005年版，第12～98页。

② 惠州市地方志编纂委员会编：《惠州市志》（一），中华书局2008年版，第425页。

③ 以上参见惠州市地方志编纂委员会编：《惠州市志》（一），中华书局2008年版，第426页。

④ 惠州市地方志编纂委员会编：《惠州市志》（一），中华书局2008年版，第429页。

艘，130多人丧生。明嘉靖十七年（1538）和嘉靖十八年（1539）连续两年，台风袭击惠州、博罗等地，府城楼堞被毁，博罗县文庙、公署及多处民居被毁。明崇祯九年（1636），台风吹落惠州西湖泗洲塔顶至两公里外。清康熙十八年（1679），台风伴有大雨，将惠州文星塔顶毁坏。清康熙五十七年（1718），台风伴有大雨，惠州沿海商船、渔船沉没282艘，居民溺毙无数。清同治六年（1867），惠州城区及沿海地区台风伴有大雨，致使万余人被淹没，府学宫棂门石柱倒折，文星塔顶飞坠。1923年夏，强台风伴有雷暴在惠阳东部登陆，东江河水暴涨，博罗城内外均被淹没，居民被迫移居山岭暂住。[①] 1964年，东江地区一年间遭受五次台风的袭击，惠阳、博罗、惠州市区及东莞、宝安、增城等为重灾区，共有67人丧生，258人受伤；31 948间房屋倒塌，248 312间房屋损坏；农作物受灾面积达到32万多公顷。1979年8月，强台风在惠东登陆，阵风速度达到每秒40米以上，吹倒房屋13.5万间，打沉打坏船只703艘，打断打倒通信、供电线杆近两万根、果树34万多株、树木600多万株，25人丧生，288人受伤。同年9月，受上月强台风影响，惠东、惠阳、惠州、紫金、博罗等地普降特大暴雨，惠东县城几乎被淹没。江河堤围决口2 190处，1 200多个村庄被淹，被洪水围困的群众达32.19万多人，151人丧生，1 482人受伤，直接经济损失达到两亿元。1986年夏，强台风于陆丰县登陆，带来大海潮、大暴雨，东江地区受灾群众达434万多人，39人丧生，525人受伤，27万多人被洪水围困，25万多顷农作物受灾，70%以上的水稻减产三成以上，直接经济损失达到5.09亿元。[②]

三是旱灾。东江地区一年四季都有可能发生旱灾，但多发生于春、秋两季，造成的损失很大。东江地区旱灾的最早记载是唐元和四年（809）。明嘉靖十五年（1536），东江地区大旱，有的地方几乎颗粒无收。明万历二十四年（1596），东江地区大旱，龙门县田禾全部枯萎。久旱导致东江地区发生大饥荒，民食芋、蕨、薯、莨以充饥，死于饥荒、瘟疫者无数，饿殍载途。清道光十七年（1837），惠州大旱，农历正月至四月不雨，许多地方早禾无播。清道光三十年（1850），惠州府属大旱，饥民以竹子开花结果作饼充饥。[③] 1943年，东江地区出现百年罕见的特大旱灾，仅惠阳县就有近四万公顷农田受灾，

① 以上参见惠州市地方志办公室编：《惠州历史大事记》，中华书局2005年版，第33～117页。

② 惠州市地方市志编纂委员会编：《惠州市志》（一），中华书局2008年版，第429～430页。

③ 惠州市地方志办公室编：《惠州历史大事记》，中华书局2005年版，第7～86页。

时值日军入侵，饿死、病死者不计其数，仅平山、淡水两处就有两万余人逃荒，4 800 余户卖儿女、卖田地、卖房屋，“尸横遍地，惨不忍睹”①。1963 年，东江地区又出现了比 1943 年更严重的旱灾，连续 237 天的冬、春两季干旱，导致部分河水断流，东江干流水量锐减，有的水段已无法正常航运，早稻比常年减产达 66.2%。1977 年，东江地区出现严重春旱，江河断流，山塘、水库干涸，六万多公顷农田受灾。②

四是地震灾害。尽管东江地区不处于地震原发中心区域，震源大多在境外，但自明正德二年（1507）就有地震记录。有明一代，东江地区发生地震灾害近十次。如明万历二十八年（1600）的地震涉及归善、博罗、长乐、兴宁数县。明泰昌元年（1620），博罗发生较大地震，有邑人韩晟诗为证：“扶头就枕睡未酣，轰然声裂墙欲外。翻身起立立不稳，脚已踏前身后退。”③ 1933 年 5 月，原惠阳多祝发生强烈地震，历时 20 分钟，部分房屋倒塌，人畜伤亡不少。1981 年 5 月，河源县新丰江水库发生 4.3 级地震，波及龙川县部分地区。

五是冰雹灾害。东江地区复杂多元化的地理气候，使得自然灾害的种类较多，其中冰雹造成的灾害也是不可低估的，因为冰雹往往伴随龙卷风同时发生。据新版地方志统计，自公元 1329 年以来的 600 多年间，东江地区发生过冰雹灾害 41 次，其中有明一代近十次，而以明崇祯十七年（1644）春的冰雹灾情最重，龙门县有多人在暴雨、狂风、大雹、寒冷的共同袭击下丧生，农作物遭受重大损失。有清一代，冰雹灾害发生达十次以上，其中在清康熙十八年（1679）的冰雹灾害较严重。如归善县境冰雹大者如拳头，小者如弹丸，时间不长，冰雹本身造成的灾情虽不是很严重，但因天气寒冷，且风雨交加，农作物受损较大。清咸丰二年（1852），龙门县遭大风雨冰雹袭击过程中，人畜受伤，房屋被毁，大树被连根拔起，农历正月和二月先后发生两次冰雹灾害，灾情较严重。从新中国成立初期的 1951 年至 1989 年，东江地区发生冰雹灾害较严重的有十余次。如 1951 年 3 月，惠东冰雹大如西瓜，禾苗、果木及瓦房普遍遭到破坏。1980 年 4 月，博罗县多处遭强劲龙卷风、冰雹和暴雨袭击，许多房屋和树木受损。次年 3 月，惠州城区及郊区普降冰雹，大如鸭蛋，人畜受

---

① 惠州市地方志编纂委员会编：《惠州市志》（一），中华书局 2008 年版，第 427 页。

② 以上参见惠州市地方志编纂委员会编：《惠州市志》（一），中华书局 2008 年版，第 427 ~ 428 页。

③ 以上参见惠州市地方志办公室编：《惠州历史大事记》，中华书局 2005 年版，第 29 ~ 50 页。

伤，房屋倒塌的同时，数千亩菜地和157亩黄豆、22亩甘蔗受灾，甚至西湖中的鱼也冻死不少。惠阳、博罗等地也遭受狂风及暴雨、冰雹的袭击，最大的冰雹长50厘米、宽40厘米、重20公斤左右。有的地方每平方米落下的冰雹达上百粒，持续15～20分钟之久。这次灾情比惠城区及近郊更严重，有300多间房屋倒塌，受损房屋达2万间，37人或死或伤。1989年4月，惠阳县平潭、良井等地遭受雷雨大风、冰雹袭击，风力达到八至九级，冰雹大者直径4～5厘米，最重的近1公斤，密度每平方米内50～60粒。在大风、大雨、大冰雹的同时袭击下，有6 103间房屋受到损坏，3 755公顷农作物受损，直接经济损失214.7万元。①

此外，东江地区常常遭受霜雪、寒冷、雷击及虫害等各种灾害的袭击，龙门、连平、和平等地还时有雪雨侵入，有时大雪纷飞，给农作物和人、畜生存都带来灾难。这种情形在明清时期更加突出。如明永乐十三年（1415），东江地区不少地方普降冬雪。明嘉靖十五年（1536），归善县普受雨雪天气的袭击。明嘉靖三十五年（1556），惠州城区及近郊遭遇大雪，农作物受灾程度较重，人、畜被冻死冻伤者不少。清顺治十三年（1656），归善等县普降大雪，积雪至三四寸厚，为前所未有，甚至在农历六至八月天下鹅毛大雪，人畜冻伤甚众，农作物受灾较重。清道光十五年（1835），归善、博罗、龙门及连平、和平、龙川等县先后遭遇雨雪天气的侵入，尤其是龙门县大雪漫天如飞絮，树、屋均白，积雪至三四寸厚，农作物受灾，人、畜被冻死冻伤者不少。②

常言道，多难兴邦，艰苦的环境可以磨炼人的意志。在复杂多变的自然环境中，历代东江民众在与干旱、风雹、地震和寒雪以及虫害等自然灾害作抗争的过程中，养成了勤劳勇敢、坚韧不拔、敢于拼搏、锐意进取的民风。面对自然灾害的侵袭，东江民众无形之中萌发对天神、地神、风神、水神等诸神的敬畏之心，故东江民众信奉多神，宗教信仰多元化，这在生产力低下的古代尤其显得突出。

二、东江地区建制沿革

如前所述，东江地区包括现今惠州、河源、东莞、汕尾四个地级市，以及

① 参见惠州市地方志编纂委员会编：《惠州市志》（一），中华书局2008年版，第431～433页。

② 参见惠州市地方志办公室编：《惠州历史大事记》，中华书局2005年版，第24～28页。

广州市之增城区、深圳市之宝安区、梅州市之兴宁县。它最早的行政建制是隋开皇十一年（591）的循州，历史走过了一千余年，东江地区行政建制虽多次更迭，但新中国成立时，循州或惠州原有辖区即东江地区，最终基本上恢复到了一千余年前的辖区建制。1949 年 12 月中旬，东江专员公署宣告成立，署治设惠州，属广东省人民政府管辖范围。当时，东江专员公署下辖惠阳、博罗、东莞、宝安、增城、龙门、紫金、连平、和平、河源、龙川、海丰、陆丰诸县，只有兴宁县不包括在内。

我们之所以将这一地域称作东江地区，既有对历史行政区域建制的考虑，更有对自然地理环境和人文社会结构等因素的考虑。

（一）隋以前东江地区行政建制归属

如前所述，东江地区早在上古时期就有人类生存繁衍，夏商周三代和春秋战国时期，东江文明就发展到了一定的水平。先秦时期，东江地区属百越（粤）范围，“缚娄国”（今博罗县一带）即是“百越”中的一支。秦始皇统一岭南后，于始皇十年（前 237）置傅罗县，隶属于南海郡。不久，又分傅罗之东乡为龙川县，以任嚣为南海郡尉，赵佗为龙川县令。[①] 自此，东江地区正式纳入全国地方行政管理体制之中。因为当时南海郡辖番禺、四会、傅罗、龙川、中宿五县，其中之傅罗、龙川两县基本上覆盖了后来循州或惠州所辖区域。而且，秦统一中国后实行的是郡县制，南海郡相当于现今省级地方建制。公元前 206 年，龙川县令赵佗受南海郡尉任嚣临终之托，趁全国形势动荡不安之际，起兵吞并桂林、象郡两郡，自立为南越武王，“建立半独立状态的南越国”[②]。汉高祖刘邦在即位之初，对南越王赵佗采取安抚策略，“拜赵佗为南越王，令称臣，使和集百越”[③]。自此至公元前 112 年这 80 多年间，东江地区虽直接属于南越国领地，但实际上成为汉王朝统辖下的一个地区。汉元鼎六年（前 111），汉武帝出兵统一岭南，将南越国原领地分置南海、苍梧、郁林、合浦、交趾、九真、日南、珠崖、儋耳九郡。[④] 傅罗、龙川为新置南海郡五个县中的两个县，辖地基本上涵盖东江地区。东汉时南海郡在原有六个县的基础上，增加了增城县。在七个县中，除番禺、中宿、四会外，其他四县均系粤东区域，尤其是以傅罗、龙川、增城为典型的东江地区。三国时期，东江地区属

---

① 谭力浠等编著：《惠州史稿》，1982 年内刊，第 147 页。

② 惠州市地方志编纂委员会编：《惠州市志》（一），中华书局 2008 年版，第 326 页。

③ 张习孔等编：《中国历史大事年编》（第 1 册），北京出版社 1986 年版，第 461 页。

④ 张习孔等编：《中国历史大事年编》（第 1 册），北京出版社 1986 年版，第501～502 页。

吴国领地。晋时，东江地区增加了欣乐、宝安、海丰、兴宁和怀安等县，傅罗县改名为博罗县，原有之龙川、增城等县不变。尽管这些新旧县级行政机构分属于南海郡和东官郡管辖，但基本上成为后来“循州”始置的区域。

隋初，废郡，以州统县，实行州、县两级制。隋开皇十一年（591），改原南北朝时期所置梁化郡为循州，所辖之县不仅有原梁化郡属博罗、欣乐、龙川、河源、雷乡等县，而且还包括原东官郡的大部分县。隋大业元年（605），“废诸州总管府”，改州为郡，郡的长官复称太守，循州改为龙川郡，郡署衙门设循州府。龙川郡辖归善、河源、博罗、海丰、兴宁五县，行政区划范围与循州差不多，它作为独立性州、郡一级行政区划的地位已经确立，深深影响到后来以惠州为中心的东江地区，沿袭至1949年10月新中国成立时设置的东江专员公署所辖县域的相对固定性发展进程。

（二）从“循州”到“惠州”行政区划名称的演变

在大唐王朝存在的300多年间，起初“罢郡置州，以太守为刺史”，随后又一度改州为郡，继而改郡为州。唐高祖武德五年（622），改龙川郡为循州，辖归善、博罗、河源、石城、安陆、兴宁六县，基本上为东江地区。唐贞观元年（627），设岭南道管理岭南各州郡，故循州属岭南道辖范围，州下辖归善、博罗、河源、雷乡、海丰五县。唐天宝元年（742），改雷乡郡为海丰郡，仍属岭南道辖范围。海丰郡下辖归善、博罗、河源、雷乡、兴宁、海丰六县。不管是雷乡郡还是海丰郡，郡治衙门均设在惠州城区。唐乾元元年（758），又改海丰郡为循州，下辖归善、博罗、河源、雷乡、齐昌、兴宁六县。有唐一代，东江地区行政建制几经更迭，所辖之县也略有增减，但其独立而统一性的东江区域没有发生多大变化。五代十国时期，岭南属于南汉统治。在南汉刘岩元亨元年（917），改循州为祯州，下辖归善、博罗、河源、海丰、雷乡，又设循州于龙川县境。此时的祯州和循州所辖区域基本上仍为东江地区。

宋太祖赵匡胤于开宝四年（971），命潘美率兵南征，“南汉主素服出降，遂入广州，南汉亡”①。宋中央朝廷置广南东路，祯州沿其旧名，行政区划基本不变，下辖归善、博罗、海丰、河源、雷江、长乐、兴宁、龙川八县。宋天禧五年（1021），为避太子赵祯讳，改祯州为惠州。从此，惠州之名沿袭至今。另置循州，下辖龙川、兴宁、长乐、雷江四县；惠州下辖归善、博罗、河源、海丰四县。惠、循二州均属广南东路，同为东江地区。

在隋、唐、五代十国和宋诸王朝近600年间，经历了由循州到惠州的行政

---

① 张习孔等编：《中国历史大事年编》（第3册），北京出版社1987年版，第117页。

区划名称的演变，但其所辖区域为东江地区这个地理内涵基本没有多大变化。东江地区在宋代已经声名鹊起，其原因就自然地理环境而言，“控制粤东咽喉，扼汀州、赣州的要道，成为兵家必争之地”。就经济的发展而言，“形成举足轻重的地位”。就名官名士与东江地区的关系而言，他们在此地区“留下的古迹、诗文、轶事颇多”①。

（三）元、明、清时期东江地区建制沿革

元王朝于1279年定鼎中原后，首创行省制，政区设置为省、路、州（府）、县四级制。东江地区设惠州路和循州路。惠州路下辖归善、博罗、海丰、河源四县；循州路下辖龙川、长宁、兴宁三县。

明代沿袭元制，但省下为府，实行省、府（州）、县三级制。明洪武二年（1369），废循州置惠州府，隶属于广东行中书省。惠州府下辖归善、博罗、海丰、河源、龙川、长乐、兴宁七县，基本上覆盖原惠州路和循州路所辖区域。明隆庆六年（1567），惠州府所辖县由七个增加到十个，即在1519年的归善、博罗、海丰、河源、龙川、长乐、兴宁的基础上，增加了和平、永安（今紫金）、长宁三县。明崇祯六年（1633），又增加了连平州。

清王朝的地方官制在基本沿袭明制的基础上，又作了一些变更，将全国划分为18个行省，以巡抚作为一省最高长官。清雍正九年（1731），惠州府所辖之长宁县被陆丰县所取代，两年后长乐、兴宁改属嘉应直隶州。考虑到惠州特殊的军事地位，清中央政府将广东陆路提督衙门常驻地设在东江地区中心城市惠州。清光绪元年（1875），设惠道嘉道辖惠州、潮州和嘉应三个府，道台衙署曾一度设在东江地区重要政治、军事、经济和文化中心惠州。自此至1912年中华民国南京临时政府成立前30多年间，以惠州为中心的东江地区行政建制及驻军情况大体没有发生多大变化。

（四）民国初年及国民党统治时期东江地区建制沿革

中华民国初年（1912），废除前清道、府（州）、厅、县制，省以下仅有一级，实行省、县二级行政建制。袁世凯执掌北洋政府后，于1913年1月下令在省与县之间增设道一级地方行政机构，形成省、道、县三级制，设潮循、粤海等六道。潮循道治所初设潮州，后迁至汕头。1920年12月，废除潮循道，恢复省、县二级制，次年1月在惠州设立临时性政区东区，基本上管辖原有东江地区。1925年至1935年这十年间，东江行政区、东区先后成立，东江

① 谭力浠等编著：《惠州史稿》，1982年内刊，第30页。

地区各县基本上包括在内。1936年后，东江地区大体上先后属于第四和第五行政督察区管辖范围，有的县隶属于第五行政督察区，如惠阳、博罗、龙门三县在1947年隶属于该区；龙门县在1949年2月曾隶属于第六行政督察区；惠阳、博罗二县曾隶属于第二行政督察区；有的县如新丰县在1947年隶属于第三行政督察区。①

1949年10月，具有悠久历史的东江地区获得新生。12月，东江专员公署宣告成立，署治设东江地区中心惠州，属广东省人民政府管辖。东江专员公署下辖惠阳、博罗、东莞、宝安、增城、龙门、紫金、连平、和平、河源、龙川、海丰、陆丰等县，至1988年1月，东江地区的行政区划形成现今惠州、东莞、河源和汕尾四市格局，增城、宝安和兴宁三县则在此前后分别并入广州市、深圳市和梅州市。

（五）建制沿革对东江文化的影响

行政区划的演变，反映出一地政治历史特别是社会组织结构、阶级关系的发展过程，在较大程度上影响和制约着一地人口、经济、文化等多层面的变化，或者说一地人口、经济、文化等方面的变化，与一地政治历史尤其是社会组织结构、阶级之间的关系十分密切。从东江地区的建制沿革历史过程中，我们可以找到东江文化的生成、演变和发展受其影响、制约的明显痕迹。

第一，东江地区在秦王朝时属于南海郡，而南海郡所辖傅罗、龙川等县，标志着东江地区已与中原王朝具有较为密切的联系，尤其是赵佗所建南越国，与汉王朝的关系更加密切。在南越国前后90多年间，以傅（博）罗、龙川等为行政区划中心的东江地区，社会经济、政治、思想文化等都向前迈进了一大步。由于行政建制与中原王朝联系较紧密，不仅从外地迁入了一部分中原人，带来了先进的中原文化，如铁器农具用于耕作，对于促进东江地区农业生产的发展起了重要作用，而且由于汉王朝对南越国的控制相对宽松，允许南越国不向汉中央王朝交纳赋税，风俗习俗也有独立性。进而，尽管汉王朝在公元前111年重置南海郡等九郡，但并未马上改变政策，而是注意对隶属关系的解决，只要求行政区划和官吏设置与汉王朝保持一致。汉王朝设官基本上沿袭秦制，但在地方官的设置上与秦有所区别。自汉武帝始，全国设有13个州，每州设一刺史。这个州刺史官职虽不高，权力却很大，因为州刺史官是代替汉中央王朝行使对各郡、县政务监察之职权。公元前111年所设之南海郡属于交趾

① 惠州市地方志编纂委员会编：《惠州市志》（一），中华书局2008年版，第328～329页。

（交州）管辖，至汉献帝建安十八年（213）起，先后属于荆州、广州管辖。这就是说，南海郡的独立性与南越国时不一样了，越来越多地受到中原封建王朝政治、经济和思想文化的影响，南海郡的中心区域东江地区的文明开化程度也就逐渐加快了步伐。

在魏晋南北朝300多年间，尽管东江地区行政区划迭经变更，但因与中原王朝交往加强，加之郡太守的权力更大更集中，从而在州、郡、县各级长官的经营下，东江地区社会经济、政治和思想文化获得新的发展。有的学者指出："自三国至南北朝300多年间，中原地区多处于割据、混战的局面，生产遭受严重破坏，而岭南地区却保持相对稳定，因此，中原的'望族向南而趋，占籍名郡'，形成南方接受北方先进技术和文化的有利时机。"① 东江地区在这时期获得发展的具体表现主要在三个方面：一是人口明显增加，行政管理范围分得较细。如在吴国和西晋时期，将南海郡分为南海和东官两个郡，其中东官郡下辖各县共有1 332户，13 696人。② 在古代，自然环境恶劣，医疗条件低下，而东江地区人口的增加，不仅表明这一地区生产的发展和人民生活水平的提高，而且相应带来了行政区划的变革，带来了管理机构的增多。如海丰、新丰、罗阳、齐昌、河源、宝安、陆安、雷乡、归善等县的先后设置，就说明东江地区人口的增多和社会经济的发展。二是在魏晋时期，东江地区农业生产和科学技术有了进一步发展。在农业技术发展的同时，东江地区航运技术、冶炼技术以及制盐技术都有所提高。如在吴国时，由于盐业的发展，就曾"置司盐都尉于东莞郡"，专门管理盐业的开发与销售。三是在东晋时，罗浮山一带就开始成为道佛二教的据点。道教理论家、医学家葛洪及其子侄定居罗浮山，在炼丹和为人治病的同时，还著书立说传播教义，对于推进东江地区文化的进步作出了贡献。③ 这个时期的发展，反过来又促成了随后惠州成为东江地区独立性质的州府行政建制的设置。

第二，"循州"和"惠州"独立州府行政建制的设置，不仅标志着东江地区社会组织结构趋于统一和稳定，而且为隋唐至两宋时期东江地域文化特色的形成提供了有利的人文社会环境。如前所述，隋开皇十一年（591），循州行政建制正式设置，至605年隋炀帝杨广即位后，即改循州为龙川郡。为便于管理，隋中央朝廷在每郡太守职官的基础上，增加通守一名作为副职。此外，还设置了郡丞、郡尉、郡正、功曹、主簿等多种官职名目，地方官吏机构明显趋

① 谭力浠等编著：《惠州史稿》，1982年内刊，第11～12页。
② 谭力浠等编著：《惠州史稿》，1982年内刊，第12页。
③ 谭力浠等编著：《惠州史稿》，1982年内刊，第12～13页。

于繁杂。龙川所辖之县在行政区划范围上虽与循州差不多，但它作为独立性州、郡一级行政区域的地位已经确立。在隋王朝统治不足40年的时间里，它在中原地区推行“均田制”和“府兵制”的同时，对东江地区等岭南之地采取了较为宽松的政策。从而，一方面使得中原地区一些不堪忍受劳役和封建残酷剥削的民众相继迁至岭南，东江地区成为外来移民的重要地区之一；另一方面使得东江地区不仅人口增加，而且农业生产技术和冶炼技术又有进一步发展，如循州有人口六千户，归善县有人口三千户，比晋时增加了两倍。① 到了唐代，东江地区社会经济有了更长足的发展，出现了不少作为地区性商品交流的圩镇。更需指出的是，众多中原官僚士大夫被贬或被流放到东江地区，如张锡、牛僧孺、李商隐等朝廷重臣或大诗人相继贬居东江地区，对于促进中原文化与东江文化的交流融合起了重要作用。

在宋代，由于设置了互相牵制的地方行政机构，如“路”不设统辖一切的行政长官，而分转运地方钱、粮、盐、铁、酒等税收的官职，形成了看似庞杂、官出多门的地方军政事务运行机制，从而加强了宋中央王朝对岭南边地东江地区的统治，同时又促成东江地区与中原王朝政治、经济和思想文化的交流融合。东江社会经济和思想文化水平达到前所未有的程度，主要表现在这五个方面：一是农业生产有了大踏步发展。宋神宗在位的元丰年间（1078—1086），管辖东江地区的广南东路，垦田已达到三万多顷，宋徽宗在位的宣和年间（1119—1126），广南东路上缴给中央朝廷的钱物已达到188 300贯两匹。② 二是采矿和冶金业有了长足发展。在有宋一代，东江地区就有永吉、信上和永安三座锡矿。矿业的兴盛，又为冶炼业的发展提供了条件。颇有名气的专用于铸造钱币的阜监和三丰钱场，生意兴旺。单就阜民钱监而言，在元丰年间每年铸钱达到70万贯铜钱。③ 三是陶瓷制造工艺水平较高。据1976年9月在惠州东平发掘的一座北宋瓷窑所存的瓷器显示，不仅品种繁多，而且比广州、潮州瓷器的质量还要好。④ 四是文教事业发展具有新的里程碑地位。丰湖书院等众多书院在东江地区如雨后春笋般兴办起来，“宋代惠州官学、书院数量在广东仅次于广州，位居第二”⑤。从此，以惠州为中心的东江地区步入了

---

① 谭力浠等编著：《惠州史稿》，1982年内刊，第14～15页。

② 谭力浠等编著：《惠州史稿》，1982年内刊，第26页。

③ 谭力浠等编著：《惠州史稿》，1982年内刊，第27页。

④ 谭力浠等编著：《惠州史稿》，1982年内刊，第28页。

⑤ 黄敏著：《惠州人才史稿》，江西人民出版社2005年版，第28页。

人才辈出的时代。如东江地区六个县中，在有宋一代共有 53 人考取进士。[①] 五是谪居东江地区的一批有人品、有学识、有才能的中原官僚士大夫，如继唐代张锡、杜元颖、牛僧孺、浑镐、郑亚、崔元受、李商隐等人之后，宋代有陈尧佐、陈次升、陈鹏飞、苏轼、唐庚等。他们将中原文化不断输入东江地区，尤其通过教书育人，促进东江文化与外地文化的交流融合，并对在获得创新的基础上形成的一种统一性、稳定性为主要表现的东江地域文化特征，起了不可低估的作用。从此，东江文化随着东江地区行政建制的相对稳定，不断朝着特色明显的地域性文化体系迈进。

第三，明清时期东江地区行政建制的总体稳定性和人文社会结构的地域性更趋强化，东江文化的东江特色即海纳百川、兼收并蓄等开放性、包容性、创新性日渐凸显。如前所述，明王朝定鼎全国之初，在府、州之上沿袭元代行政中书省旧制，到洪武九年（1376）改为承宣布政使司。与布政使司平行的是提刑按察使司和都指挥使司，三者合称三司。三司虽互不统属，但又互相牵制。布政使司之下设有道，分为分守和分巡等道。同时，又仿照汉代刺史制设有以省为单位的大监察区，这样的官简称为“巡按”或“巡按使”。明永乐年间（1403—1424），正式设置“巡抚”官职。这样的地方行政建制，既强化了中央集权制，又有利于地方的管理和社会的发展。明隆庆六年（1572），属于广东布政使司管辖的惠州府，其下辖之县由七个增加到十个，明崇祯六年（1633）又增加了连平州。这些县或州，实际上基本涵盖了以往循州或惠州所辖东江区域。尤其值得指出的是，由于东江地区临近海域，所以在明代成为抗击倭寇入侵的前线，以惠州为中心的东江地区更加显示出军事重镇的特殊地位。从而，东江地区除地方行政建制健全的同时，又设置了专管军事的卫。这个卫的机构一般设置在省城，根据当时情况，广东的卫不设广州而设东江地区中心城市惠州，称之为惠州卫。此外，在明万历年间（1573—1620），两广总督衙署曾一度移驻惠州，原因是出于抵御入侵东江地区和潮汕地区的倭寇。[②] 受地方行政建制和军事建制的影响，不仅各类人才进入东江地区，外来生活方式、价值观念以及语言、饮食、服饰等多元文化要素输入东江地区，而且以惠州为中心的政治、经济、军事、思想文化等重要地位的地域性色彩更加浓厚。就明代东江地区人口而言，最多时达到 38 553 户，116 842 人，相较于元代惠州路 24 976 户，总计 111 462 人来说，分别增加了 3 577 户和 5 380 人。[③] 就文

① 谭力浠等编著：《惠州史稿》，1982 年内刊，第 28 页。

② 谭力浠等编著：《惠州史稿》，1982 年内刊，第 39 ~ 40 页。

③ 谭力浠等编著：《惠州史稿》，1982 年内刊，第 33 页。

教状况而言，明代东江地区的府学和县学均有了飞速发展，其科举人才数量超过以往东江地区历代人才之总和。单进士就有44人。就东江籍人才入仕做官而言，单归善一县，官至正七品以上者达100人以上，比唐、宋、元三代以及后来清代所有官至七品以上者加起来还要多①，而且产生了不少学者、艺术家和科学家。

在清代，以惠州为中心的东江地区不仅地方行政建制更加完备，而且成为专门化的军事驻防区域。这一地域性行政建制的完备和军事驻防的设置，带来了东江地区人文社会结构的两个明显结果：一是经济的发展带来人口数量的增加，进而促成了文教事业的进一步发展。在清前期和中期近200年间，东江地区农业、盐业、采矿业和纺织业都有较大发展，许多圩镇产生，地区性商品通流渠道扩大。经济的发展，带来了人民生活状况的改善，人口数量也就快速增加。至清嘉庆年间，东江地区人口达到130多万，到清光绪末年归善一县人口已达60万左右。② 在文化教育方面，不仅各县新设了许多书院，而且府城丰湖书院聚集了众多名流讲学，形成了继宋、明以来东江地区人才辈出的又一兴盛局面。此外，还有不少政治家、艺术家和专家学者以及军事人才相继出现。③ 二是因东江地区行政建制的完备和军事建制的设置，更强化了地区性封建统治，从而引发阶级关系的复杂化和阶级矛盾的突出。在清前期和中期，东江地区先后发生多起大小不一的农民起义和矿工起义，进入近代以后，天地会起义非常活跃，如翟火姑率领的会党数万人加入了太平军的行列，“成为花旗军之一，转战江西、浙江、皖南、闽北各地，其后随石达开、李世贤、汪海洋等共同战斗，直到太平天国余部最后失败”④。20世纪初，东江地区不仅成为孙中山在辛亥革命前领导的十次武装起义中的两次，即1900年的三洲田起义和1907年的七女湖起义之重心区域，而且成为1911年广东独立革命火种的重要发源地之一。在历次反清起义的过程中，尤其是在辛亥革命期间广东独立的过程中，东江社会逐渐形成一种追求自由、民主的社会风尚，外来新思想、新观念的输入，使得东江文化不仅内涵丰富，而且时代性突出。

第四，民国初年和国民党统治时期东江地区行政建制的多次变更，引发人文社会结构的复杂多变；同时，又因东江苏埃维政权、东江抗日民主政权的建立，进步的民主的人文社会风尚不断形成和发展。在民国初年，随着“五四”

---

① 黄敏著：《惠州人才史稿》，江西人民出版社2005年版，第56页。

② 谭力浠等编著：《惠州史稿》，1982年内刊，第50页。

③ 黄敏著：《惠州人才史稿》，江西人民出版社2005年版，第83页。

④ 惠阳市地方志编纂委员会编：《惠阳县志》，广东人民出版社2003年版，第916页。

运动的发生、中国共产党的诞生、中国国民党改组及第一次国共合作局面的形成，以广东为中心的南方各省国民革命化程度越来越明显。按照《国民政府建国大纲》规定，地方行政只设省、县两级机构。1925 年 11 月，广东全省划分为广州、西江、东江、北江、南路、琼崖六个行政区，每区设行政委员一人，其办公处所称之为行政委员公署。是年 11 月 21 日，周恩来受命担任东江行政区行政委员。此时的东江行政区，除管辖以惠州为中心的东江区各县外，还管辖梅州、潮州各县。1926 年 11 月中旬，东江行政区奉命撤销。在这一年时间里，东江行政委员公署展开了一系列社会改革和安定秩序的工作，尤其是建立了国共合作形式行政建制，国民革命文化要素和红色文化要素明显表现出来。这其中，尤以东江农民运动最为突出。兴起于 1922 年 7 月的海丰农民运动，至国共合作局面形成后日趋高涨，经 1925 年春第一次东征的洗礼，东江地区各县普遍建立了有组织的农民协会和农会武装，农民与地主阶级的斗争成为有组织有领导的斗争，内容一般都涉及改变农民在政治上、经济上和文化教育上的利益和要求，昔日地主豪绅的绝对统治地位在不同程度上受到挑战或改变，尤其是在周恩来执掌东江行政区期间，对所辖各县的行政、司法、治安、交通、教育、卫生等事务的整顿，对东江农民运动的支持、指导和保护，使东江民众的政治觉悟、政治地位、经济地位乃至于文化教育地位，在不同程度上有所提高，东江民众反帝反封建地主官僚的积极性被前所未有地激发出来。东江地区阶级关系的变化，特别是东江民众思想观念中民主化、革命化成分的增多，体现出东江文化内涵的新特征。

第一次国共合作破裂至 1949 年 10 月新中国成立前这 20 余年间，东江地区行政建制呈现出多样化。一方面，国民党统治下的东江地方行政建制时有变更；另一方面，中国共产党领导下的人民当家做主的地方革命政权在势力所及之内，形成了一种民主的、大众的人文社会的风尚。仅就东江苏维埃政权和东江抗日根据地政权的组织结构、具体施政内容与东江文化之间的关系作些分析。

就在蒋介石于 1927 年发动“四一二”反革命政变之后的 4 月下旬，中共海陆丰地委、惠州地委和汕头地委按照广东区委关于先夺取东江和北江，进而恢复整个广东革命斗争的计划，“决定组织东江特别委员会，负责指挥全东江党务、政治、军事”①。中共东江特委“带领工农群众在全省乃至全国率先举起武装斗争的旗帜，成为探索武装夺取政权道路的最先尝试。它不但显示了东

① 中共海丰县委党史办公室研究室编：《海陆丰革命史料》（第二辑），广东人民出版社 1986 年版，第 7 页。

江地区工农群众的强大力量，而且由此揭开了东江地区土地革命战争的序幕"①。是年11月中下旬，海丰和陆丰两县苏维埃政权，高潭等区级苏维埃政权先后宣告成立，被时人称为"中国第一个苏维埃"，"是中国破天荒第一次的苏维埃"②。它不仅显示出东江人民敢为人先的探索精神，而且激发了东江人民更大的反帝反封建军阀的决心和勇气。更为重要的是，苏维埃政权所进行的各项建设及其成果，为东江文化内涵增添了新的要质。海陆丰两县苏维埃政权的独立存在虽然只有半年左右的时间，但其影响是极其深远的："工农贫苦民众，对于东江革命委员会拥护之热烈，真不可以言语形容。"因其政权代表了人民的利益，"一切的剥削和压迫，都已解除无余"，从而社会状况"自然近于较良好的现象"。就工农劳苦大众而言，由于他们得到了土地，取消了债务，"所以他们都是喜气洋洋的，舞狮唱曲演剧以表示快乐和胜利，对于一切的工作，都很热烈地参加和拥护"。就商人而言，除了大商人外，"中小商人的营业，反更兴盛起来"，原因在于农民解除了一切困苦和剥削，"购买力当然的强大起来，自然很多很多的到市场来买东西了"。就小资产阶级知识分子而言，在革命形势的感召下，"一般青年知识分子，都跑到工农革命的营垒内来了，有的请求加入共产党，有的要求到农会中工作"③。1930年4月，以惠州为中心的东江地区及周边地区已有14个县建立苏维埃政权，苏区面积达到约7 000多平方公里，人口达到100多万。④ 是年6月，中共东江特委正式组建起东江苏维埃惠州十属特别委员会，用以"加强东江苏维埃政权对全东江地区的管辖，以巩固和拓展东江革命根据地"⑤。自此，东江地区人文社会结构尤其是阶级关系、思维观念和社会风尚都发生了进一步变化。如就东江各地妇女而言，因东江苏维埃政权为她们改变生存状况提供了有力保障，"除一概加入农民协会苏维埃外，有的地方也另外组织贫民妇女协会"，而"在各级苏维埃农会工会等多数有妇女青年为委员会参加指导机关的工作"，不少妇女

---

① 《中国共产党东江地方史》编纂委员会著：《中国共产党东江地方史》，广东人民出版社2001年版，第110页。

② 中共广东省委党史研究室编：《论东江苏维埃》，广东人民出版社2000年版，第18页。

③ 以上引文见中共海丰县委党史研究室编：《苏维埃之光》，广东人民出版社1997年版，第69页。

④ 《中国共产党东江地方史》编纂委员会著：《中国共产党东江地方史》，广东人民出版社2001年版，第182页。

⑤ 《中国共产党东江地方史》编纂委员会著：《中国共产党东江地方史》，广东人民出版社2000年版，第186页。

“已加入红军为看护、宣传、洗缝、运输等队”。在苏维埃政权控制的多数地方，婚姻自由已基本实现，“买卖婚姻制”被取消，“翁姑虐待的事也不再发生了”。妇女们有机会享受“读书娱乐的自由，工资增加，衣食稍有改善的希望”①。此外，东江地区的社会风气也相应发生了新的变化。

1938 年 12 月中旬成立惠阳县第二区临时行政委员会，此举开启了东江地区抗日民主政权的先河，至 1945 年 8 月中旬日寇投降前，整个东江地区基本上连成为一个土地广阔、人口众多，武装力量较强大的军政合一建制区域，“总面积约六万余平方公里，人口 450 万以上，成为中外共知的华南抗日战场一支坚强武装力量，成为广东人民解放的一面旗帜，对抗日战争、民族解放事业作出了不可磨灭的贡献”②。在这个新生的人民民主政权之内，人文社会结构、社会风尚、价值观念、生活方式等都发生了新的变化，为东江文化地域性特色增添了新的内容。这主要表现在如下三个方面。

一是东江民众爱国激情在全民抗日御敌精神的吸引和鼓舞下，最大限度地焕发出来。东江民众的爱国激情，在八年抗战中具体表现为具有高度的历史责任感，不怕流血牺牲及一往无前的民族精神。据初步统计，在八年抗战期间，东江抗日武装牺牲的指战员达 2 500 多人，还不包括从政人员和一般群众在内。广大东江劳苦民众或是参军、参战，或是担任后勤运输，或是维护社会治安，不计个人得失及自身生命安危，表现出高昂的政治热情和抗敌卫国、卫乡、卫家的革命精神。许多东江籍华人华侨，纷纷加入抗日御侮行列，或是直接回国奋战沙场，或是出钱出物援助抗战。东江民众这种爱国激情形成的原因，除了延续东江文化传统之外，还在于东江抗日根据地民主政权的宣传发动和组织领导。这是有别于同时期国民党政府所辖东江地方行政机构消极抗战的一个重要例证。

二是东江抗日根据地民主政权建设，极大地激起东江社会各阶级和各阶层人们政治觉悟的提高和参政议政意识的增强。首先，东江抗日根据地民主政权公开宣布实行民主建政的工作。东江纵队政治委员林平在接受《前进报》记者访问时明确指出：东江抗日根据地“实行普选制度（凡 18 岁以上的抗日人民，不分党派，不分职业，不分宗教信仰，不分性别，都有选举权被选举权），选出村长、乡长，并在最短时间内选出参议员，成立乡、区、县各级参议会”③。其次，座谈会与各界人士共商民主建政大计。于 1944 年 3 月底至 6

① 成晓军等著：《近现代东江社会变迁研究》，河北人民出版社 2008 年版，第 208 页。
② 《东江纵队志》编辑委员会编：《东江纵队志》，解放军出版社 2003 年版，第 4 页。
③ 广东省档案馆编：《东江纵队史料》，广东人民出版社 1984 年版，第 106 页。

月中旬召开的东江各界人士座谈会，“是东江抗日根据地实行民主建政的开端”①。至此，东江地区和北江地区选举产生了六个县级抗日民主政权。随后，东江地区大部分县、区都先后建立起抗日民主政权，从而扩大了抗日民主统一战线的阵营，孤立了日顽势力。可见，东江社会阶级关系的变化之剧烈达到前所未有的程度。

三是东江抗日根据地民主政权内进行的减租减息为主要内容的经济建设，为保证东江民众的经济权益创造了条件。减租的原则是“二五减租”，即在原有的租额基础上减少25%，使佃农所得一般占全年总收获量的62.5%，地主所得一般占全年总收获量的37.5%，最低不少于30%。减息的原则是月利息不得超过四分，如果历年所付利息超过原本一倍者，停息还本，超过原本两倍者，本息停付。② 东江抗日根据地民主政权还通过发展农业生产，开辟耕地，兴修水利，改良农业耕作等途径，提高人民收入水平，改善人民生活。由此，东江民众抗日御敌的积极性被最大限度地调动起来。单就博罗县新解放区而言，据不完全统计，“参加农抗会组织的二千五百人，后备队七百人，常务队一百人”，“农民对拥政参政积极了，个别乡村农民领袖被选为乡长”③。

此外，东江抗日根据地民主政权所进行的文化建设，不仅使贫苦男女青年有机会进夜校读书识字，使其政治觉悟、思想观念发生新的变化，而且促成东江社会传统婚姻家庭结构发生变化，自由恋爱结婚的风气不断增长，家庭内部父子之间、夫妇之间及亲友之间的关系，也朝着平等的趋势迈进。这些都显示出东江文化内涵获得了新的特质，而这种新的特质的获得，则与东江地区特有的行政建制的产生和其作用的发挥有着密切的关系。

① 《中国共产党东江地方史》编纂委员会著：《中国共产党东江地方史》，广东人民出版社2001年版，第395~396页。

② 《东江纵队志》编辑委员会编：《东江纵队志》，解放军出版社2003年版，第230页。

③ 中共海丰县委党史研究室编：《苏维埃之光》，广东人民出版社1997年版，第179页。

第二章　东江文化的定位、内涵及其特征

传统观点通常将历史上的岭南大文化体系划分为广府文化、桂系文化、潮汕文化、客家文化、海南文化和港澳文化等地区文化。而研究现今广东省行政区划内的岭南文化的学者一般将岭南文化划分为广府文化、潮汕文化和客家文化三个主要分支，对于地域（地区）特色鲜明的体现出多元文化要质的东江文化，则将其纳入客家文化这个范畴之内。这显然是不妥当的。因为东江文化的生成、发展、演变的历史告诉我们，它的主体和要质虽是客家文化，但并不等同于纯客家文化。特定的自然地理条件和人文社会结构，使东江文化又与广府文化、潮汕文化发生着较多的联系，融合吸收了较多广府文化、潮汕文化的成分，并由此获得创新而形成东江地域（地区）性特征。本章从对东江文化作出明确定义、定位出发，重点分析考察东江文化的源与流、基本内涵、主要特征等问题，反过来印证东江文化所作定义、定位的必要性和科学性。

一、东江文化应如何定位

究竟是“四东文化”① 的定位合适还是“东江文化”的定位合适？究竟是“客家文化”的定位合适还是“东江文化”的定位合适？弄清楚这个定位问题很有必要。现今各地都在推进文化建设，都想找寻自己所处区域内文化建设的特色。所以，东江文化的定位问题不解决好，就无法总结、梳理出东江文化的基本内涵和主要特征，无法诠释历史上发生在东江地区尤其是近百年发生在东江地区的诸多文化现象，无法诠释现今以惠州为中心的东江人体现出的海纳百川、兼容并包的文化现象。换言之，这个定位问题不解决好，就很难捕捉到可供今人借鉴利用的东江文化要素，很难梳理出“人无我有，人有我独”的文化建设特色。正如刘开美在《论惠州文化的定位》一文中指出的：“难以

① 2004 年惠州官方提出了旧“四东文化”即“东江文化”、“东坡文化”、“东征文化”、“东纵文化”的定位；2007 年又提出了新“四东文化”即“东江惠州民俗文化”、“东坡寓惠文化”、“东江革命历史文化”和“东樵宗教文化”的定位。

集中智慧、统一思想、达成共识、形成力量，地域文化研究就会是盲目的、零碎的，难以构建体系、形成风格、显示特色。”①

（一）以地域（地区）文化为依据定位东江文化

在地域文化研究中，存在着两种相对独立的文化定位依据。一种是以民系文化内涵或结构作为定位依据，另一种是以地域（地区）文化内涵或结构作为定位依据。民系是民族的分支，民系文化是民族文化的分支。民系文化的界定，主要以语言为特征。地域（地区）文化不仅属于民族文化的分支，而且可以形成大地域文化内几个具有相对独特的小地域文化圈。对地域（地区）文化的界定，不仅以地理区域和行政区域特征为依据，而且更应重视这个特定地域（地区）内的自然地理条件和人文社会环境对文化生成、发展、演变的影响作为依据。这个地域（地区）文化内的整体结构中各要素、各层次共生共存，形成由这一地域（地区）占主导地位、为大多数人所认同的思维观念、生活方式等社会风尚。譬如，在中华民族大文化之内有齐鲁文化、三晋文化、吴越文化、巴蜀文化、徽州文化、荆楚文化、燕赵文化、三秦文化、关东文化、中原文化、岭南文化等地域（地区）文化的划分，就是以特定地域（地区）文化内涵、要质和特征作为依据的。鉴于此，我们主张以地域（地区）文化作为东江文化定位的依据。至于民系文化，它虽然可以作为一个重要内容来加以对待，但它不适用于作为东江文化定位的整体性、综合性依据来加以重视。尽管文化以人为载体来传递，但特定地域（地区）内人的思维观念、生活方式等主要受到自然地理条件和人文社会环境的影响、制约而产生，并非完全由地域（地区）人群语言特征来决定。语言特征对于文化的传递甚至发展、演变的确产生了重要作用，但不是唯一的，不是绝对的。相反，如果某一地域（地区）人群使用的方言越牢固越普及，那么这一地域（地区）的人群往往排外性、排他性更强、更大，文化的发展创新也就越慢、越少。所以，我们将民系文化尤其是居民构成状况、语言和宗教信仰等融入地域（地区）文化这个大框架之内，作为界定东江文化地域（地区）性特征的整体依据。

因此，作为本书叙述、研究对象的东江文化，我们将其明确定位为地域（地区）文化。对于这个界定，我们拟从如下三个方面作出表述。

首先，东江文化是属于中华大文化体系和岭南大地域性文化体系下的一个地域性亚文化，它在东江地区（以现今惠州、河源、汕尾、东莞四市为主体，

① 成晓军主编：《东江文化纵横谈——首届东江文化全国学术研讨会论文集》，暨南大学出版社2010年版，第7页。

旁及广州之增城、深圳之宝安、梅州之兴宁）自然地理条件和人文社会结构（包括历代行政建制的变化尤其是近百年各民主政权的存在）的影响下，在长期历史发展进程中逐渐形成特色。

其次，东江文化拥有多元化文化特质。这些特质的多元化又具有相对的稳固性、延续性和创新性，体现出与纯客家文化同中有异，也与广府文化、潮汕文化异中有同的一个独特而又多元的体系。在这些多元文化特质中，不仅人口构成，连语言特征也是如此。譬如，外来人口既包括直接从中原迁徙而来者，又包括江西、福建、潮汕、梅州等地第二代、第三代甚至第四代客家移民之后裔，还包括历代守惠官吏及其家眷，历代谪居东江地区的贬官及其家眷，外来名人学士及其家眷，军旅人士及其家眷等；他们使用的语言，除了客家话占主体外（事实上生活在东江地区的客家人使用的已不是纯正的客家方言，而是具有相当程度变异性的客家方言），还有粤语、潮汕语等。更为重要的是，东江地区长期留存下来的海纳百川、兼容并包等社会风尚，体现的多元文化特性十分突出。

再次，东江文化体现出的开放性、包容性、创新性特色，自古至今生生不息。在这方面，它不仅比纯客家文化、潮汕文化要强得多，而且在一定程度上超过了广府文化。这是因为，以惠州为中心的东江地区特殊的自然地理条件，首先赋予了这种文化以性格。正如叶岱夫在《东江河道变迁与东江文化地理形态》一文中指出的："东江流域具有水系扇面辐射和干流串珠融合两个基本的文化地理形态。进一步说，水系扇面辐射和干流串珠融合的水文特征，则分别构成了开放型和包容型的东江文化生态的两个特有品格。……是一种去除了分别对待的广义生态文化，无疑具有强大的生命力。"① 东江地区特殊自然地理条件除了地理位置即交通枢纽的特性外，还包括山、水、丘陵、平原的多样化、交叉化，以及水土气候等多样化、复杂化等要素，这些要素规约和影响着东江文化多元化特征中的开放性、包容性和创新性。

正因为我们主张用地域（地区）文化作为界定东江文化的主要依据，从而提出了与客家文化、广府文化、潮汕文化并列的东江文化概念，将它作为岭南文化大体系中的一个独具特色的地域（地区）文化来加以认识和研究。

（二）不能用"四东文化"定位东江文化

第一，新旧"四东文化"的定位将东江文化中具体文化要素同具体文化

① 成晓军主编：《东江文化纵横谈——首届东江文化全国学术研讨会论文集》，暨南大学出版社2010年版，第97页。

概念相提并论，存在自相矛盾的弊端。我们认为，尽管旧“四东文化”中有“东江文化”的专门提法，但由于是与“东坡文化”、“东征文化”和“东纵文化”三个具体文化要素相提并论，置于同等地位，从而东江文化的具体内容也就被抽掉了，成为一种无实际内涵的名词。再者，从特定文化意义上说，“东坡文化”、“东纵文化”应包含在“东江文化”这个体系之内。因为，旧“四东文化”中的“东征文化”和“东纵文化”，虽然在历史阶段性角度上顾及到了东江文化的深层部分，但又人为地将东江文化精神的历史延续性（如近代以前东江民众反封建斗争的革命精神，明代抵御倭寇入侵的民族精神等）被生生斩断了。显然，这样的文化定位是不科学的。事实上，这种不科学性在现实文化建设中也日益凸显出来。因而，在2007年又有将东江文化定位为新“四东文化”，即“东江惠州民俗文化”、“东坡寓惠文化”、“东江革命历史文化”和“东樵宗教文化”。然而，这个新的文化定位所产生的弊端和存在的不科学性更多更明显。新“四东文化”论者，主张将旧“四东文化”中的“东江文化”改称为“东江惠州民俗文化”，其内容包括“东江流域自然地理空间的惠州地区的民俗文化”，认为其优点是“突出了惠州的民俗特色，将它与东江流域其他客属文化区分开来”[①]。这个观点，显然自相矛盾。我们暂且不谈惠州民俗文化能否作为一个独立的文化体系这个问题，单就“东江惠州民俗文化”与“东江流域其他客属文化区别开来”这个提法而言，它未能把“民俗文化”作为东江文化所覆盖的东江整体区域，更未能把东江文化作为一个历史演变过程来考察。事实上，从东江文化生成、发展、演变过程来看，惠州民俗文化与整个东江流域，尤其与东江中下游民俗文化是紧密联系在一起的。这是因为，民俗文化的产生和形成，具有长时间历史时空性，之所以能够成为一种地域文化内涵而显示出固有特色，主要在于它存在着一个漫长的历史演变和积淀过程。东江文化中民俗文化要素的产生、形成及其演变，正好说明了这一点。以纸鹞为例，放纸鹞是东江民众过重阳节的主要习俗，经历了一个漫长的演变积淀过程。纸鹞即现今的风筝，风筝是五代以后的称谓。五代以前，北方习惯称“纸鸢”，南方则多称“纸鹞”。由此可见，东江地区的“纸鹞”明显保留了五代以前的古老称谓，且极有可能吸收了中原风筝文化要素，形成“南北混合”的东江民俗特色。这一民俗特色并不仅限于今惠州行政区域而是流行于整个东江地区。这就说明，我们在谈论惠州民俗文化时，不能撇开历史上长期形成的东江民俗文化大体系。如果离开了“历史”的和“东江民俗文化大体系”这个客观文化现象，就无法深入理解“惠州民俗文化”的内涵，

---

① 李靖国：《新“四东文化”要注重内涵发展》，《惠州日报》，2007年8月6日。

更无从谈起对“东江流域其他客属文化区别开来”的问题。这是因为，惠州民俗文化本来就与东江流域其他客属文化紧密联系在一起。

新“四东文化”论者在强调将旧“四东文化”中的“东征文化”和“东纵文化”改称为“东江革命历史文化”这个地域概念时指出：“特指以惠州为中心的自1840年至1949年百余年间东江地区革命斗争的宏伟历史。……东江苏维埃红色文化，专指东江流域的早期农民革命运动、中国共产党领导的南昌起义军一部和广州起义军进入东江地区后与东江人民在一起，在高潭创建全国第一个区级苏维埃政权。”[①] 在这里，论者明确将“东江革命历史文化”的地域空间扩展到整个东江地区。这就出现了一个无法自圆其说的矛盾：在谈论“东江惠州民俗文化”时，因特意强调“惠州特色”，主张将“它与东江流其他客属文化”区分开来，而在谈论“革命历史文化”时，却无法抛开“东江”二字。因为，近代东江革命历史文化发生的地域范围并不局限于今惠州行政辖制区域。这种自相矛盾的观点，更表现在新“四东文化”论者批评旧“四东文化”概念过于宽泛的观点之上：“东江流域市（地级以上）并不止于惠州，以东江文化来代替惠州文化，既缺乏惠州特色，也有以偏概全之嫌。”[②] 我们的观点恰恰相反，理由有两点：一是并不存在惠州文化由东江文化来代替的问题；二是研究惠州文化就必须研究东江文化，研究东江文化不仅不会“以偏概全”，而且还有利于更好更准确地发掘、凸显出“惠州特色”。因为，惠州的历史和历史的惠州，与东江地区的历史和历史的东江地区紧密联系在一起，不能人为分开。

总之，东江文化作为一种独具地域特色的文化，具有一个完整的文化发展演变体系。在这个体系之内，不仅包含了物质的、精神的、制度的和行为的几个方面，而且包含了自古至今以惠州为中心的发生在东江地区内的主要文化形态。新旧“四东文化”不能作为东江地域（地区）文化定位，它们只能作为东江文化体系下的要素成分。例如，“东坡文化”或“东坡寓惠文化”，即是特定时期内历史人物在东江地区留下的思想文化痕迹，属于东江文化深层部分一个要素。其实，历史上对以惠州为中心的东江地域文化卓有贡献、影响深远的还大有人在，如清朝末期的江逢辰和梁鼎芬。东江文化的要素除了“四东文化”外，还有贬官文化等，它们均属于东江文化体系下的具体要素，如果将其与东江文化等同对待就不合适了。文化种类与文化要素是有区别的。东江文化是中国地域文化的一个种类，唯有作出这样的定位，才能完整反映出东江

① 李靖国：《新“四东文化”要注重内涵发展》，《惠州日报》，2007年8月6日。

② 李靖国：《新“四东文化”要注重内涵发展》，《惠州日报》，2007年8月6日。

文化的历史和历史的东江文化这一科学内涵。

第二，惠州文化的源头和惠州文化的核心不是具体文化要素“四东文化”，而是完整体系“东江文化”。新旧“四东文化”论者将东江文化定位为“四东文化”，之所以出现了自相矛盾，之所以缺乏科学性，原因主要有两点：首先，“四东文化”论者着眼于现实经济社会发展的需要，注重的是“惠州特色”或“惠州品牌”，忽略了历史的惠州或惠州文化与历史的东江地区或“东江文化”血肉相连的内在联系。如前所述，自隋开皇十一年（591）设置循州之后，惠州逐渐成为东江地区政治、经济、思想文化乃至军事设防中心。惠州以东江为基础、为纽带，逐渐形成了丰富灿烂的地域（地区）文化体系。现今的惠州，既是历史上循州和惠州辖区范围内的核心，也是现今东江地区的核心。它孕育、汇聚了东江文化，传承了东江文化的血脉，东江文化中开拓进取、海纳百川、兼容并包的传统精神和社会风尚，深深影响着以惠州为中心的东江人的思维观念和行为方式。现今惠州文化中体现出的开放性、兼容性和创新性，可以从东江流域多民族文化交流融合而形成的文化传统多元性中找到来源。换言之，现今惠州人不排外，对外来文化兼容并包，从根本上说主要是历史的东江文化传统、社会风尚起作用的结果。一句话，现今惠州文化的源头是历史的东江地区产生、形成的东江文化。其次，新旧“四东文化”论者忽略了对文化核心或文化深层部分的总结、继承和创新的必要性、重要性的深刻认识。尽管“东坡文化”或“东坡寓惠文化”、“东征文化”与“东纵文化”或“东江革命历史文化”的提法，都涉及爱民、尚民问题以及对民族精神彰显等问题的实质，但东江文化在其形成和发展演变过程中凝聚而成的海纳百川、兼容并包等思维观念和社会风尚，却是新旧“四东文化”所涵盖和反映不了的。历史具有连续性，文化也具有连续性。现今惠州人最需要提倡的是具有开放的心态，以及勇于容纳、吸取他人长处的精神境界。这种“心态”和“境界”的形成，离不开对历史的东江文化体系作总结、继承，单纯盯住近百年“东江革命历史文化”和“东坡寓惠文化”，而将中原移民文化与东江原生文化的交融，唐以来形成的贬官文化与东江原生文化的交融，外来名人学士及历代守惠官吏与东江文化发展演变之间的关系等问题，尤其是对东江地区学术思想、文学艺术发展演变的历史过程等问题，或断章取义，或支离破碎地作考察，其结果就会导致对东江文化的继承和创新问题形成无源之水、无本之木的认识，现实文化建设也就缺乏源远流长、底蕴深厚的地域文化作支撑，最终无法解决“人无我有，人有我独”的文化建设特色问题。在此，我们要特别指出的是，惠州文化建设的核心是提高人的素质，即具有海纳百川、兼容并包等精神境界和社会风尚。要达到这个目的，就有必要对东江文化在历史上形成的开放性、兼容性、创新性文化核心精神加以总结、发展、继承、创新，离开了这条贯穿古今的文化主线，就很难体现惠州文化建设的特色。

第三，对现今惠州经济社会起统领和支撑作用的并非新旧“四东文化”要素，而是自古至今具有顽强生命力的东江文化的优秀内涵。任何文化都是为经济社会发展服务的。因为，文化既是对特定历史时期经济、政治发展的提炼，即“一定的文化是一定社会的政治和经济在观念形态上的反映”[①]，同时，它对现今社会经济、政治和区域文化建设定位具有引领和支撑作用。当今世界，国与国之间、区域与区域之间、城市与城市之间的竞争，体现出综合竞争力的强弱，而在这其中起重要作用的则是文化的竞争力。这是因为，文化对社会经济的渗透力越来越明显，文化的力量从根本上说是精神力量，它深深熔铸于民族的生命力、创造力和凝聚力之中，是影响综合国力消长的长期性、基础性、战略性要素。[②] 换言之，一个民族的文化是一个民族的灵魂，深刻影响着一个民族的心理、性格和精神世界。同样，一个城市或一个地区的文化，是一个城市或一个地区的灵魂，深刻影响着居民的心理、性格和精神世界，成为一个城市或地区核心竞争力中的重要动力和强大支撑力。而在文化竞争力的培育和建设过程中，对于自然地理条件和人文社会结构相似，且具有历史区域性共生共存传统的特定地区内城市与城市之间的相互配合、相互促进，也就显得非常重要。就现今惠州文化建设而言，必须具有更高的目标和长远发展的眼光，不能把自己局限于现今惠州的行政区域，应当以历史上形成的东江地区经济、政治和文化教育的中心为己任，主动与周边东莞、河源、汕尾乃至与深圳等市联手打造东江地区性文化建设格局，进而辐射整个广东东部和江西、福建有关城市和地区。这就是说，以东江文化体系为基础，以开放、兼容、创新为主要特征，连接和包容客家文化、广府文化和潮汕文化，辐射和影响范围涵盖珠江三角洲东部、粤东及粤东北、江西及福建。要达到这样的文化建设目标，就必须首先解决好东江文化的定位问题，就必须清晰认识到起统领和支撑作用的不是新旧“四东文化”要素，而是具有历史延续性、地域性、再生能力较强的东江文化体系。因为，通过对东江文化体系的总结、梳理，可以找寻到借鉴、利用价值较高，又能起引领和支撑作用的核心文化建设资源。

---

① 《毛泽东选集》（第2卷），人民出版社1969年版，第655页。

② 严昭柱：《文化的力量》，《求是》，2004年第2期。

二、东江文化的生成和内涵

东江文化的产生和形成，以及它在历史演变中凝聚而成的开放性、兼容性、创新性特征，起决定作用的首先是人口构成的多元化。这是因为，文化由人来传递。不同人群和民族，具有不同的价值观念和生活方式，不同文化性格在同一区域内共生共存，先是发生冲突、碰撞，最终达到交流融合，通过长时间的优势互补而提升为一种新的地域性文化特色。

（一）东江文化产生形成的多元化特征

东江地区在历史上形成的人口多元化格局，促成这个地区内的人群通过语言、生活方式等行为文化，将客家文化为要质为主体的东江文化在凝聚多元文化优势的基础上不断发展创新的同时，又为广府文化和潮汕文化等其他地域性文化能够在东江地区内找到生存的空间，最终从一个侧面为东江文化的开放性、兼容性和创新性特征的形成提供人缘环境和条件。在上古时期，东江地区居民属于瑶、苗、高山等少数民族。“百越”时期，来自江浙一带的越民散居于少数民族之中，对开发东江文明起了重要作用。春秋战国时期出现的缚娄国，即是南越人的某个部落。这个观点，可从前些年博罗园洲梅花墩出土的春秋龙窑遗址和博罗城郊浪头横岭山出土的目前广东最大的西周、东周墓葬群文物中获得证实。[①] 尤其是在秦汉至明清时期，多批中原人先后移居东江地区，更加促进了东江土著文化与中原汉文化的交流、融合。[②] 公元前 214 年，秦始皇平定百越后，迁陕陇之民居粤，其中一部分中原人落户于东江地区之龙川一带。公元前 111 年，汉武帝用兵岭南后，不少军士及眷属定居东江地区。他们与东江土著通婚，逐渐发展为当今纯东江人的祖先。在具有两千年历史的龙川佗城祠中，我们可以找寻到相关信息，即现今佗城 138 个姓氏中不少源自秦以来的大量移民。据考证，龙川一地赵、韦、官、任四姓居民，即是首批进入龙川与当地土著族杂居的中原人。如唐朝东江地区第一个进士韦昌明，就是首批中原移民的后裔。魏晋南北朝时期，由于相继发生“永嘉之乱”和“五胡乱华”，大批中原人南迁避祸，其中不少人迁徙到东江地区。谭力浠等在《惠州史稿》中指出：晋代东官郡六个县及惠州所辖区域之内，总计 1 332 户，

① 成晓军等著：《近现代东江社会变迁研究》，河北人民出版社 2008 年版，第37～38 页。

② 谭力浠等编著：《惠州史稿》，1982 年内刊，第 14～15 页。

13 696 人，人口数量比秦汉时期有了明显增加。在唐代，由于“安史之乱”及黄巢起义，大批中原人被迫南迁江西、广东、福建等地，其中一部分人定居东江地区。司徒尚纪在《珠江传》一书中指出，黄巢起义军占领广州后，镇海节度使高骈建议朝廷派人率领 8 000 兵士至循州、潮州一带设防，围堵起义军退路，这批兵士及其家眷大多落籍于东江地区。[①] 两宋时期，因北方少数民族不断侵扰中原王朝，比从前数量更多的中原人纷纷迁居相对安定的岭南，其中相当多的人定居东江地区。与此同时，宋室南渡，端宗避往广东，游移于海陆丰及潮惠沿海一带；文天祥所部转战广东东部，兵败后不少士卒落户东江地区。[②] 据罗香林著《客家源流考》统计，南宋从江西、福建、安徽、江苏迁居广东龙川、和平、河源、惠阳等东江地区的有魏、曾、刘等 18 姓。又据曾昭璇考证，现今龙门有 10 姓，博罗有 11 姓，惠阳有 2 姓，都是由宋代从南雄珠玑巷迁来的。北宋元丰元年（1078），东江地区客居者的比例达 50% 以上，“这些迁民是东江客家民系的主要成员，对创造东江文明作出了重要贡献”[③]。元末明初，闽西、赣南的第二代客家人又因天灾人祸频仍而迁居东江地区，一些闽语系居民或由福建迁徙至归善、海陆丰一带，或先是迁徙至潮州，继则迁居海陆丰、归善等地，形成东江人群中讲闽方言的分布格局。在明代，以惠州为中心的东江地区人口最多时达到 38 553 户，116 842 人，归善县 6 800 户，29 000 人中，有不少是新近迁入的外地人。可以说，到明代外来人口包括自秦汉以来数批新老客家移民在内，东江地区土著居民及其后裔只占极少数。潘家懿单就惠东一县先民的情况作了分析：“惠东人的先人大部分乃是明初以后陆续从各地迁来的。如客家人大都从闽西、赣南和粤东各地辗转迁入的，福佬话居民，包括沿海渔民，大都从闽南及粤东东部沿海流入。”[④] 在清代，由于中央朝廷实行“迁界”政策后又下令复界，鼓励内陆人民向沿海各地发展，从而使得部分内陆省份及粤东东部人口迁居东江地区。如今惠阳秋长镇就有不少居民是在清朝初年从嘉应州迁来的后裔。博罗观音阁镇林姓祖先则是从福建漳州府金竹迁入的。“现惠阳区、惠东县沿海十多个乡镇的三十多万客家人，大多数都是那时客家移民的后裔。”[⑤] 清末民初，又有部分兴宁、五华、梅县及

---

① 司徒尚纪著：《珠江传》，河北大学出版社 2001 年版，第 163 页。

② 成晓军等著：《近现代东江社会变迁研究》，河北人民出版社 2008 年版，第40～41 页。

③ 司徒尚纪著：《珠江传》，河北大学出版社 2001 年版，第 163 页。

④ 《惠东文史》（第 7 辑），1999 年内刊，第 36 页。

⑤ 成晓军等著：《近现代东江社会变迁研究》，河北人民出版社 2008 年版，第 43 页。

潮州等地人口，迁居东江地区，如“平海邓氏，其一世祖风光公大约于清末时期，从五华水寨镇罗浮村迁居到平海西元村打铁街，开办打铁商行”①。

上述多批外来移民定居东江地区后，在同恶劣的自然环境抗争的同时，又将外来文化尤其是先进的中原文化传入以惠州为中心的东江地区，逐渐形成以重教崇文、勤劳节俭、刻苦自励、讲道义信守、海纳百川、兼容并包等为内容的东江文化要质。徐旭曾在《丰湖杂记》中指出：“客人以耕读为本，家虽贫亦必令其子弟读书，鲜有不识字、不知稼穑者”；“客人之风俗俭勤朴厚，故其人崇礼让，重廉耻，习劳耐苦，质而有文”；“客人语言，虽与内地各行省小有不同，而其读书之音甚正。故初离乡井，行经内地，随处都可相通”②。由此可见，东江人的这一文化特性，体现出中原汉文化和东江土著文化的双重要素。换言之，东江特定地域性文化要质，由中原汉文化、外来文化与东江土著文化、新老客家文化、潮汕文化乃至一部分广府文化相互交流、融合，形成具有多元化特色的创新型东江地域文化体系。时至今日，这种多元化文化特性，还可以找到延续和传承的依据。谨以语言和建筑风格为例加以说明。据《惠府文化是东江文化的缩影》作者经过实地考察得出结论：“在东莞和增城考察期间无论从方言上还是民居特色上，都明显感觉到东江下游与中、上游的区别。例如在东莞和增城，尽管两地同样保留着自己的方言，但粤语比客家话更流行；古民居特色也趋同于广府文化的梳式布局和棋盘式布局。”然而，不管是东江中、上游还是东江下游，虽然较明显地体现出广府文化区域（这在古代更为明显），然而东江文化的诸多要质至今仍留存有深深的印记，“在增城我们发现仍有近半数的市民用客家话交流，而在东莞，我们更惊讶地发现当地人同样有着‘捡金’的古老客家风俗”③。在信息手段、交往方式普遍发展的今天，历史悠久的社会风俗、生活方式中的某些要质，仍然保存下来，可见东江文化多元化、创新型的生命力特质是十分明显的，东江地区人口来源的多元化赋予东江地域文化的延续力和传承力也是十分突出的。

东江文化的产生和形成，除了成批外来移民作出重大贡献外，还与如下几个人群具有较为密切的关系。

一是谪居东江地区的中原官僚士大夫的贡献不可低估。继隋唐时期牛僧孺、李商隐等人谪居东江地区之后，宋元时期相继有吴潜、苏轼、唐庚、刘克

---

① 张伟海等著：《历史文化名城平海》，广东人民出版社2005年版，第55页。

② 转引自惠州市惠城区地方志编纂委员会编：《惠州志·艺文卷》，中华书局2004年版，第348页。

③ 付海燕等：《惠府文化是东江文化的缩影》，《东江时报》，2008年3月20日。

庄、陈鹏飞等众多中原官僚士大谪居以惠州为中心的东江地区。这些人不仅学术造诣深，而且为人处事光明磊落，具有强烈的社会责任感和使命感，虽身处逆境，但锐意进取之心从未减色，忧国忧民之情常驻心中。他们在谪居东江地区期间，通过言传身教，移风易俗，将发达的中原文化传递给东江人民，尤其是他们那种讲求实际、坚持真理、置自身荣誉得失于度外的实学精神，开拓进取、勇于创新的思维方式，不遗余力重视文教建设，推进纯正社会风气的长远眼光，很自然地影响着东江人民的思维观念和行为方式。如宋代名相吴潜在谪居龙川期间，倡设三沙书院，常与有识之士讲学论道；① 唐赓、陈鹏飞等人关心民生而又潜心学术。尤其是北宋名臣、大文豪苏轼，因反对新法被贬为宁远军节度副使谪居惠州近三年期间，关心民生疾苦，做过不少有益社会发展的事。如捐资修建了西湖的苏堤；帮助道士邓守安建造东新桥；上下奔走请建军营，解决军民杂处而存在的兵扰民问题；请准“钱米两便”的纳税方式；推广先进农具水碓、水磨；捐助栖禅寺僧希固建造西新桥等。与此同时，他在惠州期间写下了172首诗，50多篇词与文，在咏叹东江地区风物胜景，描绘瑰丽湖山的同时，诉说黎民疾苦，抨击时弊奸邪。② 以惠州为中心的东江地区，因苏轼的影响而被世人进一步关注，留下的精神财富又较深地影响到东江人，丰富了东江地域文化内涵。

二是历代任职东江地区的外籍官吏对于东江文化的产生、形成，起过一定作用。任职东江地区的外籍官吏中，不少人在维护封建统治尽忠职守的同时，又在兴学重教、改良社会风气等方面做过许多有益工作。如宋高宗时期博罗主簿罗从彦创钓鳌书院，以13个渡口的税利维持书院日常费用，并极力推广、传授理学，对重教崇文社会风气的张扬起过重要作用。③ 宋理宗淳祐年间(1241—1252)，知惠州军州事赵汝驭主持筑设文惠堂、聚贤堂，修东坡祠，创罗浮山仙春亭、横翠亭、拂松亭等。④ 宋理宗宝祐年间，惠州知府刘克刚将聚贤堂改为丰湖书院，“南辟四斋，立三门”，择州学博士兼任山长，开启广东四大书院之一丰湖书院办学之先河。在任期间，他尽力体恤民间疾苦，“教百姓种旱粮，以增粮渡饥”；除恶惩邪，“严禁诬告”，极力维护社会治安；自奉清廉，临终前“把自己所剩千缗捐出，作增学舍用”⑤。清康熙年间出任惠

① 黄敏著：《惠州人才史稿》，江西人民出版社2005年版，第29页。

② 黄敏著：《惠州人才史稿》，江西人民出版社2005年版，第29~30页。

③ 黄敏著：《惠州人才史稿》，江西人民出版社2005年版，第28页。

④ 祝基棠等主编：《惠州名人》，文心出版社1999年版，第393页。

⑤ 祝基棠等主编：《惠州名人》，文心出版社1999年版，第395页。

州知府王瑛，捐助俸禄重建丰湖书院，并撰《丰湖书院记》鼓励官民关注支助文教事业，“一时惠州文教兴盛”①。杨希铨在清嘉庆年间出守惠州，曾为丰湖书院捐书600册，开启丰湖书院藏书之先河，且聘名士顾椿、林兆龙、王赠芳等人为丰湖书院主持，大力弘扬自宋以来东江地区重教崇文社会风尚。② 汪国霖在清道光年间（1821—1850）出任惠州知府，常微服私访，体察民情，严惩贪官污吏、地痞流氓；每月阅批府学生员课卷，亲定等次，对惠州文化建设多有作为。③ 此外，如明嘉靖年间出任惠州知府的李玑，常坐明伦堂亲听诸生说经，释疑解惑，尽心培养、发现和选拔有用人才。④ 明洪武年间（1368—1398）出任博罗知县的任志刚，千方百计筹措资金修建县学宫。此后，多任博罗知县或提学使等，或是增建县学宫房舍，或是倡设社学，多方发展教育事业。⑤ 历代守惠官吏以其自身言行，尤其是他们注重文教事业建设的举措，为东江地区社会风尚的积淀提供了有利条件。由于社会风尚具有耐久性、延续性，从而规约和影响着东江人民代代相传的海纳百川、兼容并包文化性格的不断充实和发展。

三是外来名人学士在东江文化生成发展过程中起过不可低估的作用。历史文献资料显示，自北宋时期开始，一大批外籍学士相继来到东江地区，他们在这里停留的时间尽管不尽相同，但有一个明显的现象值得我们注意，这就是他们的思想言行在不同程度上，从一个侧面促成东江文化与外来文化的交流融合，东江文化的生成发展与这些外来名人学士传道讲学、游览交友、咏叹山水等文化行为紧密联系在一起。

在外来名人学士中最有影响者，宋元明时期有周敦颐、杨万里、文天祥、王守仁、方孝孺、俞大猷、戚继光等；清代有屈大钧、宋湘、王士祯、阮元、戴熙、黄遵宪、丘逢甲、章炳麟、梁鼎芬等。这其中，尤以宋湘和梁鼎芬影响最著。宋湘（1756—1826），字焕襄，号芷湾，广东嘉应州（今梅州市）人。嘉庆年间进士。他在选入翰林院庶吉士后因事请假南归，应惠州知府尹秉绶之聘担任丰湖书院山长。他任职丰湖书院山长期间，在潜心诗作的同时，与知府尹秉绶密切合作，重立丰湖书院学规，改革教学方法，注重培养生徒立身处世的能力，如将“敦重”二字题刻于丰湖书院，对教风学风的纯正务实性产生

---

① 祝基棠等主编：《惠州名人》，文心出版社1999年版，第403页。

② 祝基棠等主编：《惠州名人》，文心出版社1999年版，第409页。

③ 祝基棠等主编：《惠州名人》，文心出版社1999年版，第411页。

④ 黄敏著：《惠州人才史稿》，江西人民出版社2005年版，第72页。

⑤ 黄敏著：《惠州人才史稿》，江西人民出版社2005年版，第71～72页。

了重要影响。同时，由于宋湘是清中叶广东诗坛巨擘，他所写下的诗词作品大都为咏叹东江山水人文之作，留存有《丰湖漫草》和《丰湖续草》两部诗集，对于当时和后来东江文学艺术的发展产生过十分突出的影响。[①] 梁鼎芬（1859—1919），字星海，号节庵，广东番禺人。清光绪年间（1875—1908）进士。因性格刚直，屡劾权贵，不受朝廷重用，于光绪十年（1884）担任丰湖书院山长。在任职丰湖书院山长期间，秉持"以文章道德气节倡后进"的教学理念，严格督导生徒为学做人，培养出江逢辰、李绮青、杨寿昌、叶榕煌等大批饱学之士。与此同时，梁鼎芬通过多种途径从省内外显宦名流中募捐得图书典籍五万六千多册，创建"丰湖书藏"，"有力地推动了丰湖书院的文化学术研究活动和惠州社会的读书风气"[②]。此外，如明代理学家、广东揭阳人薛侃，中进士后无意仕途，师王守仁于赣州，"归而讲学，从此王学盛行于岭南"，明嘉靖二十一年（1542），应谢宪等人之请讲学于西湖永福寺前后达四年之久，对于丰富东江文化中的理学内涵起了重要作用，"郡中名士李鹏举、叶萼、周坦均为其得意门生"[③]。明嘉靖年间（1522—1566）廷臣、著名学者湛若水，虽系广东增城人，同属东江地区学者，但因他长期做官在外地，汇集南北学术于一身，故在罗浮山朱明洞所建甘泉精舍，讲学布道，著书立说之举，对于东江文化体系在明代日臻成熟起过较大作用。当时，四方不少学子云集于此，门徒数众，培养了一大批有用人才，"使罗浮山闻名遐迩，成为岭南'书生渊薮'，文人墨客荟萃之所"[④]。外来名人学士把各地先进文化成分传递到东江地区，经过交流、融合之后，最终使东江文化获得创新。完全可以说，东江文化在其生成和发展过程中，与外来名人学士所形成的开放型文化氛围和社会风尚有着十分密切的联系。

（二）在多元文化现象中形成东江文化的独特内涵

我们之所以不主张将东江文化定位为纯客家文化，就在于东江文化在其生成和发展过程中体现出海纳百川、兼容并包的东江地域性文化特色，而这种特色的生成和发展，则与东江文化多元性即有的学者提出的"杂合文化现象"密切相关。

我们认为，要梳理出东江文化的独特内涵，首先有必要对东江文化的多元

---

① 祝基棠等主编：《惠州名人》，文心出版社 1999 年版，第 406 ~ 407 页。

② 惠阳县教育局编：《惠阳县教育志》，1999 年内刊，第 36 页。

③ 祝基棠等主编：《惠州名人》，文心出版社 1999 年版，第 398 页。

④ 黄敏著：《惠州人才史稿》，江西人民出版社 2005 年版，第 70 页。

性即有的学者提出的“杂合文化现象”作些分析考察。2007年，在惠州市社科联组织的名家讲坛中，有学者对新旧“四东文化”定位问题提出了新见解，明确主张对现有文化建设状况作出重新整合。这位学者指出“惠州”给人的印象是“兼容”，而“兼容也容易产生‘杂合’，正如惠州人朴实、低调，但如果处理不当，就有可能发展为粗野、狭隘。[①] 他进一步指出，惠州官方提出的“四东文化”概念，“其实依然是杂合文化，缺少核心价值观和结构上的系统性”，从而，“惠州的杂合文化需要精心地整理”，因为“杂合文化”接近“文化沙漠”[②]。新旧“四东文化”即是“杂合文化”的体现，“重点不突出，缺少核心价值，”建议将“东征文化”和“东纵文化”剔除，“留下东江文化与东坡文化”就行了。[③] 对惠州“杂合文化”如何整合呢？这位学者主张“以东坡文化为主线，全面整合惠州地区的客家文化，”目的是为了“让惠州文化呈现出一种强文化态势”[④]。综合这位学者的观点，大体上包含了这样三层意思：一是认为“四东文化”的提法不准确，主张保留“东江文化”和“东坡文化”就行了。二是认为惠州文化给人的印象最深者是“兼容”，但“兼容”容易产生“杂合”而“缺少核心价值观和结构上的系统性”。三是认为“惠州的杂合文化需要精心地整理”，主张“以东坡文化为主线”来重新整合惠州文化。我们认为，这位著名管理学、文化学学者，已经敏锐地发现了惠州文化建设现状中有关以惠州为中心的东江文化在定位过程中的不足之处，同时由于他对以惠州为中心的东江文化发展演变的历史内涵缺乏全面深入的考察，所以其观点又存在学术上和理论上的疏误。

我们认为，这位学者所持观点的第一层意思有一定道理，但在主张保留“东江文化”时重点提到“东坡文化”，言下之意是“四东文化”可以改称为“两东文化”。这个主张显然是不妥当的。我们的理由是：“东坡文化”内涵狭窄，不能与“东江文化”相提并论，充其量只能作东江文化中一个具体要素对待。尽管有关东坡遗迹、故事、传说、碑刻、诗文以及其思想精神要素在推进惠州文化建设时可以大做文章、重点开发，但它毕竟属于东江文化大体系下的一个部分，将其视为东江文化的一个子文化尚且说得过去，如将其作为与东江文化平起平坐的文化体系来定位就不合适了。

我们认为，这位学者所持观点的第二层意思，敏锐而准确地捕捉到了惠州

① 成君忆：《“文化与惠州精彩”论坛》，《南方都市报》，2007年12月27日。

② 成君忆：《“文化与惠州精彩”论坛》，《南方都市报》，2007年12月27日。

③ 成君忆：《“文化与惠州精彩”论坛》，《南方都市报》，2007年12月27日。

④ 成君忆：《“文化与惠州精彩”论坛》，《南方都市报》，2007年12月27日。

文化的“兼容性”，对此我们完全赞同。然而，他所说的“兼容”就容易产生“杂合”而“缺少核心价值观和结构上的系统性”的提法，却值得商榷。因为，文化的“兼容”与“杂合”紧密联系在一起，“兼合”并非是低俗、粗野的代名词，并非一定会缺少核心价值和结构上的系统性。就东江文化的历史和历史的东江文化而言，既有中原文化与东江文化土著文化的交流、融合，又有东江客家文化与广府文化及潮汕文化的交流、融合，吸取了多种外来文化要质而形成多文化东江区域性文化特质。如前所述，这是由东江地区特定人缘和地缘因素起作用的结果。东江文化生成、发展演变的历史告诉我们，它的“兼容性”或“杂合性”，与其地理环境和自然条件乃至人口构成的多样性存在着直接而密切的联系。又如前述，语言交流、建筑风格和风俗等，尽管在东江地区历史上存在了许多年，但至今仍保留有某些要质，足可说明东江文化的“兼容性”或“杂合性”，最终形成文化的创新性，正是这种由“兼容性”或“杂合性”通过创新显示出了东江文化的独特风貌及其顽强的生命力，这是任何人为的力量所无法改变的。由此，我们认为，如果说“杂”所显示的是东江文化“多元化”的源与流；“合”所显示的是多元化要素的交流、融合。这种“多元化”的源与流，多元化文化要质的交流和融合，既非对多种文化的简单拼凑，更非多种低俗、粗野文化成分的共生共存，而是通过长时间的发展演变，吸收多种文化优长之后经过重新整合的具有东江文化特色的地域性文化体系。在这个体系中，兼容并包催生出开拓进取、勇于容纳吸取他人长处的东江文化特性。现今惠州人不排外，善于包容接纳外来人和事，起决定作用的不是政府决策，主要是东江文化在历史上形成的开拓进取、海纳百川、兼容并包传统社会风尚影响的结果。我们认为，如果说东江文化是“杂合文化”，恰恰是因为“杂合”而产生形成自身特点，即开拓进取、海纳百川、兼容并包为东江文化所拥有，“兼容性”或“杂合性”孕育出东江文化“核心价值观和结构上的系统性”，也恰恰就在这里。

这位学者所持观点的第三层意思主张“以东坡文化为主线”，重新整合惠州文化，并且提出四点具体建议，涉及东坡文化课题研究、东坡文化与惠州城市形象的打造、东坡文化与惠州旅游市场的经营、东坡文化与惠州城市规划中人文景点的布设等问题。我们认为，他重点考虑的是文化产业化、商品化，重视的是文化表层要素，恰恰忽略了以惠州为中心的东江地域性文化的“核心价值观和结构上的系统性。”尽管在推进地方文化建设作这样的重新整合具有一定可行性，但缺乏广度和深度，很有可能导致官方急功近利、追求政绩效应的心理。如前所述，当今社会的发展趋势，是城市之间、地区之间文化竞争力和综合竞争力的竞争。从长远眼光来看，惠州、东莞、深圳、河源、汕尾等原东江行政区域需要相互间文化建设整体合作，在这其中最重要的是一种开放的心态，一种海纳百川、兼容并包的进取精神、合作精神。这种心态和精神，是“东坡文化”难以囊括的。东江文化的历史和历史的东江文化，则为现今以惠、莞、深为主体的东江区域性文化建设一体化提供了可资借鉴的资源。一般人都说，无论是本地人还是外地人，无论是旧客家人还是新客家人，均能在惠州共生共存，但人是文化传递的载体，新的多元文化通过不同人群传递到惠州，需要重新整合锤炼，形成新的文化核心价值观和结构上的系统性。要达到这个目的，就需要全面系统地总结和借鉴历史上的东江文化，并在此基础上获得创新，形成具有更强现实价值的新要质。这种新要质不是别的，最关键的就是一种借鉴并创新历史的和现实的多种文化优长的能力。具有了这种能力，不仅惠州文化建设稳步前进，而且在历史上形成的以惠州为中心的东江地区城市即惠州、东莞、深圳、河源、汕尾等城市的文化建设，就能形成区域性一体化的格局，发挥其竞争力、生命力的巨大作用。

在明确了东江文化的多元性、“杂合性”不仅不会导致低俗、粗野的文化发展趋向，而且有利于触发“核心价值观和结构上的系统性”等文化深层要素的发展创新这个问题之后，我们再来具体定位东江文化的基本内涵。如前所述，阐述这个问题的前提“杂合性”或“多元性”是东江文化在历史上形成的特性，现今仍将继续存在。“杂合”不是对多种文化的简单拼合，而是吸收多种文化之优长而形成的创新型文化，所以东江文化的基本内涵受这个特性的严格制约，其具体内涵可以从如下几个方面作出概括。

第一，具有东江地域文化特色的思维观念、价值取向等是东江文化的一个重要内涵。总体而言，这个内涵是以惠州为中心的东江地区在历史上形成的地缘因素、人缘因素和文化传统即社会风尚因素起作用的结果。东江人的思维观念和价值取向就是开拓进取、海纳百川、兼容并包。中原人、广府人、潮汕人、外来人都可以在以惠州为中心的东江地区获得生存的空间，中原文化、广府文化、潮汕文化和其他外来地域文化都可以在以惠州为中心的东江地区拥有施展优长的舞台。在有宋一代，这一文化内涵就已达到了相当成熟的程度。大批中原人和外地人迁居东江地区，得到东江本地人（包括土著居民和秦汉隋唐时期移居东江地区的中原人）的认可和容纳。在这些外来人群中，既有普通民众，也有军人及其家属，还有大批贬官和名人学士，他们从不同侧面促进着东江地区开拓进取、海纳百川、兼容并包的社会风尚不断形成。自此之后，历经元明清及民国时期社会变革的深化，东江地区特有的兼容并包思维观念、价值取向传统体现越来越明显。近百年东江社会发生的诸多重大历史事件，随之产生的许多文化要素，主要原因之一就在于东江地区特色鲜明地向往民主、敢担道义、追求新思想、新观念等思维观念、价值取向发生作用。向往民主自由、勇于开拓进取、追求社会进步、敢担道义的民族精神，在近百年东江人群身上体现得非常突出，东江文化核心内涵得到尽情的彰显。如在辛亥革命时期广东光复、两次东征陈炯明叛军、东江农民运动的高涨、东江苏维埃政权的创立、东江军民抗日御敌的过程中，就得到了极大限度的弘扬，东江文化中的核心价值观及其内涵在近百年诸多历史事件中获得更加厚实的积淀。东江文化这种开拓进取、海纳百川、兼容并包的内涵，在20世纪80年代以来惠州、东莞、深圳等东江地区的改革开放现代化进程中，不仅得到传承而且获得多方面的创新，这几个城市经济的快速增长、文明程度的快速加深等，就有力地证明了这一点。还需指出的是，与东江人群思维观念、价值取向相联系的东江地区特有的学术思想、政治思想、文学艺术、宗教信仰等，它们不仅作为东江文化中核心价值观和结构上的系统性中的重要的内涵，在历史上尤其是宋明以来体现其地域性特征，而且其多元性、“杂合性”文化品格体现得十分明显。以东江民间信仰为例，东江人无论是宗教心理还是宗教行为，都是偏向实用的。表现在态度上，讲求的是一个“用”字，即对神灵的工具化、伦理化；表现在程度上，则取一个“淡”字，不虔诚（有灵、有事才拜神），不专一（见神就磕头、有事才拜神）和不执著。诸如玉皇大帝、关公神、黄大仙、谭公爷，在东江人群中都可找到受尊重、礼拜的位置。这是因为，拜不拜神与是否笃信宗教教义、教规，在东江人看来关系并不大，他们的宗教信仰表现为“仪式规范”大过“信仰规范”。这与东江文化所具有的多元化性格紧密联系在一起。

第二，延续和传递东江文化要素的方式和手段如语言文字、学校、图书馆（藏书楼）、博物馆、遗迹、遗址、报刊、广播、电视等，作为东江文化的另一个重要内涵，在传承中国传统文化精神的同时，更多地体现出东江地区性文化内涵。在这个内涵的生成、发展过程中，多元文化色彩、“杂合”文化色彩留下较深的痕迹。对于这些文化传递要素的整理、维护或再现，既可保存东江文化遗产，又可促进以惠州为中心的东江地区人文旅游资源的综合利用，产生不可低估的精神价值和经济效益。然而，值得注意的有两点：一是惠州也好，东莞也好，深圳也好，河源也好，汕尾也好，他们对旅游资源的开发、利用，一般是各自为政，尚未将其提升到历史行政区划内的东江地区性相互联结这个角度来加以整体配合建设。我们认为，近现代东江地区诸多历史事件遗留下来的红色旅游文化，很有必要作为一个整体来开发、建设。不管是旅游景点的开辟，还是旅游资源的利用，旅游线路的设计等，都需要站在历史的角度，进行整体开发、建设。否则，花费大量人力、物力、财力，最终很难形成地区性特色，很难展现“人无我有，人有我独”的特色。二是对东江地区历史名人故居的修复或重建，对丰湖书院等众多书院的维修或重建，对图书馆、博物馆的新建或扩建，对革命历史遗迹、遗址的保护或维修等，都还缺乏既全面准确而又具长远眼光的东江区域性整体规划，有必要城市间、地区间联手行动。总之，不仅需要明确延续和传递东江文化的方式和手段，作为东江文化的主要内涵之一，更重要的是需要东江地区各城市的密切合作，组织力量对这些带有东江地域特性的文化传播和手段作全方位的研究，总结其可资借鉴利用的文化要素，用以开掘和推进惠州、东莞、深圳、河源、汕尾等市文化建设的广度和深度。

第三，东江文化的重要内涵，还包括东江民众日常活动中具有东江区域性特色的社会生活要素。如风俗习惯、服饰、饮食、居住、礼仪等在很大程度上体现出东江地域文化中多元化、“杂合性”特性。如前所述，东江民居建筑风格的多样化、宗教信仰的多样化，以及龙门农民画、小金口麒麟舞、东江渔歌、东江盐焗鸡、东江酿豆腐等，这些社会生活要素既具地域特色又吸取了外来文化要素而获得创新，至今仍保留着一定痕迹，值得总结、梳理、开发、利用、借鉴其成分，从一个侧面丰富现今的文化建设内涵。

此外，东江地区自然资源的保护及其开发，对以惠州为中心的东江各地企业文化要素的总结、研究，都涉及东江文化的重要内涵，都可以从历史和现实相结合的角度，找到多元化、“杂合性”的东江地域文化性格。

总之，东江文化的基本内涵来源于历史的和现实的东江区域特有地缘、人缘和文化传统，来源于历史和现实中形成的“多元”、“杂合”文化现象，即“兼容并包”的文化现象。只有从学理上作出这样的明确认识，才能领略东江文化内涵的真谛所在。

三、东江文化的主要特征

东江文化的特征，与东江地区自然环境和人文社会结构紧密联系在一起，更与东江文化的源与流，以及东江文化的基本内涵密不可分。如前所述，东江文化在产生、形成和发展、演变过程中，因受多元文化要素的规约，形成了独具个性的开放性、兼容性和创新性的地域文化特征。

（一）东江文化的开放性

东江文化的开放性，表现为在其生成演变过程中形成的封闭性、排他性较小，它以开阔的胸怀接纳外来文化，让外来文化能够在东江地区生根、开花、结果，让外来人群能够在东江地区拥有施展才能和智慧的空间。

东江文化的开放性，是由东江特定地域人群在历史上形成的社会风尚所决定的。尽管就岭南文化中几大地域文化而言，广府文化中的开放性十分突出，尤其是步入近代社会以来，欧美风最先为广府人所接受，“敢为天下先”的性格特征，促成广府人顺时而变的胸襟和气魄。潮汕文化与海洋文化血肉相连，塑造了潮汕人善于适应环境，商品意识浓厚，敢于冒险拼搏，开拓能力较强的性格和精神。然而，无论是广府文化还是潮汕文化，因其人群构成的数量和特定地域物质文化发展的自成体系性功能健全，内在运转能力较强，所以这两种地域文化往往催生出生命力旺盛的排外性和自闭性。这种排外性和自闭性，又往往衍生出强势文化的自大性和自信性。就此而言，自觉或不自觉地制约着文化上更大程度开放性的张扬和继续发展。单从语言交流来说，不管是粤语（白话）还是潮汕话，首先在很大程度上就将外来人群挡在彼此交流的范围之外，更不用说是深入心灵深处的交流、融合。至于以梅州为主体的纯客家文化，因其客家人群数量较多和固定性较强，其历史形成的时间十分漫长，从而决定纯客家文化的自在性和自我性相当突出。但相对而言，它与广府文化和潮汕文化有所区别，即排外性相对薄弱，保守性和温和性色彩相对浓厚，而其自在性和自我性，并不等同于广府文化和潮汕文化所特有的自大性和自信性。这是因为，梅州等地纯客家文化的自在性和自我性，往往体现出文化上的自满心理和悠闲心理；广府文化和潮汕文化的自大性和自信性，则往往表现为对外来文化的怠慢和轻视。

东江文化则在其历史演变过程中，不仅在民系形成上体现出对“外来者”的包容性，其大部分移民来自第二代、第三代中原移民中的老客家人，还有一部分来自潮汕文化区和广府文化区，而且东江文化也显示着其包容、大气的性格，不仅与以梅州为主体的纯客家文化关系密切，与广府文化、潮汕文化也有交叉联系。就其东江地域而言，它是以梅州为主体的纯客家文化、潮汕文化和广府文化交流的中心枢纽，即如前所述，整个广东东部地区的山水地理形势，构成了东江地区在文化生成、发展和演变过程中具有的开放性文化生态地位，尤其是惠州拥有的“交通枢纽的地理位置孕育了门户文化的形成”①。换言之，这种交通枢纽或文化交流中心枢纽，造就了东江文化特有的开放性。这种文化的开放性，很少有广府文化和潮汕文化的自大性和自信性，也很少有梅州等纯客家文化的自在性和自我性，既不同于广府文化和潮汕文化对外来文化的怠慢

① 成晓军主编：《东江文化纵横谈——首届东江文化全国学术研讨会论文集》，暨南大学出版社 2010 年版，第 93 页。

和轻视，也很少产生像梅州等地纯客家文化的自满心理和悠闲心理。譬如，在社交语言方面，客家话、广府话、潮汕话、惠州话和普通话在以惠州为中心的东江地区并用，很少像广府人的白话，潮汕人的潮汕话自成体系而首先在语言上把外来人、外来文化隔离开来。又如，在宗教信仰方面，罗浮山道佛合为一体，东江地区民间信奉多神，关公、如来、天主、黄大仙等诸神彼此共存。虽然广府人、潮汕人和梅州等地纯客家人也是多神信仰论者，但因地域的特殊性，尤其是历史文化演变的差异性，影响到东江人与广府人、潮汕人和梅州等地纯客家人的宗教信仰各有特点："广府人信仰的龙母、康公主帅、南海神，潮汕人信仰的妈祖、三山国王神"，东江人不仅对这些神祇予以认同而且还信仰"谭公爷、冯仙姑"等。① 更需指出的是，罗浮山道佛共存，影响远及东南亚，成为中国宗教文化中的一大奇观，紧靠此地区的东江人受其影响，不仅对道佛共同信奉，而且在民间信仰中实用主义色彩相当突出。如前所述："不虔诚（有灵、有事才拜神），不专一（见神就磕头、有事才拜神），不执著。东江民间历来不分道释乱拜神，便是这种观念的一种反映。在东江区域，民间信仰的认同与改变是一件很平常的事情。"② 需要明确指出的是，东江民间宗教信仰中体现出长期历史演变中具有的开放性特征是非常明显的。

（二）东江文化的兼容性

东江文化的兼容性与开放性密切相关，主要体现为对外来人群和外来文化的兼容并包。我们从东江文化产生、形成的历史可以看到，本土原生文化在接纳、吸引外来文化的同时，从异质文化身上吸取营养，进行"以我为主，为我所用"的文化嫁接。如前所述，在社交语言方面，东江地区在很早的时候就形成了官话、粤语、客家话、闽语、潮汕语混合使用的格局，各自迎合对方，久而久之各种方言在东江地区的使用过程中，都或多或少减弱了自身的原汁原味。由于与文化势能较强的广府人为邻，且与香港、澳门交往较多，从而形成了惠州本地话同粤语接近而日益疏远纯客家话的局面。譬如，骂、看、打架、闲谈等惠州话就近似于粤语（广府话）而有别于梅州客家话，分别叫做"闹"、"睇"、"打交"、"倾偈"。③ 此外，在长期历史文化演变过程中，东江地区形成了众多混合型方言土语群。如东江话"占米话"就是一种含有官话成分又深受纯客家话、福佬话影响的混合型方言，而惠东县平海一带流行的

① 成晓军等著：《近现代东江社会变迁研究》，河北人民出版社 2008 年版，第 66 页。

② 成晓军等著：《近现代东江社会变迁研究》，河北人民出版社 2008 年版，第 327 页。

③ 刘若云著：《惠州方言志》，广东科技出版社 1991 年版，第 221 页。

"军话"，则是一种以北方语系为基础，融入广府话、纯客家话和潮汕话等方言的土语。[①] 诸如此类，明显体现出东江文化中生命力较强的兼容性。新中国成立后，尤其是20世纪80年代以来，在东江地区不仅普通话的普及速度很快，而且其程度相当高，迥然有别于珠江三角洲（深圳和珠海除外）地区的粤语主流和潮汕地区的潮汕话主流。可见，东江文化的兼容性在这方面更为明显。在饮食文化中，广府的茶楼文化、粤曲文化，早已在东江地区尤其是在东江下游地区扎根，而广府人喜爱的红茶、客家人喜爱的绿茶、闽地人喜爱的乌龙茶系列，均在以惠州为中心的东江地区占有一席之地。与此同时，各种茶、酒礼俗也早已融入东江风俗文化之中。粤菜、客家菜、潮汕菜以及近几十年来涌入的湘菜、川菜、东北菜都能在东江地区特别是在惠州、东莞等地共生共存。再如，在民间艺术方面，东江文化的兼容能力是十分突出的。不仅"南国红豆"等粤剧在东江地区流行很长时间，而且东江地区的客家龙舟说唱"更源于广府的民间说唱木鱼书，具有'山歌近客谣近粤'的特点"[②]。而风格独特、源远流长、影响深远的潮剧（潮州戏），更在东江地区占有一席之地。如海陆丰流行的用闽南话演唱和道白的"正字戏"、"白字戏"等，因音乐悠扬、唱腔婉转、动作柔美、剧情动人，深受东江人群所喜爱，成为东江音乐艺术发展演变过程中引入兼容潮汕文化内涵的一个重要例证。由此可见，东江文化的在历史上形成的兼容性，具有旺盛的生命力，它在兼容外来文化的过程中，融进了新的要质，最终促进了自身文化内涵的丰富。

（三）东江文化的创新性

东江文化的创新性，首先表现为一种内在结构诸因子的多变量的相互影响的复杂过程，它是在依凭开放性、兼容性这两个先决条件上获得创新的。除了罗浮山道佛共存现象，东江社会风情以及重教崇文与人才群体的形成之外，最具典型创新意义的是近现代东江地区爱国主义的尽情彰显。爱故土、爱民族、爱国家的优秀品德，并非东江文化所独有，但为什么在广东乃至中国近现代历史上，东江爱国主义体现得非常充分而又影响深远呢？诸如辛亥革命在东江地区爆发，两次东征在东江地区进行，农民运动中心在东江地区兴起，苏维埃政权最早在东江地区创建，以及东江纵队成为华南地区抗日的一面旗帜，东江抗日根据地成为全国15个革命根据地之一。这一特殊历史现象的发生是偶然的吗？为什么在这一系列重大历史事件中，中华民族优秀爱国主义传统能够在东

① 成晓军等著：《近现代东江社会变迁研究》，河北人民出版社2008年版，第68页。

② 成晓军等著：《近现代东江社会变迁研究》，河北人民出版社2008年版，第71页。

江地区得到鲜明体现呢？尽管原因是多方面的，但有一个关键点不能忽视，那就是历史上形成的东江文化的创新性起了不可低估的作用。由于文化的创新性与文化的开放性和兼容性紧密联系在一起，所以东江文化的创新性，既与历史上形成的东江文化的开放性和兼容性分不开，又与近现代东江地区特殊时代环境、地理环境，尤其与东江文化的创新性传统融为一体而产生作用密切相关。譬如，辛亥革命在东江地区的历史表明，一方面，东江文化继承了东江历史上反封建斗争的传统精神。自进入近代社会以来，东江地区先后发生过多次农民起义、会党起义、矿工起义，太平天国农民大起义期间，不仅东江人曾天养、古隆贤等成为重要将领，而且翟火姑部会党数万人也加入了太平军的行列，直至太平天国余部最后失败。另一方面，东江文化吸收了外来的也是新时代环境下追求民主、自由、平等、博爱等西方新思想、新观念，最终凝聚而成反帝反封建的思维观念、行为方式。在20世纪初，东江地区会党中不少重要骨干和首领，或是接受过新式教育的知识分子，或是加入兴中会或同盟会的成员，一般都具有明确的反封建斗争的目标和坚定的革命意志。如在1900年由兴中会组织的三洲田起义，其重要会党首领郑士良不仅接受过新式教育，而且是兴中会骨干；在1907年由同盟会组织的七女湖起义，其重要会党首领邓子瑜和陈纯，不仅接触过西方新思想、新观念，而且是同盟会的骨干分子。[①] 这些人在传递、彰显东江文化中创新性文化特征的过程中，发挥的作用是不可低估的。又譬如，东江抗日武装的发展壮大和东江抗日根据地的发展壮大，特别是广大军民敢担道义，勇于流血牺牲的精神，表现得非常突出。不少共产党员和进步青年，舍弃优裕的家庭生活，不贪图高官厚禄、名誉地位，共赴国难、义无反顾。如前所述，据统计，在长达八年的抗日战争中，东江抗日武装牺牲的指战员就达2 500多人，还不包括从政人员和一般群众在内。不少惠属华侨和港澳同胞，不仅从道义上、人力上而且从财力和物力上全力支援东江军民抗战。在八年抗战期间，华侨子弟和港澳爱国青年参军参战者达到1 500人之多。[②] 香港女教师李淑桓生有六男一女，全部送上抗日前线，其中两个儿子壮烈牺牲。她本人于1941年初前往东江抗日根据地，以教书为掩护从事抗日救亡工作，不久被捕，英勇就义，年仅47岁。[③] 从1937年至1941年短短的四年时间，单

---

① 成晓军等著：《近现代东江社会变迁研究》，河北人民出版社2008年版，第135页。

② 《东江纵队史》编写组编：《东江纵队史》，广东人民出版社1995年版，第43页。

③ 《中国共产党东江地方史》编纂委员会著：《中国共产党东江地方史》，广东人民出版社2001年版，第286页。

就南洋救乡总会而言，共捐献和筹集的资金达到3.8亿元（国币），[①] 有力地支援了东江抗日的深入。这些都体现出东江文化在近现代历史上形成的具有红色文化要素的创新性特征。这种创新性特征，在八年抗战时期，表现为东江抗日根据地民主政权的民主建政工作，如实行“三三制”，吸收爱国民主党派和其他人士共同参与政权建设，在以减租减息为主体的系列农村工作和农民工作的实施和推动下，农民大众的政治觉悟和抗日积极性被最大限度地调动起来，千百年沿袭下来的剥削与被剥削、压迫与被压迫者之间的阶级关系，前所未有地得到改善，这不仅是对传统的东江文化创新性的继承，而且在近现代史上获得了进一步创新。至于东江苏维埃政权的创建，比中央苏维埃政权创建的时间还要早半年，以海陆丰为发源地的东江农民运动成为当时全中国农民运动的中心，也有力地说明东江文化中创新性能力是十分突出的。需要特别指出的是，东江文化在这方面的创新性，尽管与东江地区特定地缘因素和人缘因素的作用分不开，但东江文化的创新性在近现代时代环境的催化下形成的延续性、再生性获得了充分展示。这是近现代许多重大历史事件为什么不是发生在西江地区或北江地区的原因所在。由此可以说明，近现代东江社会发生的许多重大历史事件及其形成的新的文化要素，不是一种孤立的历史文化现象，也不是对某种文化现象的简单重复，而是在东江地区内诸种文化现象相互影响下形成的新的文化特质。

其次，东江文化的创新性特征表现为从异质文化中吸取养分，进行“以我为主，为我所用”的文化嫁接和创造。除了以惠州为中心的东江客家话受广府话影响较多，其语音与梅州等地纯客家话存在差异之外，东江地区民居建筑风格的创新性色彩也相当浓厚。就东江地区客家围龙屋与梅州客家围龙屋相比较而言，东江客家围龙屋在吸取梅州客家围龙屋建筑风格的同时，又有所创新。这个创新的表现，即是以方形建筑为主体。如惠阳镇隆大光村的“叶氏崇林世居”，惠阳秋长铁门扇村的“南阳世居”等，均是长方形建筑物，且有大量的瓷嵌、灰塑、砖雕、石刻和壁画等独特工艺融入建筑风格之中。事实上，不少东江客家民居是“融合了梅州、韶关地区堂横屋、围龙屋和四角楼的特点，又吸取了广府、福佬民居的建筑布局及其艺术风格，更切合当地自然、经济的实际，无论在外延还是内涵方面，均富有独特隽永的风采”[②]。这足以说明，不仅东江文化对外来建筑风格的吸取容纳能力较强，而且其自身创

① 《中国共产党东江地方史》编纂委员会著：《中国共产党东江地方史》，广东人民出版社2001年版，第292页。

② 惠州市客家文化研究会编：《客家缘》（创刊号），2004年内刊，第62页。

新性色彩也是十分鲜明的。由于东江文化的创新性表现的是对外来文化的“和而不同”，从而使得它与广府文化、潮汕文化和梅州等地纯客家文化有所区别，拥有自身独特的个性和品质。

综上所述，东江文化的开放性、兼容性和创新性特征，是在长期历史演变、社会发展、文化交融中不断形成的，而且其延续力、再生力较强，其中许多有益成分，通过科学总结、梳理，可以为现今文化建设提供可资借鉴、利用的历史文化资源。

第三章　东江地区传统教育

东江文化的生成、发展和演变，东江地区人才群体的产生和形成，与东江地区传统教育的兴起、发展紧密联系在一起。而东江地区传统教育，包括社学、私塾、学宫、书院为体系的官私立学校教育以及在近百年的转型，对于明清两代尤其是近现代东江地区人才群体的相继形成，产生了十分重要的作用。

一、东江地区传统教育概况

以惠州为中心的东江地区，相对于中原地区而言，开化较迟，唐代以前文化教育相当落后，人才稀少。随着中国科举教育制度在宋元明时期的完善和深化，尤其是东江地区经济、政治地位的日益凸显，重教崇文社会风尚的影响力不断彰显，东江地区传统教育开始其快速发展的历程。

自北宋开始，以惠州为中心的东江地区传统教育，主要体现为儒学（官学）、书院和私塾三种类型。

（一）儒学教育概况

儒学又称官学，是为科举考试服务的。一般说来，一个读书人在取得秀才资格以后才能成为儒学生员，考试入学能领取廪饩银的生员称为廪生，在增广名之内者称为增生。县儒学又叫县学或学宫，既是童生攻读之地，也是儒学教官的衙署。东江地区最早设立的儒学是海丰县的儒学，时间为北宋康定二年（1041）。随后，龙川、河源、博罗等县儒学和惠州府儒学相继设立。至明代，和平、永安（紫金）等县儒学和连平州儒学接着开办。据光绪版《惠州府志》记载：南宋淳熙二年（1175），惠州知府张孝赍创建府学于府治东南（今惠城文星塔后），惠州府级官学具有一定规模。按规定，惠州府每科学额 27 名，府学设廪生 40 名、增生 40 名。归善县每科学额 15 名，加广永额 12 名，共计

27 名；县学设廪生 20 名，增生 20 名。其他各县定额与归善县大体一致。[①] 府（州）、县生员在学习期间，一般为每月一课，集中恭读雍正皇帝辑录康熙皇帝所作《圣谕广训》碑文，聆听学政、教谕训讲经史。每季要参加季考一次，以定成绩优劣。生员在读期间，如有三次无故缺席的记录，则要受到严厉训斥，如果全年缺席，则取消在学资格。府（州）、县儒学每年举行一次“岁试”，两年举行一次“科试”。岁试指的是对生员一年学业的考核；科试指的是对乡试即赴省城参加举人考试的预考，成绩优秀者由府（州）、县选送参加乡试。各类生员考绩最优者奖（增生升补廪生，廪生候选贡生），劣者罚（廪生降增生，增生降附生），最劣者要受到开除学籍的处分。[②] 到了清朝末年，随着新式学堂的兴起，府（州）、县儒学逐渐退出历史舞台，但学生攻读学业大多集中在书院，“而在学目的仅是为了参加岁试与科试保取资格”[③]。东江地区的儒学教育，除了府学教育卓有成就外，各县儒学教育成效最为突出者当数博罗县儒学。南宋端平二年（1235），惠州太守刘焕和博罗县主簿李醇翁主持设立博罗县儒学（学宫），教学条件较好，教风、学风端正，在宋、元、明、清时期，培养了大批优秀人才：宋代进士 11 人、诸科四人；元代进士二人；清代进士五人、武科进士四人、举人 94 人、武科举人 19 人“五贡”179 人、诸科六人。[④]

（二）书院教育概况

书院教育是中国封建社会特有的教育方式，它起始于唐开元六年（718），兴盛于宋代，书院由官府或私人创办主持。府（州）办的书院招收府（州）属各县已入学的生员继续深造，学成应乡试，此为府（州）官办教育性质。而县级书院，则分为两种形式，由官办者称之为“义学”，由民间乡族所办者称之为“社学”，招收适龄生徒入学，学生应“童试”即参加秀才考试，此为民办教育性质。元代以后，社学一般被纳入官办范围。惠州府属书院及各县书院之设，起始于南宋绍兴二年（1132）。是年，博罗县主簿罗从彦以县内 13 个渡口的税收为办学经费，创设钓鳌书院于今龙溪镇罗公圩。[⑤] 此后，各县公

---

① 清光绪朝《惠州府志》；惠州市地方志编纂委员会编：《惠州市志》（四），中华书局 2008 年版，第 3747 ~ 3748 页。

② 惠州市地方志编纂委员会编：《惠州市志》（四），中华书局 2008 年版，第 3748 页。

③ 惠阳县教育局编：《惠阳县教育志》，中华书局 2008 年版，第 34 页。

④ 惠州市地方志编纂委员会编：《惠州市志》（四），中华书局 2008 年版，第 3747 页。

⑤ 惠州市地方志编纂委员会编：《惠州市志》（四），中华书局 2008 年版，第 3749 页。

私立书院相继开办。惠州府属书院之始，系南宋淳祐四年（1244），由惠州太守赵汝驭主持创办的坐落于府城西南银岗岭的聚贤堂，又称十二先生祠。南宋宝祐二年（1254），惠州太守刘克刚筹款扩建聚贤堂，改名为丰湖书院。此后，丰湖书院时办时停，但均受到历代官府的重视，成为东江地区人才培养的最高学府。黄敏据《广东通志》统计，宋代惠州所属官学及官办、民办性质的书院数量，就广东全省而言仅次于广州而位居第二。到元代，官府加强了对书院的扶植和控制力度，书院也就逐渐官学化。[①] 在明代，东江地区由惠州府辖之十县，就有书院 20 多所，此外还有部分称之为“精舍”的教育场所。尤其值得指出的是，这一时期社学创设较多，成为书院教育的重要补充。如在明嘉靖年间（1522—1566），归善县有社学八所，惠州府城内有东、南、西、北四所社学。在清代，东江地区书院数量又有所增加，单就博罗一县而言，“县内有书院 21 所，精舍（近似书院）2 所”[②]。

私塾为私人创办的蒙学，包括村塾、家塾和义塾以及塾师自设的学塾多种形式。一般说来，由乡间殷富大姓出资兴建的教学场所，延师教授本族子弟者称之为“书室”；由个人设馆招徒者称之为“私塾”。但不管什么形式，均系民间办学的一种重要方式。书室和私塾按照教育内容的程度分为“蒙馆”与“经馆”两种类型。南宋时，东江地区已出现私塾。随后，宗族、家庭或塾师自办的私塾相继出现。至明、清时期，随着社会经济发展以及重教崇文风尚的深入，私塾、书室等私办教育已遍布东江各地。如博罗县私塾有 370 间，塾师 407 人，学童 10 189 人。[③] 较有名的书室，如归善县就有腾云书室、守鳣书室、天香书室、关西书室、文富书室、崇德书室等近 20 所书室。进入近代以后，尤其是在 20 世纪初“新学”的兴起，私塾、书室的地位逐渐丧失，但仍有不少私塾受到人们的重视，如在 1941 年，博罗、惠阳、龙门等县仍有 136 所私塾，学生 3 585 人，直到 1949 年 10 月新中国成立，私塾、书室之类民办教育机构才彻底消失。[④] 私塾和书室等民办教育作为官办教育的重要补充手段，在东江地区传统教育中发挥过不可忽视的作用，因其课程的开设、人才培养的目标等，都与官办教育的主旨是大同小异的。如初级读的是《三字经》、《童子诗》、《百家姓》、《千字文》等，以训练学生背诵、识字、写字能力；中级读的是《增广贤文》、《幼学琼林》、《千家诗》等，在训练学生珠算、尺

① 黄敏著：《惠州人才史稿》，江西人民出版社 2005 年版，第 27～29 页。
② 博罗县地方志编纂委员会编：《博罗县志》，中华书局 2001 年版，第 590 页。
③ 惠州市地方志编纂委员会编：《惠州市志》（四），中华书局 2008 年版，第 3750 页。
④ 惠州市地方志编纂委员会编：《惠州市志》（四），中华书局 2008 年版，第 3751 页。

牍知识的同时，继续提高学生识字、书写能力；而高级一般读的是《唐诗三百首》、《论语》、《孟子》、《古文观止》以及《大学》、《中庸》、《诗经》等经典书籍，在培养学生理解、领会中国传统思想学说的同时，训练作诗词、联语等技能。[①] 这些训练，无疑为学生应试科举打下了不可或缺的基础。

为了说明东江地区官、私立书院教育概况，谨以图表形式展示其主要书院名称、创办时间、地址、创办人及变化状况，继而就影响较大的几所书院作重点介绍。

1. 东江地区重要书院一览表[②]

名称	地址	创建时间	创建人	说明
钓鳌书院	博罗宁和	1132	罗从彦	
张留书院	博罗罗浮水帘洞	1160 年前	张宋卿、留正	
鳌台书院	东莞厚街	1476	知府王恪	
濂溪书院	待考	明嘉靖初	知府顾遂	
天泉书院	惠城西湖	1597	周应治	
鳌湖书院	河源鳌湖	1680	待考	
五云书院	和平县城	1686	知县韩师愈	1755 年更名为龙溪书院
逢源书院	和平下车镇	乾隆年间	徐俊甲	
槎江书院	河源县城	1725	知县刘延泰	
凤阳书院	连平元善镇	1795	待考	
铁潭书院	紫金县城	1744	知县张世灿	1973 年更名为元峰书院
文明书舍	紫金桂山围	1803	廖肇衍	
柳溪书院	河源	1823	潘存谦	
凤岗书院	紫金古竹	1888	待考	

① 惠州市地方志编纂委员会编：《惠州市志》（四），中华书局2008年版，第3750页。

② 徐志达等著：《惠州文化教育源流》，广东人民出版社2008年版，第325页。

（续上表）

名称	地址	创建时间	创建人	说明
文节书院	连平元善镇	待考	待考	
三台书院	龙川县城	1715	知县屠孝义	
西湖书院	惠城黄塘	1687	知府吕应奎	
丰湖书院	惠城黄塘	1690	知府吴王瑛	1730 年知府伊秉绶
惠阳书院	惠城永福寺	1731	知府吴简民	
东樵书院	惠城塘尾街	待考	待考	
三江书院	惠城塘尾街	待考	待考	
登峰书院	博罗登高镇	1745	知县康基田	
怀芝书院	博罗县城	1705	县令王安泰	雍正年间更名罗阳书院
榕溪书院	博罗县城	1710	知县张允震	
崇正书院	龙门县城	1716	待考	1904 年改为小学堂
兴贤书院	龙门节孝祠	1866	待考	
西江义学	惠东平山	1687	知县孙能宽	后更名西江书院
育德山房	惠东多祝	待考	多祝蔡氏	
养中书屋	惠东县城	雍正年间	蔡辉之	
仰岱山房	惠阳镇隆	1742	叶姓族人	
挺秀书院	惠阳秋长	1860	沙坑叶氏	1885 年更名舍为书院
铁湖书院	惠阳淡水	1889	待考	
崇雅书院	惠阳淡水	1889	邓承修	
守鳣书室	惠阳良井	待考	待考	1903 年更名良井强立初等小学堂
敦化书室	惠阳良井	待考	待考	1909 年更名良井敦化初等小学堂
光裕书室	惠阳镇隆楼下	待考	待考	1903 年更名镇隆光裕初等小学堂

（续上表）

名称	地址	创建时间	创建人	说明
文富书室	惠阳镇隆隆凤岭	待考	待考	1903年更名镇隆文富初等小学堂
崇德书室	惠阳镇隆楼沙堆	待考	待考	1909年更名镇隆崇德初等小学堂
光汉书室	大亚湾霞涌	待考	待考	1909年更名霞涌光汉初等小学堂

2. 东江地区重要书院简介

（1）丰湖书院：南宋淳祐四年（1244），惠州太守赵汝驭创聚贤堂于府城西南银岗岭，又称十二先生祠，系为纪念十二位先贤而设。南宋宝祐二年（1254），惠州太守刘克刚将聚贤堂改为丰湖书院，自此至清嘉庆初年（1796），丰湖书院虽时办时停，但办学精神及办学效果已成为东江地区书院教育的重要标志。清嘉庆七年（1802），惠州知府尹秉绶筹银5 000两，复建丰湖书院于黄塘左侧，聘请岭南名士宋湘为山长，办学经费、教学设施、师资力量等获得前所未有之改善，“一时四方学儒云集，书院名声大振”①。清嘉庆二十四年（1819），惠州知府罗含章联络地方富绅捐银15 000两，增建校舍30多间，并制定丰湖书院聘师、招生、教学、财务等系列规章。如书院讲师须择科举学历最高且品学兼优者，由地方士绅公议，报府具名聘任。规定经过严格考核，每年选取正课生员40人、附课生员30人。此外，罗含章还捐银400两倡募书院日常经费，共筹银14 000两投放归善、博罗两县当铺生息。由此，丰湖书院办学步入了黄金发展时期。清光绪十一年（1885），名士梁鼎芬受聘担任丰湖书院山长，主张“以文章道德气节倡后进”，聘请饱学之士充实丰湖书院师资力量，创建“丰湖书藏”，从全国募集图书典籍56 000多卷，并亲手题签，自订部目，设专人管理。从而，丰湖书院办学条件得到进一步改善，学术风气浓厚，影响力普及岭南乃至全国，培养出江逢辰、李绮青等一批有人品、有学识的人才。清光绪二十九年（1903），丰湖书院改办为惠州府中学堂，结束了长达600多年的旧式教育办学历史。

（2）天泉书院：明万历二十五年（1597），守道周应治、知县邓镳在惠城

① 惠州市地方志编纂委员会编：《惠州市志》（四），中华书局2008年版，第3748～3749页。

西湖北边修建了天泉书院。关于周应治及书院的情况，明代学者叶梦熊有《天泉书院记》一文记载："鼎石周公，少讲圣贤之学，多所解悟，正虑夫后世之多歧也。惟阐明道一之旨，往督学齐鲁，日引诸生为谈说理道，娓娓诲之不倦，齐鲁翕然化之。顷以参藩入余两年所，复引诸生讲说如齐鲁。按部至惠，公暇即遍游罗浮西湖诸形胜，聚十校弟子为之辨晰。而四方闻者，亦莫不负笈至，生徒聚者日益众，户外屦受，教履常满。诸生患弦诵无所，咸愿假馆，庶几得一造就。以告于郡邑大夫，乃允诸生之请，为相地西湖之北。湖光拍天，一碧万顷，望之有若天然，故名曰天泉。创讲院居之，为堂五楹，旁列号舍，庖湢备具。复置田百亩，赡四方来学者，诸生欣然乐群。公于是设条规，择博士之贤者为之督率，月凡会者四。及期登堂进诸生，辩质疑难。诸所陈说讲义，汇而成编，名曰《道一》。"[①] 天泉书院的学风赢得了当时人们的赞誉："碧水虚堂霁色回，一尊聊对故人开。沿堤遥听尚书履，促席还传河洛杯。竹帛勋名应不朽，闾阎民瘼总堪哀。"[②]

（3）西江书舍：康熙六十年（1721），孙能宽任归善知县，有感于"东江去县界颇迩，好学之儒，不难入邑社而就教。惟西江距县界甚远，疆围辽阔。烟火不下数万家，单寒苦于师资，虽有忠信之质，非一得以自衿，则半途而徙业，无怪乎士士鲜远志，人文寂寂也"[③]。于是，他四处勘察，最后"在平山都会之处，择邮厅之近地，创义学，丰隆苞茂，正副十余间。有堂，有斋，有阁，有廊，额曰'西江书舍'。舍中立宋六君子位，延师以主之。岁分余俸，佐厥膏油，俾凡民俊秀得以担簦而负笈，执经而问难。狂简获裁，成之益事，言有就正之资，或朝服贾而暮洗腆，或出负耒而入横经"[④]。孙能宽希望西江书舍有助于"有志之士，咸登理学之堂，相与变化其气质，开阔其心胸，追琢其文章，切砺其德行，人文盛而远大可致"[⑤]。西江书舍为贫寒子弟提供了一处难得的求学场所。

（4）槎江书院：雍正三年（1725），河源知县刘延泰在上城东门内守御所公署旧址上创办了槎江书院。书院设有大门、仪门、中堂（供文昌神像）、房室、书斋等。雍正八年（1730），知县何齐圣拨崇报寺租谷200余石为延师公费，每年由县官延请名儒入主讲席。正课生监十名、童生40名，每名月给膏

① 张友仁编：《惠州西湖志》，广东高等教育出版社1989年版，第76页。

② 张友仁编：《惠州西湖志》，广东高等教育出版社1989年版，第78页。

③ 乾隆朝《归善县志》卷八，《学校》。

④ 乾隆朝《归善县志》卷八，《学校》。

⑤ 乾隆朝《归善县志》卷八，《学校》。

火200文，每年以八个月计。同治八年（1869），增收店铺租金7 000文后，逐增加生童正课各二名。每月官课前列生童给奖赏共1 500文，师课给纸笔钱300文。经费主要来自田租、铺房租金以及充公银款等，择诚实端方之士绅董理其事，为地方培养了一批人才。

（5）惠阳书院：雍正九年（1731），新任惠州知府吴简民在丰山永福寺创办了惠阳书院。早在明代，王阳明弟子薛侃就曾在永福寺传播阳明学说，此后百余年里，先后有叶梦熊、翁方纲等著名学者来此游历、讲学，惠阳书院因此成为“大可人意”的读书场所。清人檀萃（檀萃，先后任贵州清溪、云南禄劝知县，据《清史稿·艺文志》记载，著有《滇海虞衡志》十三卷、《法学》十卷、《穆天子传注疏》六卷、《楚庭稗珠录》六卷）描述：“棹舟而北，岸刹阴深，其右则惠阳书院。平干逦迤，独出湖心，古木交阴，炎风杀势。披襟坐阁，如扇龙皮。南荣地尊，轩窗尽撤。凭陵湖景，濯浴几前。湖外翠峰，飞岚返宇，沁脾醒目，尘累胥捐，藏修息游，兹区富玄览矣。”① 惠阳书院存续了约60年。

（6）逢源书斋：乾隆年间，和平县下车镇兴隆村徐俊甲创办逢源书斋，聘请名师主持教席，供本族子弟及附近贫苦学童就读。其子徐廷芳曾在端溪办学，立有《劝学条约》、《学规十则》，桃李满天下，著有《逢源斋集》。其孙徐泰自幼多病，右脚微有足疾，但少负隽才。乾隆三十五年（1770）中进士，殿试时，考官问：“你躯干歪歪，头项偏偏，能有何为？”徐泰答曰：“躯干虽歪，身正骨直可以伸张正义，头项虽偏五官端正，可以正朝天子。”考官又曰：“你足歪跳跳，退三步看看。”徐答曰：“吾皇万岁，有进无退。”考官闻言，顿生爱才之心，遂以文章才识取之。其曾孙徐旭曾与清代岭南诗坛巨擘宋湘为同榜好友，官至户部主事，加一级奉政大夫。辞官归后，历任广州粤秀书院和惠州丰湖书院山长，是丰湖书院首任本府籍山长。著有《丰湖杂记》，他以丰富的历史知识和从政经验为客家人正本清源，此书是我国研究客家问题的开山之作。

（7）文明书舍：嘉庆八年（1803），紫金龙窝镇桂山村富豪廖肇衍出资修建了占地面积1 200平方米的“文明书舍”，该校名由宋湘题写并保留至民国年间。书舍门联曰：文章华国，明德新民。点明了“文明”两字蕴藏的意义，可容纳100多人就读。当时到书舍求学者除了本地人外，还有许多来自海丰、陆丰、五华、惠阳等外县的学子。因此，为了方便外县求学者，书舍还备有18间学生宿舍。清代办学100多年，文明书舍培育了进士廖笃才，举人廖时

---

① 檀萃：《楚庭稗珠录》卷三。

化，恩贡廖秉铨，廪生廖鲤化、黄槐三、黄耀章及本村30多名秀才。民国后，也培育了一大批栋梁之才。

（8）柳溪书院：清道光元年（1821），河源仙塘潘氏家族秉承“忠孝传家，诗书启后”的家训，出资兴建了这所书院。书院门外有一溪流，柳树成荫、碧水环绕，故称“柳溪书院”。柳溪书院建筑面积达400平方米，里面设有讲堂、凉亭、鱼池、照墙、厅、花园、走廊、厨房、水井、房间等。书院正门朝东，雕梁画栋，古色古香，是理想的读书场所。

（9）崇雅书院：崇雅书院由清朝御史邓承修于清光绪十五年（1889）创办。邓承修，字铁香，号伯讷，归善县人。清咸丰年间举人。历官浙江道监察御史、会稽察磨勘官、工科给事中、内阁侍读学士、总理各国事务衙门大臣等要职。以清议派著称，多次弹劾廷臣和地方督抚大员，中法战争期间力主抗法，清光绪十四年（1888）辞去官职回到家乡，主讲丰湖书院，后来将淡水圩城南的一座古庙——文昌庙改为学堂，取名“崇雅书院”①。书院鼎盛时期有学生100余人，培育了邓仲元、邓演达、叶挺等彪炳史册的英才。

二、明代教育与东江地区人才群体的形成

有明一代，以惠州为中心的东江地区“迎来了一个封建时代人才的黄金时期”②，“人才数目远超过之前惠州历代人才总和，出现倍增现象”③。这其中的原因尽管是多方面的，但与宋代以来东江地区兴起的以书院为主体的传统教育具有密切的联系。

（一）明代东江地区人才群体概况

明代东江地区各类人才不断涌现，不仅政治、军事人才较多，而且产生了许多著名学者、艺术家、经学家、史学家。据黄敏初步统计，入选《广东历史人物辞典》一书中的东江籍人物就有335人。而据《惠州府志》等书记载，明代东江地区科第人才包括进士、举人、诸科、岁贡者达1 801人。单归善县，科第人才达538人，官至正七品以上的从政人员就有131人，比唐、宋、元三代以及后来清代所有官至七品以上者加起来还要多。④ 毫无疑问，有明一

① 杨奕青等主编：《惠州历史人物传》，中国文史出版社2006年版，第65～66页。

② 黄敏著：《惠州人才史稿》，江西人民出版社2005年版，第31页。

③ 黄敏著：《惠州人才史稿》，江西人民出版社2005年版，第56页。

④ 黄敏著：《惠州人才史稿》，江西人民出版社2005年版，第58页。

代东江地区形成了一个数量众多、分布广宽、种类繁多的人才群体。

第一，军政人才大量涌现，并且出现了不少有人品、有学识、有才能的政治家、军事家。由于在中国古代，读书中科举才能做官，才能从政治军，所以有明一代东江地区军政人才的涌现，绝大多数具有举人、进士等高级科第功名，他们之所以能获得科第功名，则与丰湖书院等众多书院教育分不开。据《惠州府志》等文献记载，明代东江地区各州县科第人才情况分布如次：归善县537人中，有进士16人、举人147人；博罗县434人中，有进士16人、举人154人；海丰县255人中，有进士6人、举人64人；河源县234人中，有进士2人、举人34人；龙川县180人中，有进士1人、举人31人；永安县48人中，有进士1人、举人4人；长宁县48人中，有进士1人、举人2人；连平州6人中，举人1人。此外，东莞、宝安等地还有相当数量的进士和举人。[①] 在这些进士、举人中，有不少人入仕做官，成为有影响的政治家和军事家。如归善县人陈吾德，明嘉靖四十四年（1566）进士，历官工科给事中、同知、按察司佥事等。在任期间，于明隆庆四年（1570），因上疏劝谏明穆宗停止费巨资搜刮民间珍宝，被削职为民。神宗即位时重新起用，任兵科右给事中。他先是弹劾宦官郑真假传圣旨、提拔内侄为锦衣官，继而弹劾总督刘焘贪赃枉法，因得罪权贵而降调饶州知府。在任期间，“正风俗，用人才，兴教育，申乡约，破除陋习，禁溺女婴，裁革苛捐杂税”，又因得罪权贵而被“除名为民”，但他的人品和学识为时人所称道。[②] 增城人湛若水，明弘治十八年（1505）进士，官至南京礼部、吏部、兵部尚书。除做官外，他还致力于书院教育，捐资创办书院达40多所，“其弟子有3 900余人，几遍及全国，学有所成者390余人。当时的硕学名宦多出其门下”[③]。博罗人韩日缵，明万历三十五年（1607）进士，官至礼部尚书，以文章、气节、事功著称于世。面对宦官魏忠贤等结党营利，排除异己的现实，韩日缵一身正气，不屑与之为伍。惠州府城人叶梦熊，明嘉靖四十四年（1565）进士，官至兵部尚书。他初以文官入道，任福建福清县令时，即“以廉能著称”，以后任职各地，均有“杰出政绩”；后半生则以武官的辉煌功绩载入《明史》，在巡抚甘肃期间，平定宁夏叛乱，被称颂为英雄，有《筹边议》、《关西漫稿》、《靖氛外史》、《战车

① 黄敏著：《惠州人才史稿》，江西人民出版社2005年版，第58页。

② 杨奕青等主编：《惠州历史人物传》及祝基棠等主编：《惠州名人》相关人物条目内容。

③ 杨奕青等主编：《惠州历史人物传》，中国文史出版社2006年版，第28页。

录》、《运筹决胜纲目》等有关兵学、边疆史地方面的著作留存于世。[①] 还有博罗县人进士曾禄，先后任黔、闽、蜀巡按，为民请命，惩恶扶弱，深受民众的爱戴。归善县人李学一、翟彦荣、李鹏举、唐勋、姚祥、陈道、张大化、陈灏、郭观、利宾等，博罗县人潘本愚、车邦佑、韩如璜、张津、李颙、车露、黄流芳、何歆、何日绣等，长乐县人钟道、颜容瑞、张希龄、李槐、赖福兴、古彦辉等，龙川县人欧让等，海丰县人叶逢春等，和平县人黄如龙等。他们不是进士出身就是举人出身，官职尽管有高低之分，但一般能以“为官耿直，不畏权势、执法不挠”而著称于世；或以“勤政恤民、扬善抑恶、政声良好”而受到世人的敬重；或以驻守边关，血洒疆场而千古传名。

在明代，东江籍入仕做官者中，有不少克己奉公、清正廉洁的官吏。如河源县人马升、黄冕等，博罗县人韩鸣凤、黄应宾、翟宗鲁、林厚、谢仁、毛鹤腾、韩鸣金、曾舜鱼等，归善县人陈廷谔、陈正蒙、郑维新、杨天祥、徐邦仁等，海丰县人黄世耀、章华国等，连平县人曾耀等，长乐县人张慎等。他们或是年老辞官，竟无盘费归里，只得就地落籍而终；或是廉介自矢，任满归里，唯图书盈箧而已；或是去世后，靠同年朋友资助，灵柩才得归里安葬；或是“穷不易操，达不患失”[②]，等等。

第二，文学、艺术和史学、经学等领域名人学士较多，有的还具有全国影响。就文学领域而言，由于绝大多数诗人或作家，饱读诗书，在科考途中接受过严格的传统教育，终其一生离不开著书立说。从而在有明一代，东江地区出现了许多具有影响的诗人和作家。其中最有影响的是归善县人叶春及、钟雅、叶萼、陈运、杨起元，永安县人钟丁先，兴宁县人胡英、王天与，博罗县人韩如璜等。谨以叶春及、杨起元二人为例，说明其影响所在。

叶春及（1532—1594），字化浦，号䌹斋，明嘉靖三十一年（1552）举人，此后六次进京会试落第，但其学识深厚，受到名士屈大均推崇。叶春及在任惠安县令期间，设“亲民堂”，以便民为务。明万历二年（1574）升为广西宾州知府，遭权贵倾陷，于是上《谢病书》，“引疾投檄而去”，遭到“削籍为民”的处罚。叶春及不以自身进退、贵贱、安危为念，回到家乡边聚徒讲学，边著书论道，有《石洞集》、《石洞诗格律》等留存于世。其《梅关忆罗浮书屋》有言：“去年经此长安路，海岸寒枝缀香絮。今从此地故乡归，几阵轻风

---

① 杨奕青等主编：《惠州历史人物传》，中国文史出版社2006年版，第32～34页。

② 黄敏著：《惠州人才史稿》，江西人民出版社2005年版，第32～39页。

带微雨。转头世事不堪论，白猿洞口愁黄昏。侬家正在罗浮下，欲去携家卧白云。”[①] 在慨叹世事人情不公不平的同时，抒发出诗人爱故土、爱家乡的炽热之情。

杨起元（1547—1599），字贞复，明万历五年（1577）进士，官至南京礼部尚书。他才学高迈，诗文俱佳，且是著名理学学者。他的《山中植树》、《东莞伯祠》、《蝴蝶洞》等诗以及《超然亭记》、《叶梦熊墓表》、《河源制府湖记》等文，“风格安闲，和风细雨，无人不亲”[②]。他曾讲学于惠州西湖永福寺，引来四方学者“谈经论道，迄无宁日”。其门生陈运和黎遵指为其中的佼佼者。陈运著有《左传特删》、《皇明文正》、《惠州西湖志》及诗集《潇湘草》、《披云草》等；黎遵指则是编集苏轼寓惠文集《苏公寓惠集》的第一人。作为当时负有盛名的“文章八大家”之一，杨起元著述多达30余种，在学术界和社会上产生了广泛影响。如《寄弟》诗言：“秦陇旱为雪，东南潦是饥。委非亲民职，内计诚无奇。肉食每自愧，几欲抽簪归。尚抱献纳心，终欲有所施。不然望旧山，归来慰严慈。”[③] 不仅寓意深远，情真意切，而且忧国忧民的心境渗透在字里行间，积极入世的精神显露无遗。杨起元去世后，被朝廷谥为文懿。东江人为了纪念这位先贤，于府城四牌楼地方建有“盛世文宗”牌坊。

就艺术领域而言，主要是书画艺术方面的人才较为突出。其中最有影响者，当数曾允升、张萱等。曾允升，生卒年不祥，字元陟，号碇曦，博罗县人。他在工诗、文的同时，精于隶书、草书，“点画俯仰，体法多变，自成风格，作品为时所重，求索者常挤满门户”[④]。有《山藏编》、《考盘草》、《朱明洞草》、《崇俭劝勤诸论》等有关书画艺术、时论著述留存于世。

张萱（1557—1641），字孟奇，号九岳，别号西园，明万历十年（1582）举人，博罗县人。他不仅是一位卓有成就的史学家、藏书家、教育家，而且是一位影响深远的书画艺术家，官至户部郎中。“屡次参加会试未及第，考中内阁制敕房中书舍人，纂修国史，并为皇帝讲授经史制度。”他在书法和绘画领域均有一席之地。真、草、篆、隶书法样样涉足，且有造诣；绘画作品则风格

① 惠州市惠城区地方志编纂委员会编：《惠州志·艺文卷》，中华书局2004年版，第173页。

② 惠州市惠城区地方志编纂委员会编：《惠州志·艺文卷》，中华书局2004年版，第6页。

③ 转引自惠州市惠城区地方志编纂委员会编：《惠州志·艺文卷》，中华书局2004年版，第6页。

④ 祝基棠等主编：《惠州名人》，文心出版社1999年版，第19页。

别致，特点突出。此外，他对鉴赏收藏之学颇有研究，藏有王蒙、唐寅等名家字画多幅。他主张书法要防板、刻、结“三病”，作画须做到“意外求意，笔外求意”、“意宜有余”，均富有学术见地，受到学术界认同和推崇。有《西园存稿》、《西园闻见录》等多部著作留存于世。①

此外，还有归善县人叶挺英，工书画，尤善绘佛像、罗汉，作品流传甚广；河源县人谢牧擅长绘画，熟谙鼓琴之术，作品“绚丽清新，神采生动”；博罗县人张萃工书善诗，“文誉大噪，为时所称”；永安县人黄让，以及海丰县人章经国等，均在书法艺术上独具风格。②

就经学、史学等领域而言，可谓人才辈出。据初步统计，有明一代，东江籍学者著书立说者数以百计，而在经学、史学等学科专业卓有成就者不少。在经学研究方面，除了前面提到的杨起元和张萱外，还有以经术闻名的博罗县人韩价；学宗程朱，著有《周易竹书》等书的归善县人孔学周；恪守理学的长乐县人徐启隆；以道学自任，著有《四书训义》等书的河源县人李树东；精于《易》学的龙川县人邓昌龄；以理学著称，著有《性理经》等书的归善人杨传芳，以及归善县人叶时、骆斌等。他们不仅饱读诗书，科考及第或举人，或进士，而且做官各地，故在大力推广传统思想学说的过程中，完成其官吏兼学者于一身的人生历程。在史学研究方面，最有影响者当数兴宁县人张天赋、惠州府城人叶春及、博罗县人潘勖、归善县人刘渐造和郑维新等。如张天赋参与纂修《武宗实录》、《广东通志》、《兴宁县志》等多部志书；叶春及先后撰修《永安县志》、《顺德县志》、《肇庆府志》，尤其是他早年编写的《惠安政书》堪称一部少见的“县长政治笔记”，体裁新颖，内容丰富，极具地方史研究参考价值。潘勖纂修的《崇安县志》、《罗浮山图记》、《潘氏宗谱》等，成为参考价值较高的地方文献。刘渐造著有《史余录》、《学思录》等书，学术价值较高。郑维新主修《惠大记》即明嘉靖版《惠州府志》，开启了《惠州府志》完整体系的先河。此外，还有博罗县人车鹤年、韩金，归善县人刘光奕、郑绍武，永安县人戴锦，和平县人黄钦聘，龙川县人黄宸，海丰县人郑洪猷等，均在主修各地志书以及史学研究方面多有建树。③

有明一代，东江地区产生了不少卓有成就的教育家和宗教界名士，限于篇幅，不作重点介绍。

---

① 杨奕青等主编：《惠州历史人物传》，中国文史出版社2006年版，第39～40页。

② 黄敏著：《惠州人才史稿》，江西人民出版社2005年版，第48页。

③ 黄敏著：《惠州人才史稿》，江西人民出版社2005年版，第48～51页。

（二）明代东江地区人才群体形成的原因

地域性人才群体的形成，与特定地域所处时代环境与特定地域文化传统、社会风尚具有密切的联系，尤其与特定地域内教育事业的发展有着直接的关系。明代东江地区人才群体的形成，既是东江文化发展到成熟阶段的标志，更是这一时期以公私立书院教育为主体的东江传统教育步入兴盛阶段的体现。

关于明代东江地区人才群体形成的原因，有学者指出："其中很重要的因素在于当时具备了比较适合人才成长的土壤，具体而言，实与当时惠州的经济、文化、政治、人口、民风等因素关系密切。"① 而其直接的原因，在于明代东江地区文化教育事业获得了长足的发展，"社会风气为之一新，文化氛围日渐浓郁，形成了尊师重教、崇尚人文、读书光荣的风尚，惠州文教事业出现欣欣向荣的景象"②。这个分析是很有道理的。徐志达等在《惠州文化教育源流》一书中，则专辟"明代教育和人文精神的构建"一章，在重点叙述明代以惠州为中心的东江地区教育状况的基础上，就明代惠州书院的办学特点作了分析考察，指出其特点表现在五个方面：一是书院的创办者和主讲人，以粤籍人士为主，并且有不少是惠州人。他们当中不乏全国一流的学者，声誉和影响已跨越五岭而远达中原。如杨起元、叶春及、叶梦熊、张萱、李学一、韩日缵等，他们不仅是东江本土培养起来的学者，而且他们的学术各有专长、各有特点，或在理学上有成就，或在政论上有特色，"他们几乎无一例外地当过书院的讲学者，他们的思想成长和学术成就都与书院讲学的实践密切关联"③。二是书院以私人创设或公办私助居多。不管是私办主持者还是公办私助者，由于他们以文章道德名于乡邑，为郡人所"倾慕景从"，从而他们崇文重教的榜样力量是十分巨大的。三是各书院形成了不同的办学特色，有利于学术繁荣和人才的成长，"环境宽松，个性张扬，是学术创新立异的必要前提，晚明惠州书院的讲学自由和思考独立，则为这种思想个性的张扬创造了良好的氛围，提供了广阔的平台"④。四是学者虽各有师承，却多无门户偏见，在学术上持兼容并蓄、存异求同的开放态度，形成博采众长为我所用的良好氛围。这种氛围的形成，与"东江文化开放包容的特质与惠州民间不拒外排他的传统是互为表

---

① 黄敏著：《惠州人才史稿》，江西人民出版社 2005 年版，第 65 页。

② 黄敏著：《惠州人才史稿》，江西人民出版社 2005 年版，第 72 页。

③ 徐志达等著：《惠州文化教育源流》，广东人民出版社 2008 年版，第 183 ~ 184 页。

④ 徐志达等著：《惠州文化教育源流》，广东人民出版社 2008 年版，第 185 页。

里的"[1]。五是明代科举考试成为书院教育与社会政治的结合点，将道德教育和科举应试教育统一，培养"德业"与"举业"并重的人才，是书院都必须承担的教学任务。[2] 这些分析富有学术见地，我们表示完全赞同。下面，我们拟结合黄敏和徐志达等人的重要观点，针对明代东江地区以书院为主体的传统教育与东江人才群体的形成原因，作出如下两点补充。

首先，明代以前东江地区形成的中原移民文化，为有明一代重教崇文社会风尚的流传提供了合适的人文环境。如前所述，自秦汉经隋唐再到两宋和元末明初，中原数次移民已将中原文化不断输入相对落后的东江地区，对于东江文化的生成和继续发展产生了重要影响。值得指出的是，隋唐以前的"南迁北人"基本上是以平民为主体，人数虽多，文化底蕴却不深厚，宋、元之后的南迁北人中，除了一般平民外，还有不少官宦人家、文人骚客和志士仁人，特别是两宋时期，当时中原文化非常繁荣，许多北人南迁是随官府、朝廷不断南移而进行的，所以他们不仅人来到东江地区，而且带来了浓厚的中原文化。客家文化正是形成于这一时期，不仅语言、生活方式，而且思维观念也自成体系地在南方客家地区扎下根来。而东江地区是客家文化衍生发展的中轴，它上溯江西南部地区，下至珠江三角洲的东莞、增城等地，以龙川为落脚点，以惠州为轴心，上下伸延达几百公里，构成一个近千公里的客家人聚居区域，成为客家文化的基础发源地。由于东江文化是以中原汉文化为主体的移民文化，同时又因地缘、人缘的多元化，吸收了广府文化和潮汕文化的某些要质，从而它在拥有中原文化深厚底蕴的基础上，对广府文化和潮汕文化亦具兼容并包的功能。当然，在明代以前，东江文化体现的主要是中原汉文化的诸多要质，如历史文献记载的东江地区曾经较普遍存在的石柱雕联、石鼓承柱、雕梁画栋、天井、花园、假山、盆景、鱼池等。甚至还有土楼附设学堂，楼有楼名，柱有雕联，如"振成楼"指的是"振纲立纪，成德达才"之意，体现出中原文化中崇文重教、耕读传家精神已在宋元明时期，被东江文化吸收并发扬光大。这种文化精神不仅为守惠官吏所认同和重视，而且在不同程度上渗透到东江社会各阶级、阶层人们的思想言行之中。有明一代东江地区大批官、私立书院的新建和复建，东江地区各类人才迅速涌现，则与这种崇文重教、耕读传家社会风尚的形成，具有密切的联系。

其次，宋元时期以书院为主体的传统教育初见成效，为有明一代东江地区以书院教育为主体的传统教育步入兴盛时期打下了良好的基础。如前所述，东

① 徐志达等著：《惠州文化教育源流》，广东人民出版社2008年版，第186页。
② 徐志达等著：《惠州文化教育源流》，广东人民出版社2008年版，第186页。

江地区书院教育兴起于南宋时期，从钓鳌书院到丰湖书院等众多公、私立书院不断涌现，尤其是公、私立书院的办学目的、办学方针、教学内容和教学方法等，都初具规模和特色。这不仅为宋代东江地区人才群体开始兴起提供了条件，而且深深影响到有明一代东江地区以书院为主体的传统教育的发展，以及东江地区人才群体的形成。譬如，钓鳌书院的创办者罗从彦，在担任博罗主簿期间，非常重视书院教育。他曾编撰《议论要语》作为钓鳌书院的授课内容，无论是“论治”还是“论士行”篇章，均反映出罗氏的办学宗旨，“既重视识道求仁，又强调经世致用、知行合一”[①]。罗从彦主持钓鳌书院对时人和后世均产生过不可低估的影响。如他的学生东莞县人翟杰就是深受影响的一位。翟杰于宋绍兴五年（1135）考取进士，官化州司户，后辞官归里，创建了东莞县最早的书院——桂华书院，并以书院为讲学传道中心，推动了东莞一地文教事业的发展。[②] 宋代守惠官吏和学人士子对书院教育的重视，还对明代惠州府（州）、县官吏和学人绅商重视兴学育人产生过重要影响。在晚明时期东江地区新建和复建的30多所公、私立书院中，绝大多数是由知府或知县作为创（倡）建人。如河源县的倡南书院，创（倡）办人为知县郑敬道；惠州府城的濂溪书院，博罗县的豫章书院，海丰县的文山书院和桂林书院、清明书院、西峰书院，创（倡）办人均为惠州提学副使魏校；河源县的观澜书院、崇文书院，创（倡）办人为知县黄锦；罗浮山的静观书院、罗浮别洞，创（倡）办人为博罗知县吴日强；归善县的鹤峰书舍，复办人为惠州知府朱芹。[③] 有明一代，东江地区兴办社学和私塾（义学和义塾）蔚然成风，有的由官府支持、鼓励创办，有的由学人名士、殷实绅商创办，有的由宗族合办。据徐志达等统计，单就明嘉靖年间而言，东江地区有社学48所，其中博罗县最多，达12所。[④] 此外，家庭和家族所办的私塾，为数众多。在明代，“以家规或族规约束本家、本族子弟用心向学和考取功名，成为当时的社会风尚。嘉靖、万历年间惠州出现的‘三尚书’、‘四御史’以及‘湖上五先生’等，这些优秀人物在仕途和事业上的成功，无不与其严格的家庭教育有密切关系”[⑤]。有明一代出现这种传统教育的延续，又是在新的时代环境下对宋元时期以书院为主体的传统教育的发展创新。这是因为，在明代不仅官办学校增多，而且民间办学大

① 徐志达等著：《惠州文化教育源流》，广东人民出版社2008年版，第113页。
② 徐志达等著：《惠州文化教育源流》，广东人民出版社2008年版，第114页。
③ 徐志达等著：《惠州文化教育源流》，广东人民出版社2008年版，第168～169页。
④ 徐志达等著：《惠州文化教育源流》，广东人民出版社2008年版，第147页。
⑤ 徐志达等著：《惠州文化教育源流》，广东人民出版社2008年版，第152页。

量涌现。这种情况的发生，离不开官府的扶植、鼓励、重视和资助，离不开重教崇文、兴学育人社会风气的陶冶、激励和推动。

三、清代前期和中期的传统教育与东江地区人才群体的形成

清代前期和中期即第一次鸦片战争前，东江地区人才群体的形成进入了一个新的阶段，这其中一个重要的原因在于以书院教育为主体的传统教育有了进一步发展，体现出新的特点。

（一）清代前期和中期东江人才群体概况

清代前期和中期，东江地区人才群体除了人数众多外，形成了三个特点：一是家族型从政人才增多，如连平县颜希深、颜检、颜伯焘祖孙三人，均系科名出身，同为地方督抚大员，政声颇佳，卓有治绩。颜希深（1729—1780），字静山，号若愚，贡生出身，历官太原府同知、济宁知州、泰安知府、济南知府、山东督粮道、四川按察使、江西按察使、福建布政使、兵部左侍郎、河南巡抚、贵州巡抚、云南巡抚等要职。颜检（1756—1832），字惺甫，别号岱山，拔贡出身，历官吉安知府、云南盐法道、江西按察使、河南布政使、直隶布政使、河南巡抚、福建巡抚、直隶总督等要职。他在为官期间，继承其父颜希深遗风，为官清正，体恤民情，治理地方政务有方，深得百姓爱戴。如在任职福建巡抚期间，针对民众每年为采运珍贵花木进贡朝廷所苦，他上疏力陈停止进贡花木的理由，最终获得道光皇帝允准。颜伯焘（1792—1855），字鲁舆，号载帆，又号小岱，颜希深之孙，颜检之子，进士出身。历官陕西延榆道、陕西按察使、甘肃布政使、直隶布政使、陕西巡抚、云贵总督、闽浙总督等要职。他生长于官宦世家，自幼接受过严格的传统教育，深受家风、家学影响，《清史稿》称其“娴习吏治，所至有声”。针对朝廷内部有关鸦片烟毒而形成的弛禁与严禁的争论，颜伯焘主张清除社会积弊，多方整顿旧章，从根本上解决鸦片烟毒泛滥的问题。第一次鸦片战争期间颜伯焘利用闽浙总督身份，认真备战，选船并募新兵及水勇 8 000 名，力荐裕谦和林则徐担当广东抗英重任。清道光二十二年（1842）秋，他率部与入侵英军激战于厦门等地，兵败后被革职回乡，在闲居连平 12 年期间，除著书立说之外，还热心地方公务及文教事业。

其他家族人物，如“兄弟同举”、“父子三道台”的陆丰人彭如干、彭如槐兄弟俩，或是任职过黄河道，或是任职过长乐县知县，其后裔彭应燕、彭应杰兄弟俩，均系道员。又如连平州举人颜以燠，历官知府、道台、总督等要

职，深受颜氏家学影响。[①] 还有龙川县人刁宏邦及儿子刁光斗、刁鹏斗；永安县人刘延镔及其子刘名载；龙川县人杨廷钊及其子杨浚邻；龙川县人徐斯夫及其子徐蓟、孙徐植善和徐植圣；龙川县人徐斯连、徐斯适兄弟；和平县人徐延芳、徐延泰、徐旭曾祖孙三人均为进士出身。[②] 这些人不仅自幼受到严格的家学熏陶，而且都接受过书院教育的正规训练，他们锐意进取的动力，既来自家学、家风的影响，又来自东江区域性重教崇文社会风尚的激励。

清代前期和中期东江人才群体的第二个特点，是连平籍人才明显增多。这其中的主要原因，除了连平州自明崇祯年间设置以后，行政区划的重要性对于人才培养产生作用外，还在于明代至清前、中期连平州境内以公私书院为主体的传统教育有了长足的发展。据《广东历史人物辞典》所载，连平州被选入者38人，在整个东江地区各县中名列前几位。此时期，连平州籍有名文官武臣者不少，除了前述颜希深、颜检、颜伯焘外，何多学担任过江西南康令，何廷楠担任过甘肃平凉知府，颜越担任过山东武定知府，何深担任过湖南长沙令，颜其庶担任过江西南康知府等，不下20人。尤须指出的是，在这些连平州籍人才中，出身于武举人、武进士者近10人。如武进士刘凤阶、刘国瑞；武举人吴大烈、吴培菁、何公杰、邱维扬、谢恩衔、谢辉扬等。[③] 一个相当于现今县级市的连平州，在清前、中期200年间，单武进士、武举人就有近10人，说明此时期东江地区教育的发展程度较高，教育方式和内容也具有多样化。因为，除连平州外，由博罗县学宫培养的武进士就有4人，单清乾隆和道光年间产生的博罗籍武举人就达到17人。归善县的武进士、武举人也较多，单梁化一肖姓人家就在清代产生过武进士1人、武举人7人[④]。

东江地区在清前期和中期人才群体的第三个特点，是书画艺术人才明显增多，武术人才则异军突起。这一时期，画苑中成就和影响较大的有博罗县韩校、韩荣光、姚如松等；归善县人赵念、翟泉、骆维藩、黄灿芳等。这其中，尤以赵念和韩荣光值得一提。赵念（1769—1858），字法古，清归善县城（今惠城区桥西）人，工山水画，笔法酷似元代大画家黄公望，以意笔写真，号称绝技。在人物画方面，他运笔稳健灵动，惟妙惟肖。如在《西湖会老图》中，以行乐图的形式集中将同时代在诗文、书法、绘画、金石等方面卓有成就的东江籍名士40多人绘像其中，“观者见画知人，轰动一时”。他在晚年题画

① 黄敏著：《惠州人才史稿》，江西人民出版社2005年版，第74~76页。
② 黄敏著：《惠州人才史稿》，江西人民出版社2005年版，第102页。
③ 黄敏等：《惠州人才史稿》，江西人民出版社2005年版，第103页。
④ 黄敏著：《惠州人才史稿》，江西人民出版社2005年版，第104页。

诗曰："静坐思量独抱琴，山泉叠叠写胸襟。管他无限长流水，一曲流来太古音。"其性行高迈，淡泊名利的诗画人生秉性，跃然于字里行间。[①] 他的女儿赵琼章，号合江女史，秉其家学，亦擅长书画。叶史材指出："观其用笔，高古处虽逊其父法古山人，然清旷之气，无惑乎韩侍御以女郑虔称之也。"[②] 韩荣光（1793—1860），字祥河，号珠船，晚年自称黄花老人，清博罗县人，拔贡出身。曾任吏部给事十余年，自律极严，政声颇佳。他在40岁时辞官归里，主持龙溪和登峰两书院20多年。诗、书、画均擅长，人称"三绝"。有《黄花集》初集、二集留存于世。绘画上其墨法师沈石田，笔法则师董北苑。其传世作品《世亭话旧图》，以神写形，功力深厚。书法初学董思翁，继学米芾，后学颜真卿，"风格不落窠臼，用笔峻利，有雅秀高逸之气"[③]。

在书法艺术中，清前期和中期东江地区人才群体中也占有一席地位。如归善县人龚章、黄钥，海丰县人黄德熺，和平县人徐延第、萧钟萃，永安县人张名世，博罗县人张天欣、谢墀勋等，均在岭南书法界颇有名气。这其中，尤以龚章和黄钥最为突出。龚章（1637—?），字惕恃，号念五，归善人，进士出身。任职翰林院检讨，清康熙二十六年（1687）典试江南后不久，即辞官归里。工书法，尤擅草书，是岭南"竹本派"书家中最有成就者。有代表作行草巨幅立轴传世，当代书法家陈永正赞其"得此轴以传，亦可不朽了"。他在学术方面特别是诗作方面，亦成果斐然，影响较大。[④] 黄钥，生卒年不祥，字鱼门，清归善县人。诗、画均有影响。他是惠州知府尹秉绶的入室弟子，所作隶书，酷似"尹体"，故有时替尹代笔满足索书法者的愿望。惠州西湖王朝云墓志铭，除墓碑"苏文忠公侍妾王氏朝云之墓"由尹秉绶亲书外，铭文则由黄钥代书。其隶书"用笔温厚，结字凝炼，内敛英华，蕴涵精神"。他还是摹印能手，并集吾子行等人的篆刻名言成《鱼门印论》两卷，由尹秉绶作序行世。[⑤]

在武术人才方面，清前期和中期的东江地区，已经形成自成一家的特色。在此值得一提的是李家拳创始人李义。他是清归善县鹅埔角（今惠城区河南岸）人。自幼随父李玖习武，九岁开始随父奔走江湖，后被罗浮山玉龙禅师

---

① 黄敏著：《惠州人才史稿》，江西人民出版社2005年版，第95页；祝基棠等主编：《惠州名人》，文心出版社1999年版，第27页。

② 转引自惠州市惠城区地方志编纂委员会编：《惠州市志·艺文卷》，中华书局2004年版，第214页。

③ 杨奕青等主编：《惠州历史人物传》，中国文史出版社2006年版，第58~59页。

④ 祝基棠等主编：《惠州名人》，文心出版社1999年版，第22页。

⑤ 祝基棠等主编：《惠州名人》，文心出版社1999年版，第30~31页。

收为关门弟子，在家乡火地村刻苦练习福建少林拳法，继居江西拜北派拳师陈苟息为师，研习北派拳术精华。数年后回到家乡，将南北拳术融于一体，并在这个基础上独创“李家拳”，设馆授徒，名声大振。“李家拳”作为广东五大名拳之一，不仅在东江地区影响广泛，而且其影响远及香港和新加坡等地。[①]李义虽未接受过正规的书院教育，但他受东江文化中重教崇文、崇文尚武社会风尚的影响较大，而且他的弟子中有些还是明代东江籍学人士子。

此外，受明代东江地区治学遗风的影响，清前期、中期东江籍学者相继产生，其典型代表是和平县人徐旭曾，字晓初，进士出身，先后主持粤秀、丰湖、风山等书院。他所作《丰湖杂记》一文，首次论证中原移民文化对东江文化的深厚影响，被学者称为“客家人宣言”。还有史学研究上成果突出的海丰县人蔡皇襄，著有《华衮手记》，按年月顺序记述广东东部惠州、梅州、潮州地区重大历史事件，是研究明末清初东江地区历史文化的重要参考资料。

（二）清代前期和中期东江人才群体形成的原因

清代前期和中期东江地区新一轮人才群体形成的原因是多方面的。一是社会经济发展较快。如在乾隆、嘉庆年间惠州府属有田395万亩，仅次于广州和肇庆而居第三位，其田赋和其他税收在广东全省总收入白银102万两中，占十分之一，单征米一项，则仅次于广州、肇庆、潮州而居第四位。二是守惠官吏承袭前人遗风，重视文化教育。他们中有的主持新建或复建书院，亲自聘请名师、课督生童；有的设置学田，为各类教育提供经费保障；有的捐银捐物，并亲订书院管理规章；有的则倡捐书籍资料，为师生提供有利的治学、习学条件。如惠州太守王瑛任内七年间，曾出资物买叶梦熊的“必园”和吕应奎的义学地基，建学舍24间作为讲学习诵之地，将废弃多年的丰湖书院重建起来（下文将详述）。又如尹秉绶在出守惠州期间，弘扬学术，复修学宫，刻石征文创建书院，为推动东江地区重教崇文社会风尚的深化，作出过重要贡献。尤其是对丰湖书院办学的重视、扶助力度（下文将详述），是非常明显的。三是宋明以来形成的“尊儒重士”社会风尚，在清前期和中期有了深化。尊重知识，尊重人才的社会风尚，就东江地区而言是紧随着众多人才不断涌现而不断深化的。这是因为，那些读书入仕者的业绩给子孙后代带来了荣光和富贵，他们的学识、才能和声望，给子孙后代多有激励、促动作用，从而深深影响更多的人认识到读书的重要性。据清道光版《永安县志·风俗》卷一记述：县境

① 祝基棠等主编：《惠州名人》，文心出版社1999年版，第29～30页；杨奕青等主编：《惠州历史人物传》，中国文史出版社2006年版，第53页。

居民“比屋勤读诵会文，富者多自延师，厚修脯，美酒馔，贫者膏火不断，亦勉强出就外傅”[①]。又据道光版《广东省志·舆地略》十一记述：“归善县俗喜文艺，缙绅之徒，多以著作扬声。”[②] 再据民国版《博罗县志·文化》记述：“邑西罗仙、仙福、神护三都，民无恒业，富儒学，与城中埒。”[③] 由此可见，重视教育、尊重读书人的社会风尚，已在清代前、中期渗透于东江地区城镇乡村，自然影响人才群体的萌发和成熟。

东江地区新一轮人才群体在清前期和中期生成的第四个原因，也即主要原因，则系丰湖书院的两次重建。

丰湖书院首次重建于清康熙二十八年（1689），主持者是惠州知府王瑛。他在任职惠州知府期间，为推进东江地区文化教育的发展多有贡献，其中最突出的当属重建丰湖书院。王瑛针对自明洪武十七年（1384）丰湖书院停办至他出任惠州知府已达300多年的状况，尤其是他感觉到：“及抵郡，湖山无恙，而古迹名胜则鲜有存者，盖干戈之息未久也。诵读之士，往往散处峪乡落之中。索居离群，闻见寡眇。”[④] 于是，他决定出资购买叶梦熊“孤屿废园，并前守所置义学地基，建堂舍二十四，以为讲学习诵之所。……名之曰丰湖书院。”[⑤] 从而，废弃已达300余年的丰湖书院，在王瑛的主持下于清康熙三十三年（1694）重新建立起来。为了使丰湖书院办出效果，办出特色，王瑛采取了多项扶植、鼓励和保障措施。一是“聘师儒以主之”，即丰湖书院的教师由政府出面考核其学识、人品、才能之后聘请，但因丰湖书院并非官办性质的学宫，只具半官方性质，所以教师教学有一定自主性，有利于学术氛围、学习氛围的创新。二是丰湖书院采取扶助贫困学生就学的政策，即“生童贫而愿学者，听其执经就业，给以膏火之资”[⑥]。这种办学、助学形式，有利于更多人接受教育，为各类有用人才的涌现创造了必要的条件。三是多方捐措资金，如“买金龙镇等处田，岁收租五百余石”；又“置水口圩店房，岁收租四十余两”。并制定出经费管理规章，做到合理使用，“支师生修脯而外，岁有盈余，

① 转引自黄敏著：《惠州人才史稿》，江西人民出版社2005年版，第116页。

② 转引自黄敏著：《惠州人才史稿》，江西人民出版社2005年版，第116页。

③ 转引自黄敏著：《惠州人才史稿》，江西人民出版社2005年版，第116页。

④ 惠州市惠城区地方志编纂委员会编：《惠州志·艺文卷》，中华书局2004年版，第126页。

⑤ 惠州市惠城区地方志编纂委员会编：《惠州志·艺文卷》，中华书局2004年版，第126页。

⑥ 惠州市惠城区地方志编纂委员会编：《惠州志·艺文卷》，中华书局2004年版，第126页。

稍为修葺书院点缀湖山之用。”① 王瑛本人作为官僚士大夫，在全力扶助丰湖书院办学的同时，还直接参与了丰湖书院的教学活动和相关的文化活动。“以政暇，课生童学业期间，因此登临啸咏。”② 尤其值得指出的是，王瑛将学校教育与社会教育理念融合于丰湖书院的办学过程。他将整治湖山作为振兴地方人文教育的重要举措来加以实施，如主持重修元妙观紫清阁，筑忆雪楼于府署旁，支持宋广业编纂《罗浮山志汇编》，为《岭南三大家诗选》作序等。③ 王瑛在重办丰湖书院中的许多独特理念和采取的多种有效措施，很快获得效果。“比年以来，士之读书奋起以取科名者不乏其人。而远近宾朋，相与扁舟湖上，一唱一酬，篇什流传颇极一时之盛。”④ 重建后的丰湖书院，作为东江地区的最高学府，优良教风、学风的形成，尤其是文人学士相互交流的学术风气，自然影响到其他以公私立书院为主体的传统教育，在清前期和中期东江地区人才群体的生成过程中，发挥了重要的作用。

在清前期和中期，丰湖书院第二次重建于清嘉庆四年（1799），主持者是新任惠州知府尹秉绶。尹是福建汀州人，出身于官宦世家，清乾隆五十四年（1789）进士及第，诗文书法俱佳。他在任职惠州知府期间，对东江地区文化教育事业给予了高度重视，多有建树。“他以切实有效的措施营造了宽松活跃的文化氛围，使沉寂多年的惠州文坛重现蓬勃生机。”如重修东坡祠，重修王朝云墓，并向全国征集诗文，引来不少名人学士参与其中。又如，在准提阁建无碍山房，抽空与宾客门生、地方俊彦诗酒唱和等。而“重建丰湖书院，是他在任期间的最大善政，深刻而又长久地影响了惠州的文化教育”⑤。

丰湖书院在王瑛首次重建之下，本来已经出现了富有特色的发展趋势，但因廷臣吕留良于清雍正七年（1729）遭到严厉处罚，与王瑛关系密切的屈大均牵连“吕案”之中，所著《忆雪楼诗集》遭禁毁，他所主持的丰湖书院也就停办。所以，至尹秉绶着手重建丰湖书院时，丰湖书院办学历史又空废了70年左右。尹秉绶在所作《丰湖书院记》和陈鸿猷所作《迁建丰湖书院碑记》，对丰湖书院重建的缘由、办学方针、办学目的等都有明确的阐述。如尹

① 惠州市惠城区地方志编纂委员会编：《惠州志·艺文卷》，中华书局2004年版，第126页。

② 惠州市惠城区地方志编纂委员会编：《惠州志·志文卷》，中华书局2004年版，第126页。

③ 徐志达等著：《惠州文化教育源流》，广东人民出版社2008年版，第343页。

④ 惠州市惠城区地方志编纂委员会编：《惠州志·艺文卷》，中华书局2004年版，第126页。

⑤ 徐志达等著：《惠州文化教育源流》，广东人民出版社2008年版，第347页。

秉绶指出：“秉绶守惠之次年，以十州人士之请，改建书院于城西湖上。又次年落成，易名丰湖书院。”[①] 陈鸿猷则指出：丰湖书院在原有惠阳书院上改建，即“惠故有书院名惠阳，在永福寺侧，就圮者十余岁，绅士屡请重建，以费巨不果。嘉庆四年（1799）己未六月，太守伊公至，于是，十属绅士以岁试咸在，乃集议以请。太守欣然许诺称善，事遂以成”[②]。重建丰湖书院的时间，动议于嘉庆四年，开工于嘉庆五年，落成于嘉庆六年。尹秉绶为了使重建后的丰湖书院在传授知识的同时，培养生童高尚的人格、人品，特在门厅大书“敦重”二字，并为书院头门撰书“学焉得其性之所近，览者将有感于斯文”[③] 的楹联，激励师生以其务实的学风和教风，将丰湖书院越办越好，吸引社会各界人士重教崇文。尹秉绶重建丰湖书院，无疑是泽被后世之举。首任丰湖书院山长、名士宋湘曾撰联对尹秉绶的重建之功给予了充分肯定：“万间广厦庇来新，问秀才老屋深灯。他日几逢贤太守，千顷平湖游者众。看后起洙情沂思，有人重起古循州。”[④]

尹秉绶之后，关注丰湖书院建设的还有两任惠州知府即罗含章和杨希铨。罗氏于清嘉庆二十四年（1819）出任惠州知府，了解到丰湖书院面临“自墨卿（按：尹秉绶号）去后，在院肄业者，每岁不过数人，其故何哉？无可大可久之模以持之，而所以养士之具为已薄也”[⑤] 的状况后，率先捐出四百两银钱为之倡，随后官商士绅纷纷解囊，共募得 15 000 两，“发归善、博罗当商生息，增置膏火壹百叁拾分。立定支销章程，明勒石碑，通禀上司，并行各州县官及儒学备案”[⑥]。与此同时，“进所属俊髦士，延师教之，为之正其趋向，发其志气，增其书舍，厚其膏火，严其考课，亲为生童讲解文字”[⑦]。由于教学

① 张友仁编著：《惠州西湖志》，转引自徐志达等著：《惠州文化教育源流》，广东人民出版社 2008 年版，第 347 页。

② 惠州市惠城区地方志编纂委员会编：《惠州志·艺文卷》，中华书局 2004 年版，第 120 页。

③ 惠州市惠城区地方志编纂委员会编：《惠州志·艺文卷》，中华书局 2004 年版，第 271 页。

④ 惠州市惠城区地方志编纂委员会编：《惠州志·艺文卷》，中华书局 2004 年版，第 272 页。

⑤ 惠州市惠城区地方志编纂委员会编：《惠州志·艺文卷》，中华书局 2004 年版，第 349 ~ 350 页。

⑥ 惠州市惠城区地方志编纂委员会编：《惠州志·艺文卷》，中华书局 2004 年版，第 350 页。

⑦ 惠州市惠城区地方志编纂委员会编：《惠州志·艺文卷》，中华书局 2004 年版，第 350 页。

设施获得补充，办学经费有了保障，师资力量得到加强，办学环境获得改进，所以丰湖书院出现了“从者云集，人竞向学”① 的新气象。于清道光十一年（1831）出任惠州知府的杨希铨，则在大力推进惠州文化建设的过程中，对丰湖书院的办学给予了高度重视，最为突出的有两点：一是聘请名士顾椿、林兆龙、王赠芳等为丰湖书院主讲；二是多方募捐、购买图书资料，“五百八十九本，贮以二厨，置之澄观楼下，以便多士得翻阅焉”②。丰湖书院由此成为岭南藏书颇多之地，为东江地区学人士子们提供了极为便利的学习、研究条件。

综上所述，丰湖书院两次重建的过程表明，官府对教育的重视，必然促进全社会对教育的关注和支持，丰湖书院作为东江地区的最高学府，自然成为人才培养重要基地，而且影响和促进了社会各界对于公、私立书院的办学质量和成效，尤其是在推进重教崇文社会风尚的深化方面，产生了不可低估的作用。

四、东江地区传统教育的近代转型

以书院为主体的东江地区传统教育在近代的转型，是紧随着中国传统教育在近代的转型而转型的。在其转型的过程中，又自然带有东江地域性文化内涵和特征。

（一）西方教育理念和办学体制的输入与中国传统教育的改制

19 世纪中期，随着西方坚船利炮进入中国的，还有西方的教育。早在 1843 年，英国传教士理雅就在香港创办了英华书院。此后，出现了多所英美传教士创办的以“书院”命名的教育机构。如上海的清心书院（1850 年）、福州的格致书院（1853 年）、杭州的育英书院（1867 年）、苏州的存养书院（1870 年）、武昌的文华书院（1871 年）、北京的汇文书院（1890 年）、广州的广雅书院（1890 年）等。至 19 世纪末期，西方传教士在中国建立了 40 多所书院。它们与中国传统书院的教学内容有许多不同之处，学生除了学习四书五经之外，还要学习宗教知识以及近代西方自然科学与社会科学知识。尤其是 1862 年设立于北京的京师同文馆，西学知识几乎成为全部的学习内容。“八年课程表：首年，认字写字、浅解辞句、讲解浅书；二年，讲解浅书、练习文法、翻译条子；三年，讲各国地图、读各国史略、翻译选编；四年，数理启

① 惠州市惠城区地方志编纂委员会编：《惠州志 · 艺文卷》，中华书局 2004 年版，第 350 页。

② 转引自徐志达等著：《惠州文化教育源流》，广东人民出版社 2008 年版，第 353 页。

蒙、代数学、翻译公文；五年，讲求格物、几何原本、平三角弧三角、练习译书；六年，讲求机器、微分积分、航海测算、练习译书；七年，讲求化学、天文测算、万国公法、练习译书；八年，天文测算、地理金石、富国策、练习译书。”① 这份课程表表明，在学生八年的学习生涯中，语言、自然科学、社会科学的课程都占有一定的比例。与京师同文馆类似的教育机构，还有1863年在上海设立的上海广方言馆及1864年设于广州的广方言馆。这些新式的教育机构对传统书院的冲击是很大的。

甲午中日战争后，随着民族危机的加深，改革的呼声日益高涨，教育革新成为人们关注的重点。康有为批评八股取士：“今日之患，在吾民智不开，故人虽多而无才可用。民智不开之故，皆以八股取士为之。学八股者，不读秦汉以后之书，更不考地球各国之事，然可以通籍累致大官。今群臣济济，然无以任事变者，皆由八股致大位之故。”② 梁启超尖锐地指出：“变法之本，在育人才；人才之兴，在开学校；学校之立，在变科举。……亡而存之，废而举之，愚而智之，弱而强之，条理万端，皆归本于学校。”③ 1898年戊戌变法中颁布了有关教育的改革措施：改革科举，废除八股取士制度，改试策论；设立学堂，提倡西学，首先开办京师大学堂，令各省、府、厅、州、县，将现有大小书院一律改为兼习中西学的学堂。由于变法失败，这一改革教育的重大举措并未得以实施。但是，时隔八年之后，清政府仍然被迫宣布废除科举取士制度，书院纷纷改称学堂。以广东为例，潮州城南书院改称小学堂、广州广雅书院改称高等学堂、琼台书院改称琼台中学，丰湖书院则早在1901年就改称惠州中学堂。

（二）东江地区新式学堂的创办和新型知识阶层的产生

根据清中央朝廷被迫于光绪二十七年（1901）颁布的将书院改为大中小学堂的指令，伴随着全国各地新式学堂纷纷创办的脚步，东江地区的大多数书院改办成新式学堂。如丰湖书院于1901年改名为惠州中学堂，次年又改为惠州中学校，不久改名为省立第三中学。此外，新建了不少新式学堂。如在清光绪二十九年（1903）至三十四年（1908）这五年间，东江地区先后开办了惠

---

① 《同文馆题名录》（第一次），转引自陈向阳：《晚清京师同文馆组织研究》，广东高等教育出版社2004年版，第111页。

② 康有为：《康南海自编年谱》，见中国史学会编：《戊戌变法》（四），神州国光出版社1955年版，第146页。

③ 梁启超：《饮冰室合集》，中华书局1988年版，第14页。

州府两等小学堂、观澜小学堂及昌明、纫兰、振坤女子小学堂等。[①] 在教学内容方面，尽管清中央朝廷三令五申要求各级各类学堂“当以四书五经、纲常大义为主，以历代史鉴及中外政治艺学为辅”[②]，但因西方教育理念和制度对中国的渗透，各地新式学堂除保留文学经史科目外，增加了自然科学、美术和体育等科目，有的中学还增加了外国语教学内容。[③] 进入中华民国后，东江地区新式学堂继续兴办，单就海丰县而言，在20世纪20年代不仅县城办起了六七所小学，而且较为落后的鹅埠、赤石等地，也开办起了新式小学。惠州城区则有省立三中、惠阳县一中、私立榇山初级中学、持平中学、私立文明中学等多所中学。[④] 惠阳县则在1932年间共有中学七所，开办了38个班，学生达1 303人。[⑤] 这些新式学堂的学生，加上自清末到民国初年留学德、法、日、美等国的学生，共同构成了东江地区新型知识分子群体，对改变东江社会风尚、价值观念和生活方式，为促使东江文化内涵的更新，均起过重要作用。

东江地区新式学堂的创办，促成了东江地区传统教育的近代转型，而其转型的结果，体现在东江地区新型知识阶层或新型知识分子群体的产生。这些新型知识阶层或新型知识分子易于接受和传播新思想、新观念，东江社会新风尚在清末民初的形成并发生重要影响的原因，与这些人有着十分密切的关系。这是因为，新式学堂的读书人，更能成为新的时代变革的志士，成为推动时代前进的先锋和桥梁。在近百年东江社会大变革的过程中，众多东江籍新型知识人才的思想言行明显体现了这个时期人才群体的特点。

首先，东江籍新型知识分子和青年学生与清末东江社会变迁之间存在密切的关系。在辛亥革命广东光复中，以惠州为主体的东江地区之所以成为首义之区，新型知识分子在其中所起的作用不可低估。不少青年学生深受民主革命思想的启迪，纷纷加入中国资产阶级统一的政党中国同盟会，或是做联络工人、农民和士兵的工作，或是积极宣传反帝反封建的必要性和重要性，或是直接参加武装推翻清朝封建君主专制统治的流血斗争。如接受过中西新式教育的归善人郑士良，成为反清革命团体兴中会香港分会负责人，参与领导惠州三洲田起义，1901年清朝官吏企图收买他，但他坚贞不屈，最终为民主共和献出了宝贵的生命。又如邓子瑜、严德明、罗仲霍、邓铿等人，作为东江籍新型知识分

---

① 黄敏著：《惠州人才史稿》，江西人民出版社2005年版，第145页。
② 光绪朝《东华录》（第4册），中华书局1958年版，总第4719页。
③《惠阳县教育志》，1992年内刊，第197页。
④ 黄敏著：《惠州人才史稿》，江西人民出版社2005年版，第212页。
⑤ 惠阳市地方志编纂委员会编：《惠阳县志》，广东人民出版社2003年版，第1311页。

子的典型代表，在辛亥革命时期为推进东江地区革命形势的高涨，特别是在武装反清促成东江地区率先在广东境内脱离清政府统治作出了重要贡献，随后又在推动广东全省光复过程中发挥了重要作用。

其次，东江籍新型知识分子和青年学生在“五四”运动前后积极宣传马克思主义，为促成东江地区成为当时接受新思想、新观念最活跃的地区之一，发挥了重要作用。如在1918年夏考入广东甲种工业学校就读的紫金人刘尔崧、赖炎光等，就经常同就学于广州的东江籍学生阮啸仙、周其鉴、张善铭等阅读进步书刊、组织团体，共同研究马克思主义学说。1922年8月，已经成为中共党员的刘尔崧，从广东甲种工业学校毕业后，即与赖炎光、张克强、刘琴西等紫金籍同学回到家乡，组织成立了“紫金青年学生社”等团体，积极宣传马克思主义学说和苏俄革命的意义，同时先后发展钟灵、刘乃宏、钟子廉等人成为中共党员。阮啸仙、黄卓如、高恬波等东江籍青年学生利用办报刊、办夜校、演讲会等方式，重点介绍苏俄革命成功的经验，宣传马克思主义学说。从日本留学归国的彭湃、李春潮、杨嗣震等人，于1921年成立了“社会主义研究社”，为马克思主义学说在海陆丰等地传播做了许多有效的工作。他们还深入城镇乡村，向工农宣讲马克思主义常识，为提高工农觉悟，作出了努力，收到了很好的效果。[①] 完全可以说，新民主主义革命时期，以惠州为主体的东江地区发生的诸多具有重要影响的历史事件，如两次东征在东江地区的发生、全国农民运动在东江地区的高涨、第一个县区级苏维埃政权在东江地区的建立，以及东江抗日根据地、东江纵队在东江地区的产生，都与“五四”前后东江籍新型知识分子和青年学生积极宣传马克思主义学说，介绍和传播新思想、新观念具有紧密的联系。

再次，东江籍新型知识分子和青年学生为促成第一次国共合作前后东江地区国民革命运动的兴起、高涨作出了重要贡献。这一时期，东江地区的工农运动尤其是农民运动之所以成为全国的典型，与中共东江地方组织的正确领导密不可分。而在中共东江地方各级组织中，担任主要负责人或重要骨干者，大多为东江籍新型知识分子和青年学生。如中共广东支部于1921年8月成立时，东江籍人阮啸仙、刘尔崧、张善铭等青年知识分子成为支部成员；彭湃于1922年组建的广东社会主义青年团海丰特别支部，成员为清一色的知识分子或青年学生。自1921年1月至1925年底，东江籍新型知识分子和青年学生在党、团组织的领导下，运用各种方式深入城镇乡村，深入发动和组织农民、工

---

① 成晓军等著：《近现代东江社会变迁研究》，暨南大学出版社2010年版，第176～178页。

人参加轰轰烈烈的国民革命运动。1925 年 10 月中旬，中共广东区委书记阮啸仙主持召开了省立三中和惠阳县女师等校青年学生座谈会。会后，进步学生成立“新学生社”等团体，至 1926 年初在这个团体的基础上，“惠州学生联合会”宣告成立，派遣大批青年学生深入东江各地，担任了惠阳、龙川、紫金、河源、和平、连平等地工人、农民、妇女组织中的重要职务。① 东莞、宝安、增城等地工会、农会、妇女协会等组织的创建，也与青年学生所起作用分不开。尤需特别指出的是，东江籍新型知识分子中涌现了不少优秀的中共工农运动的领导者和重要骨干，他们中有的献出了年轻的生命。如海丰人彭湃，从革自己家庭的命开始，成为中共早期著名农民运动领袖，后因叛徒出卖被捕入狱，始终坚贞不屈，视死如归，被国民党反动派杀害。河源人阮啸仙，是中共领导下的青年运动的先驱，早期农民运动的领袖，1935 年壮烈牺牲于江西于都。惠阳人高恬波，广东第一位女共产党员、广东妇女运动的先驱之一，牺牲时年仅 31 岁。紫金人刘尔崧，是中共早期工人运动的领袖之一，广东青年运动的先驱之一，1927 年 4 月惨死在国民党反动派的屠刀之下。

除此之外，在抗日战争乃至于全国解放战争时期，大批东江籍知识分子和青年学生，为了抗日御侮，为了新中国的创建，发挥了先锋和桥梁的作用。

总之，东江地区以书院为主体的传统教育在近代的转型，大批新式学堂的创办和新型知识阶层的产生，对于新民主主义革命时期东江地区诸多历史事件的发生产生了重要作用。东江地区为中国新民主主义革命产生了重要作用，作出了积极的贡献。东江文化内涵在新民主主义革命时期体现出鲜明的红色文化要素特征，与此时东江地区新型知识分子阶层或新型知识分子群体的形成，是紧密联系在一起的。

---

① 成晓军等著：《近现代东江社会变迁研究》，河北人民出版社 2008 年版，第 179 ~ 180 页。

第四章　东江地区传统学术风尚

学术思想作为文化的核心或深层内涵，深刻影响着人们的思想言行、社会风尚以及民族精神等诸多方面。东江地区学术思想的生成和发展源远流长。千百年来东江地区滋养了一代又一代有影响的学者，产生了一批又一批有影响的学术著述。悠久的学术历史，形成了东江地区独特的学术风格，孕育了东江文化的地域性内涵。

一、东江地区传统学人与著述

历史上以惠州为中心的东江地区，学术领域英才辈出。他们或者在哲学，或者在文学，或者在史学，或者在政治学、军事学、音乐艺术等方面有自己卓越的建树，促使着这一地区哲学、军事、史学、文学、艺术等学术领域的长足进步，取得了非凡的成就。哲学方面，出现了以葛洪为代表的道学家、以杨起元为代表的理学家、以冯宝瑛为代表的佛学家；文学方面，汇集了以苏轼为代表的客籍文豪，以江逢辰、邓承修、李绮青为代表的本土诗人；史学方面，出现了张萱、梁镜球、黄公柱、张友仁等史学名人；政治学方面，涌现了叶春及、廖仲恺、邓演达等著名政治家；军事方面，有叶梦熊等军事理论家和实践家；音乐艺术方面，有廖尚果等著名学者。他们著书传学，使东江学术日益兴盛，奠定了东江地区深厚的文化底蕴。

（一）哲学方面底蕴深厚

1. 葛洪为代表的道教学者及著述

以惠州为中心的东江地区，重要的文化名人和文化成果，最早出现在宗教界。早在东汉末年，就开始了佛教文化在惠州的传播。当惠州还是“邑而未郡”时，僧文简“挂锡栖此”，筑伏虎台，传播佛教文化。隋大业九年（613），循州龙兴寺改名舍利道场。唐代，元妙观和泗洲塔先后建在西湖，进一步扩大了宗教文化对惠州的影响。泗洲塔与始建于唐开元初的龙川正相塔遥相呼应，共同成为唐代东江地区佛教兴盛的重要标记。随着佛教的兴盛，东江宗教界涌现了最早的一批学者。其中较著名的有：最早把佛教带进罗浮山的晋代的单道开；隋代来罗浮山参修和弘扬佛法的高僧僧璨；隋唐时期，东江本土著名高僧有智敫和怀迪。其中具有深远意义的是循州僧人怀迪与印度僧人般剌密谛合译的《楞严经》。《楞严经》译出后成为中土佛教尤其是净土宗和禅宗的一部重要经典，对岭南乃至全国的佛教思想都有很大的影响。赵朴初评价说："在文学史上，佛典的翻译实为中国翻译史之先河。"①

东江地区的宗教文化中，最具深厚历史底蕴的是道教。葛洪对道教在东江地区的传播、创新、发展作出了卓越的贡献。

葛洪（284—363），字稚川，号抱朴子，江苏丹阳句容人。三同方士葛玄曾孙。东晋著名道教理论家、医学家、炼丹术家。自少好神仙导养之法，跟随葛玄弟子郑隐研修灵宝经。葛洪曾两次进入惠州罗浮山研修道术，直至终老罗浮山。第一次入罗浮是晋惠帝光熙元年（306），嵇含被任命为广州刺史，举荐葛洪为参军。葛洪到广州后听到嵇含遇害的消息，于是入罗浮隐居修道。并娶当时的南海太守鲍靓之女鲍姑为妻，直到建兴二年（313），才离开罗浮返归故里。葛洪第二次入罗浮是晋成帝咸和七年（332），他得知交趾产丹砂，可用于修炼丹药，于是一再上书求为句漏令（句漏山在今广西北流县东北），终获成帝准许，率子侄南下至广州，被当时的广州刺史邓岳挽留，上表荐其任东官（惠州前身）太守。葛洪坚决推辞，重入罗浮，炼丹修道，著述不辍，直至逝于山中。

葛洪在罗浮山写下了有名的炼丹著作，为研究我国炼丹史以及古化学史提供了珍贵的资料。据《抱朴子外篇》自叙，其著作有《内篇》20 卷，《外篇》50 卷，《碑颂赋诗》100 卷，《军书檄移章表笺记》30 卷，《神仙传》10 卷，《隐退传》10 卷；又抄五经七史百家之言、兵事、方技、短杂、奇要 310 卷。另外，还有《金匮药方》100 卷，《肘后备急方》8 卷。书中所论对天花、恙虫病的治疗，是世界上最早的记载，世界科技史专家称其为道家中最伟大的博学家。②

葛洪在罗浮山时期对道教的卓越理论贡献在于，对民间道教进行了大刀阔斧的革新改造，创造了神仙道教的理论体系。他提出道教徒要以神仙养生为内，儒术应世为外的主张，将道教的神仙方术与儒家的纲常名教相结合，以调和儒道关系。同时他还总结了战国以来的神仙方术理论，为道教构造种种修炼方法，建立了整套修炼体系，丰富了道教的思想内容，为上层化的官方道教奠

① 转引自徐志达等著：《惠州文化教育源流》，广东人民出版社 2008 年版，第 41 页。

② 祝基棠等主编：《惠州名人》，文心出版社 1999 年版，第 383 页。

定了理论基础。可以说，道教历史上的第一次理论创新，是由葛洪在罗浮山完成的。葛洪不仅在阐发道教理论上有卓越贡献，而且在罗浮山设东、西、南、北四庵授徒。南庵后来建成冲虚古观，成为岭南道教的祖庭。

继葛洪之后，在东江地区出现的道教名人还有苏元朗和白玉蟾。

在东晋葛洪创立“外丹派”200余年后，道教中又崛起了“内丹派”，而首倡“内丹”理论的也是一位罗浮道士，名叫苏元朗。苏元朗籍贯不详，是一位活动于隋唐时期的道士。隋开皇中（581—600），他来到罗浮山，隐居于冲虚观附近的青霞谷，号青霞子。他撰写了《太清石壁记》及《旨道篇》，用来倡导内丹学说，训教弟子。他觉得《古文龙虎经》、《周易参同契》、《金碧潜通诀》三书“文繁义隐”，不利于学生领会掌握，遂将其纂辑为《龙虎金液还丹通元论》，用外丹道术的名词来解说内丹理论，提倡“性命双修”，“归神丹于心炼”。苏元朗把道教追求长生不老的方法由冶炼服食汞砂药物发展到自身修炼精气神，实现了外丹到内丹的转变，是继葛洪之后道教的第二次理论创新。这一创新理论的影响，“已远远超越了道教自身，对后来安邦治国明儒学思想方法的革新和学术路径的认取，也有着明显的启示作用。周敦颐、朱熹、王阳明、王夫之等名儒硕学，无不从内丹学中吸取思想养分，发展自己的性命学说。从这个意义上看，苏元朗在道教思想史中的地位实在不容小视”①。内丹宗脉延传不断，传至陈楠，继续光大。陈楠，宋代人，字南木，号翠虚，惠州博罗白水岩人。著有《紫庭经》、《丹基归一论》及《翠虚妙司全集》等。他在著作中继承并简化了炼丹方法，主张道禅合一，对全真道有很大影响。陈楠在继承南宗道统的基础上除弊创新，实现了修道求真从偏重个人修持到关心社会疾苦的思想转化，并经弟子白玉蟾而最终在罗浮山确立了道教内丹南宗神霄派的主导地位。

白玉蟾，南宋人，本名葛长庚，字如晦，号海琼子，祖籍福建闽清，生于海南琼州。著有《玉隆集》、《上清集》、《武夷集》。他主张性命双修，先命后性，其理论多融入佛学与理学思想。特别是他的“以心契道”理论，以丹道糅合释、道二家哲学为基础，强调炼丹以神为主，丹道思想明显向佛教禅宗靠拢，对宋、元以后的道教影响很大。

2. 明代杨起元为代表的理学学者及著述

明代是古代东江地区学术发展的巅峰，也是东江地区哲学发展最繁荣的时期。明代中叶，正值理学昌盛时期，新会陈献章所创立的粤宗和余姚王阳明所创立的浙宗，影响最为深远。东江地区由于独特的地理位置和种种历史机缘，

① 徐志达等著：《惠州文化教育源流》，广东人民出版社2008年版，第58页。

成为这两个学派流播交融的地方。陈献章的传人湛若水、王阳明门人薛侃都曾客居东江并在此地区讲学，他们不仅在惠州传播理学，还培养了大批东江地区的哲学人才。这一时期涌现的一大批东江地区本土学者，最著名的有以杨起元为代表的“湖上五先生”，包括杨起元、叶萼、叶春及、叶梦熊、李学一等，其中学术成就最为丰硕的首推杨起元。

杨起元（1547—1599），字贞复，号复所，明代归善县塔子湖（今属惠城区桥东）人。隆庆元年（1567）中解元，万历五年（1577）中进士。杨起元是明代名儒，尊罗汝芳为师，以理学著称。他是当时的“文章八大家”之一，著述多达30余种，主要有《证学篇》、《证道书义》、《杨子学解》、《论学存笥稿》、《杨子格言》、《杨子政序》、《天泉会语》、《平氛外史》、《白沙语录》、《仁孝训》、《识仁编》、《杨文懿集》等著作，有广泛影响。[①] 其学术的显著特点，是将佛学引入理学，使佛儒合一。宋元以来，儒必辟佛，起元却学不讳禅，儒佛合一。杨起元著书评注《维摩经》，编《诸经品节》，收录佛家《楞严经》、《金刚经》等经书12种，卷目自题比邱，《四库全书提要》亦觉“骇怪”。除佛家外，他还推广道教书，为《太上感应篇》作序，并将《阴符经》、《道德经》等16种道书编入《诸经品节》。由于他“学不讳禅”，著书立说每多引佛入儒，承认人欲望的自然性和合理性，认为人只要不失其赤子之心，即使是匹夫愚妇，亦可以“为学而至圣人”，被正统的程朱理学视为异端。《四库全书总目》对杨起元观点甚为不满，指责“起元变乱先儒，其流毒且及于经义矣”[②]。他的理学著作《识仁篇》、《证学篇》、《诸经品节》及《杨文懿集》，都只在《四库全书》存目而不是著录。

明代较著名的哲学学者还有杨传芳、谢宪、刘梧、李鹏举、叶时、叶萼等。杨传芳著有《三字经》等书七种，影响广泛。谢宪著《周易竹书》和《通纪私见》，学问显于一时。叶萼不但将薛侃未完稿的《鲁论真诠》追续上，还著有《诗书精释》、《合图易疏》、《方壶温游》等书九种，是东江地区这一时期著述最多的学者。还有明末清初的骆鸣雷，被学生私谥为“文恭先生”，以经学著称。所著《尚书解义》，人以为“独得朱程蔡沈微旨”。他是明崇祯十二年（1639）举人，任官不久即退而讲学西湖，四方求教者甚多，清初归善进士龚章、陈芳胄等都是他的高足。

① 祝基棠等主编：《惠州名人》，文心出版社1999年版，第13页。

② 惠州市惠城区地方志编纂委员会编：《惠州志·艺文卷》，中华书局2004年版，第754页。

3. 冯宝瑛及其佛学著述

民国时期东江地区哲学界最有名的是佛学大师冯宝瑛。冯宝瑛（1887—1978），字玉衡，法号达庵，惠州人。早年从教从政，中年皈依佛释，为中华密宗第五十代传人，是中国近代佛学大师。著有《佛法要论》、《天眼通原理》、《般若波罗蜜多心经广义》、《佛教真面目》、《法华特论》等20多部书，并流布海外。

（二）文学方面影响深远

1. 苏轼及其寓惠作品

客籍学者是历代东江地区学术群体中十分重要的一支，其中对东江文化影响最为深远持久的是宋代大文豪苏轼。

苏轼（1036—1101），字子瞻，号东坡居士，四川眉山人。北宋杰出的文学家。绍圣元年（1094）十月，被朝廷以“讥斥先朝”罪名贬谪惠州，在惠寓居了两年又七个月。苏轼在惠州期间，写下各类作品587首（篇），这还不包括他在惠州完成的《书传》以及《艾子杂说》的部分篇章在内。这些作品体裁多样，内容丰富，对当时东江地区的政治军事、经济民生、文化宗教、卫生医药、山水风物、人物传记、民俗方言乃至住行饮食等，都有不同程度的记述，是研究北宋东江社会史极可贵的第一手资料。他的名句“日啖荔枝三百颗，不辞长作岭南人”，最为人们所熟知。他的寓惠作品有很高的文学价值，早在宋代已有定评。宋人朱弁《曲洧旧闻》记述了苏轼寓惠作品在当时所获得的广泛关注和极高评价：“东坡之文落笔辄为人所传诵。崇宁大观间海外诗盛行，朝廷虽尝禁止，赏钱增至八百万，禁愈严而传愈多。士大夫得渡岭越海篇章，行吟坐咏，不绝舌吻。不能诵东坡诗，便自觉气索，而人或谓之不韵。”① 自宋代至民国，苏轼寓惠作品至少结集出版了12种，刊刻26次。

苏轼第三子苏过，为文作诗颇有父风，时称“小坡”，著有《斜川集》。集中载有他跟随苏轼寓惠时作的诗23题35首，赋二篇。这些作品，对研究苏轼寓惠的有关情况有重要参考价值，也是了解宋代东江文学史的宝贵资料。

唐庚是继苏轼之后，谪居惠州期间创作颇丰的另一位宋代著名文学家。他不但是苏轼的小同乡，文采风流亦与苏相近，时人称为“小东坡”。从政和元年（1111）正月至政和五年（1115）九月，在惠州住了近五年，所作诗歌、杂文300余篇。

---

① 惠州市惠城区地方志编纂委员会编：《惠州志·艺文卷》，中华书局2004年版，第2页。

2. 明代东江本土文学学者的崛起

本土文学学者的崛起及其著述的丰盛，是明代东江地区学术繁荣的一个重要标志。这一时期东江地区学者著述的文学著作主要有：叶梦熊的《叶太保集》；杨起元的《杨复所先生诗集》；叶时的《六先生见道诗》、《西铭说》；叶萼的《方壶漫述》、《广莫游草》、《诗书精释》；叶春及的《石洞诗格律》；卢琚的《自知草》、《雁字诗集》；陈运的《潇湘草》、《披云草》；陈廷谔的《瀛海吟》、《澹宁集》；姚子萼的《唤作楼集》；姚子敬的《黛永楼集》；姚子蓉的《南游草》；姚育秀的《方山集》、《都园稿》；庾楼的《敦行堂集》等。

明正德七年（1512），惠州知府方良节辑录苏东坡贬官惠州期间所作诗文，编为《苏文忠公寓惠集》，"是以地区编选的苏轼选集中较好的一种"①。自此之后直至清顺治五年（1648）的百余年间，这个集子前后翻刻十次，流传于全中国以及日本等国。

3. 清代东江文学的发展

清初东江地区文坛成就最为突出的是姚子庄和龚章。姚子庄是清初岭南有名的诗人，"文章声气通海内"，与程可则、梁佩兰、廖文英并称为"岭南四家"，著有《姚六康集》等11部著作。他的《罗浮梦梅》诗写得迷离幽美，备受赞赏，被梁善长《广东诗粹》誉为"刻划精细"之作。龚章是顺治十七年（1660）解元，康熙十二年（1673）进士，授翰林院检讨。不久息影乡园，著书为乐，与王瑛、陈恭尹及邑人叶适等互相酬唱，著有《澹宁堂集》、《晦斋集》等。龚章还是有名的书法家，善草书，是"竹本派"书家中最有成就者。如前所述，他的行草巨幅立轴气势磅礴，拗折处取法彭竹本，而用笔飞腾变化之处，似更胜彭氏。孙永正《岭南书法史》对他有很高的评价。此外还有叶挺英的儿子叶适，著有《西村集》和《国朝诗采》；姚子庄之子姚璩，著有《善余堂诗集》和《灾异录》；姚子萼著有《唤作楼集》；姚绪祖著有《方山诗草》和《北征吟》；以及黎应时、叶自发等有作品印行的文士约20人。顺治、康熙年间，客籍文人除屈大均、陈恭尹、今释等人外，还有梁佩兰、潘耒、王士祯、朱彝尊、徐乾学、赵宏灿近60位著名诗人学者，都写下不少有关东江人文、自然的作品。尤其是潘耒，作品之多，在清初无人能出其右。

清代中叶，文禁日渐宽弛，社会相对稳定，一批才华横溢的名士在东江地区任府、县长官或主讲丰湖书院，大大促进了东江地区的人文学术活动。尹秉绶、宋湘两人是这一时期最为耀眼的文学家。尹秉绶所著《留春草堂诗钞》，

---

① 惠州市惠城区地方志编纂委员会编：《惠州志·艺文卷》，中华书局2004年版，第2页。

集中有不少寓惠作品。宋湘（1756—1826）字焕襄，号芷湾，广东嘉应（今梅州市）人。嘉庆四年（1799）二甲十一名进士。次年，老父病逝，遵制不能出仕。不久即应尹秉绶之聘，任惠州丰湖书院重建后的首任山长。宋湘素有“岭南才子”的美誉。他主持丰湖书院两年间成诗 197 首，结为《丰湖漫草》及《丰湖续草》，是继苏轼、唐庚和今释之后，可将寓惠作品结为专集的又一著名诗人。他用蔗渣书写的《湖上五别诗》，被丘逢甲称为“米颠书法杜陵诗”，是最能体现宋湘寓惠诗书风格的代表作之一。他的诗歌、对联、书法及许多风雅韵事，在东江地区广泛而持久地流传。宋湘的《丰湖漫草》，多以方言入诗，以白描见长，富于广东山歌的情调和韵律，为大众所喜，对东江地区诗人的影响最为深远。

晚清东江地区最有名的文人是江逢辰和李绮青。江逢辰是清代东江地区最后一名进士，也是晚清东江境内最著名的诗人和书画家。李绮青说他“为诗初效唐贤，晚规宋格。自游广雅，再客武昌，师友得证渊源，江山益加神助。故能敷辞绵丽，持律精严”①。他尤其倾慕苏轼，几乎把苏轼寓惠诗研究殆尽。书法则受同乡邓承修的影响。他享寿虽短却著作甚丰，后人辑有《江孝通遗集》19 卷行世，其中最后两卷为词集，共收词 209 阕，是东江人最早的一部词集。稍后，李绮青亦先后出版了他的两部词集，即《听风听水词》和《草间词》，分别收录辛亥革命前后的词作 119 阕和 70 阕。东江地区词人在岭南词坛异军突起，引人注目，成为晚清东江地区文学创作的一个亮点。

李绮青是清光绪十六年（1890）进士，官至吉林宁安知府，是清代东江地区最著名的词人。李绮青的词，成就很高，叶恭绰《广箧中词》就说：“汉父丈为词卅载，功力甚深，清回丽密，可匹草窗（宋词人周密）、竹屋（宋词人高观国）。”钱仲联的《近百年词坛点将录》则封绮青为“小李广花荣”，誉其词“上接翁山（屈大均）”，“为岭表词场之雕手”。陈永正《岭南文学史》称绮青词长于咏物，尤以《水龙吟・木棉》为著，是把木棉称作“英雄树”的较早的一位词人。② 他亦工诗文，有《倦斋吟稿》，骈文亦负一时盛名。由于他晚年以卖文为生，旅食京华，笔下文章往往流露出思乡之情。他在这一时期为家乡创作的《望霞亭记》、《番禺梁文忠公配享丰湖苏祠记》和《重修西湖红棉水榭记》等，文采斐然，为乡邦父老风传一时，是他骈文的代表作，

① 惠州市惠城区地方志编纂委员会编：《惠州志・艺文卷》，中华书局 2004 年版，第 12 页。

② 惠州市惠城区地方志编纂委员会编：《惠州志・艺文卷》，中华书局 2004 年版，第 12 页。

也是惠州西湖的重要文献。李绮青还继承了惠州文人好结诗文社的优良传统，先是与江逢辰、张蔚臻在西湖结红棉诗社，相与酬唱，后又与李丹麟等组织了惠阳宏汉学会，出版学术文艺刊物《循报月刊》，宏扬学术，倡导风雅。这个学会还每季举行征文，并择优奖励，这对东江文化的发展，特别是人才的培养，起到了积极作用。

4. 民国时期的张友仁等著名文学家

民国时期，东江地区涌现出一大批文学英才，其中贡献最突出的是张友仁。张友仁学识渊博，文史皆精。创作了大量的诗词、联语。此外，民国时期的张可廷，被于右任、郭沫若誉为“岭南诗人”，著有《词林寰宇简编》、《史评诗国春秋》等著作七部，擅长七言，平生作诗三千多首，格调雄浑，战时之作多风云气。又如冯重熙，学通文、理，工书法，善音律，曾作昌明、女师两校校歌，所作“惠州西湖八景歌”传唱一时，著有《瓷粹》、《聊自娱斋笔记》等著作六部。再如任少游、李煦寰和张凤子，均能诗，尤长于词，任少游的遗集载词作64首，张凤子是研究宋词的专家，著有《宋词纪事》。

（三）史学方面成果突出

1. 叶春及、张萱为代表的明代史学

明代是东江地区史学领域成果最丰硕的时期，也是历史上修志最多的朝代。据不完全统计，官府和个人共编修各类方志30余部。特别是嘉靖、万历两朝期间，地方志编修出版13部，平均七年一部，是东江地区历史上修志最多的时期。[①] 仅《惠州府志》前后就编修了四部之多。刘梧等编修的《惠州府志》中卷一图经中有九图，包括惠州府境总图及所辖八县县境图，是现存最早的惠州地图。姚良弼、杨载鸣编修的《惠州府志》，书中提到的客家方言，被认为是中国有关客家方言的最早记录。东江地区首部《惠州西湖志》，以及首部由东江人自己编修的《罗浮山志》，也都产生在明代。此外，明代著名的史学家有叶春及和张萱。

叶春及（1532—1593），归善县人，嘉靖三十一年（1552）举人，官至户部郎中，是一位清官能吏。他在惠安知县任内编修的《惠安政书》，被誉为“历史上罕见的一部县长施政笔记”。此书收入叶春及《石洞集》，被清《四库全书》著录。如前所述，《惠安政书》是一部体裁颇为独特的地方志书，全书共5卷12篇26.4万字。特别引人注目的是该书附有大量图表，包括全县34

① 惠州市惠城区地方志编纂委员会编：《惠州志·艺文卷》，中华书局2004年版，第6页。

都地图29幅。叶春及编修《惠安政书》，走遍全县各地，熟悉山川地理，丈量土地田亩，了解民风习俗和百姓疾苦，掌握了大量的第一手资料，为他在惠安三年出色的施政创造了有利条件。叶春及因为纂修《惠安政书》而名扬岭东，自弃官归里后，先后纂修了《顺德县志》、《肇庆府志》、《永安县志》，同时参与了对《博罗县志》的修改，是明代惠州纂修方志最多的学者。

张萱（1558—1641），字孟奇，号九岳，别号西园、清真居士，博罗人。出身书香世家，明万历十年（1582）与弟弟张萃同时中举，由中书舍人官至户部郎中。生平嗜书好学，曾参与编修国史。张萱是一位博学而高产的作家，而其生平用力最勤，花费时间和心血最多，成就最大，对后世影响最为深远的则是史学，他在中晚明史学界中颇有声望。近来有学者指出："明代之通史编纂，从史学思想来考察，唐顺之、邓锡元、许孚远、魏显国、张萱是一派，是主流的理学化史学思想。"① 万历三十九年（1611），张萱遭谗诬而罢归，在罗阳榕溪之西筑西园以居，平日除导教子弟外，即潜心著述，综核自洪武至天启200多年的官私史料，苦心20余年，终于编成《西园闻见录》。此书清修《明史·艺文志》列入史部杂史类。1940年，史学家邓之诚和他的学生侯仁之教授在居敬堂明抄本的基础上，对《西园闻见录》进行整理和校订，由哈佛燕京学社以宋体排印出，全书107卷，是一部卷帙浩繁的史学巨著。

《西园闻见录》"分类详赡，采摭浩博"，是一部研究明代社会的百科全书。邓之诚在整理出版此书的跋语中高度评价了《西园闻见录》的史料和学术价值，指出书中"所录奏疏多出邸报，非今所恒见"，其"凡所称引，博览之士或有不悉其所从出者，故书旧记散佚多矣，犹赖此书以传"。他特别赞赏张萱在书中"著一议论，主张歧出者必备录之，以见持平"的治史态度。认为张萱著书的"本旨在以事存人，以人存言，自修己条目迄于齐家治平，言行一贯，合以求之，虽复旁及幽隐怪异，要以不背圣人之教为本。盖世道衰微，慨然有作，非比空谈拜献也"。由于张萱在书中对当时崛起于东北地区的女真贵族窥伺中原的野心和行径有详细的揭露和积极的建言，入清之后被封杀以致其名不彰。张萱的《西园闻见录》在美国和日本都有流传，自20世纪90年代全国图书馆文献缩微复制中心印行国内后，引起了学术界的普遍重视。特别是书中所涉及的边防、海防、治河、屯田、廉法、节俭、职官、朝政等项史实，不但为"考明事者所必需"，也很有以古鉴今的现实意义，已引起史学界愈益广泛的关注和研究，给予很高的评价，认为《西园闻见录》"是明代后期

① 徐志达等著：《惠州文化教育源流》，广东人民出版社2008年版，第224页。

的著名野史，蕴涵着重要的史学成就”①。

2. 张友仁为代表的民国时期史学

张友仁、梁镜球和黄公柱是民国时期东江地区著名的史学家。张友仁著有《惠州西湖志》、《丰湖文献录》、《惠阳县志》和《博罗县志》，创作了大量的诗词、联语，其中最重要的著作是《惠州西湖志》。该书始编于1930年，经十余年的不懈努力，于1947年付印。全书13卷约39万字，记述了303处西湖名胜景点的兴废沿革，收录自宋以来有关西湖的作品1 400多首（篇、副），介绍了500名与西湖有关的人物。全书资料丰富，记述详明，考证准确，史料价值高，保存了大量地方文化资料，在建设和管理西湖、保存乡邦文献、编修惠州史志、继承优秀的文化传统等方面，起了非常大的作用。

梁镜球著有《惠州围城战画笔记》和《青年鉴》。《惠州围城战画笔记》是1923—1925年惠州被东征联军围攻的实录。作者以平民身份客观地记录了两军交战的状况，军民死伤惨状，守城杨坤如部队的所作所为，百姓的饥寒苦病，战时婚丧、节日习俗乃至嫖、赌、吸毒等陋习。书内42幅照片，上图下文，多角度地反映了战争的残酷。有关东征联军围攻惠州的史料，如古应芬的《孙大元帅东征记》和李烈钧的《孙大元帅戡乱记》，都以记述攻城为主，而作者此书却主要记述守军及城内百姓状况，这对全面了解惠州这段历史提供了较大的帮助。梁镜球的另一著作《青年鉴》，写于1930年至1936年间。作者在第一编记述1900年三洲田起义之事，所载主要根据官府文告和亲历其事者的讲述，并经过作者的核实后才录入书中。第二至第六编，记录作者自1900—1912年参加黄花岗起义前后的革命史事以及亲见亲闻。作者是黄花岗起义的幸存者，所记黄花岗起义史及惠州辛亥革命前后的情况，颇具史料价值。

黄公柱，惠阳人，在史学领域有独到的贡献。著有《欧美考察记》。他认为中国因无重工业而受外人欺凌，遂于1933年冬到英、美、日等国考察，次年十月回国后写成此书。陈仪在《序》中说：“此次遍游各国，为各种生产设备、著名建筑、军事、生产技术之考察，编所得资料，举凡学校、工场、兵营、军艇、疆舆、其他各种设备，悉载靡遗。诚吾国有专改进生产技术者所必不可少之参考书。”②

① 徐志达等著：《惠州文化教育源流》，广东人民出版社2008年版，第226页。

② 惠州市惠城区地方志编纂委员会编：《惠州志·艺文卷》，中华书局2004年版，第767页。

（四）政治思想方面特色鲜明

1. 叶春及与《惠安政书》

叶春及不仅是明代的清官能吏，而且在史学、文学尤其是在政治思想等学术领域有突出建树。著有《炯斋先生文集》、《石洞诗格律》、《崇文榷书》等，所著《石洞集》，是清《四库全书》著录的唯一一部东江人的著作。如前所述，他任福建惠安知县时，勤政爱民，清正廉洁，治绩为当时第一，卸任时全家行李仅一挑而已，故惠安里巷有“三年县令，两箱行李”之谣。《明诗综》还录有《惠安民为叶春及歌》：“叶君为政，惟饮吾水。设施不烦，五风十雨。”惠安人至今仍评说：“通观宋元明三代179名知县，叶春及是最有成就和影响的一位。”他编修的《惠安政书》，被古人称为“良史”，被今人誉为“一部历史上少见的县长政治笔记”。《惠安政书》国内鲜见单行本。此书在日本有多种版本，1980年明清史专家傅衣凌从日本东京东洋文库复印带回。此书是一部体裁特别的地方志，也是一部历史上罕见的知县施政笔记。书中内容广泛，包括地理沿革、渔盐生产、户粮税赋、教育文化、风土人情和乡规民约等方面，数据多而翔实，既是明代地方志中的佼佼者，也是一部难得的政治著述。

2. 韩日缵与《韩文恪公集》

韩日缵撰写的《韩文恪公集》是一部时政评论。明代东江人著作因触犯当政者忌讳而被封杀的，除杨起元的理学著作和张萱的史学著作外，还有韩日缵《韩文恪公集》。

韩日缵（1578—1636），字绪中，号若海，广东博罗人。万历三十五年（1607）进士，官至礼部尚书。明朝后期，宦官把持朝政，朝纲败乱，官员人人自危，纷纷屈服于宦官淫威之下，不敢有丝毫违逆之语。而时任礼部尚书的韩日缵淡然独立，以国家社稷为重，不与之同流合污。他死后，谥号文恪，其诗文集被称为《韩文恪公集》，其中诗集9卷，文集21卷。

对民族和国家的命运强烈关注，坚持不懈地宣扬警惕外患，整军备武，爱国保边，是《韩文恪公集》一个最鲜明的特点。面对北方以努尔哈赤为代表的满族势力的迅速崛起和扩张野心，韩日缵写下《建州女真考》，以“备筹国者览观”。文章指出满族野心不止于统一北方，还要问鼎中原。他叙述了女真族如何从黑水地区的一个小部落逐渐壮大，吞并辽国而后窥视明朝疆土的过程。提出明廷绝不能掉以轻心，而应当果敢行动“制敌于未兆之时，灭患于未变之际”。虽然他的建言未被采纳，预言却在十余年后成为事实。

3. 邓演达和廖仲恺的思想学说

邓演达和廖仲恺是民国时期惠州在国内有较大影响的两位政治家。邓演达是我国著名的政治家、思想家、军事家，中国农工民主党创始人，中国共产党的亲密战友。精通政治、军事、经济、哲学等多门科学，主要作品编成《邓演达文集》和《邓演达文集新编》，约50余万字。他的作品主要是政论散文，其核心内容是拥护并宣传孙中山的三民主义，反对蒋介石的独裁专制。他关注国家民族的命运尤其是中国的农民问题，抨击社会弊端，总结历史经验，推介西方先进思想文化，探索革命道路。行文平易畅达，分析深刻，逻辑性强。

廖仲恺（1877—1925），原名恩熙，又名夷白，惠阳县陈江人，出生于美国旧金山的一个华侨家庭。我国近代民主革命著名的政治活动家，伟大的爱国主义者、著名的国民党左派领袖，中国共产党挚友。清光绪二十八年(1902)，他赴日本留学，先后就读于早稻田大学和中央大学。次年结识孙中山，自此成为孙中山革命事业的积极追随者。1905年在日本参加同盟会，任总部执行部外务部干事。宣统元年（1909）从日本中央大学毕业，考取法科举人，后在国民党和民国政府任多种要职，是孙中山最得力的助手之一。在中国的革命实践中，他认识到“中国革命非以俄为师，断无成就”，拥护孙中山“联俄、联共、扶助农工”以完成国民革命的主张。国民党“一大”以后，与国民党右派破坏“联俄、联共、扶助农工”三大政策的行径进行针锋相对的斗争；与李大钊等以及国民党左派团结合作，维持国共合作，发表了《革命派与反革命派》著名政论。他坚持革命的态度，为帝国主义及国民党右派所忌，于1925年8月遭暗杀。他的主要著作收入《廖仲恺文集》和《双清文集》。

（五）军事和艺术等方面颇有影响

1. 军事思想著述

代表性的成就是叶梦熊所著的《运筹纲目》和《决胜纲目》。叶梦熊，嘉靖四十四年（1565）进士，官至南京兵、工两部尚书加太子太保。他戎马半生，用兵以攻心为上，尤善车战，当时有民谚称赞他：“轻车便宜道路，无往不利，叶公有焉。”他善于总结经验，曾举实战之例，“采史事以证之”，写成《运筹纲目》八卷和《决胜纲目》十卷，被清《四库全书》存目。屈大均《广东新语》指“其《战车录》一书，奇奇正正，靡不备极，古今兵法一览而犁然在目”①。

① 惠州市惠城区地方志编纂委员会编：《惠州志·艺文卷》，中华书局2004年版，第5页。

此外，他还著有《华云集》。这些著作，如今已难得一见，唯在张萱《西园闻见录》里，可以看到他关于御敌制胜的几节议论。

2. 艺术成就

早在宋代，东江地区的美术就已达到较高水平。书法方面，南宋的陈仲辅，是最早见于史载的东江书法家，擅长篆隶。明末清初叶梦熊的曾孙叶挺英善长书画，尤善画佛像、罗汉，几乎每天都画佛像，今释说他“画佛五千四百八，砚池日日莲花发”。他的作品，“获者以为拱璧”，佛像“流布海内”。有山水名卷为赵念合江草堂所藏，江逢辰《题赵法古莲社图》诗说“画帧兼收叶挺英，草堂故物半通灵”[①]，可见后人对其遗作的珍重。

李丹麟是晚清东江地区最著名的画家，善画花鸟、人物。光绪中，被举荐随杨儒出使秘鲁，周游欧洲、南美诸国，历时三年，所画之鹰，美洲人以千金争购。作品参加比利时画展，获双龙拱珠金质奖牌。有绘写异国风情的《南洋水土画集》和《游历图记》两卷，晚年归乡，热心于西湖建设和桑梓文化，将画艺传给侄子李长天。

民国时期，艺术领域较杰出的代表有以木刻著名的刘仑和梁永泰、以书法称世的王映楼。刘仑著有《北中国乡土玩具集》、《刘仑木刻集》和《抗战木刻》，民国期间的木刻作品中有六幅被中国美术馆收藏。梁永泰创作出版了《血的动脉》和《铁的动脉》两套抗战木刻画集，部分作品先后在美国和延安出版、展览。他年仅20多岁，已蜚声海内外。王映楼则诗、文、联、灯谜等样样精通，才思敏捷，作品量多质高，尤以书法名世，被誉为“东江才子”。他楷书宗褚河南，行书宗黄山谷，皆得其精妙。所著《书萃》点评历代名家碑帖，眼光独到，是惠州现存的唯一一部有关书法理论的作品。此外，较有名的有叶文澜书法、李桂馨山水画、裘集裳的雕刻，还有秦寿宁、叶史材、黄亦良、曾顾民、周醒南、李端从、尹克任、林振雄、黄公柱、冯重熙、冯宝瑛、刘子陶、李九皋等一大批民间书法家。

3. 音乐成就

民国时期东江地区最有名的艺术家是廖尚果。廖尚果（1893—1959），笔名青主，又名黎青主，惠州人。留德法学博士，是著名的音乐家、教授和翻译家。创作出版了《清歌集》、《音境》两本艺术歌曲集，所著《乐话》与《音乐通论》，是我国近代较早的具有完整体系的音乐美学论著。其中《乐话》是中国现代音乐史唯一的一部音乐美学专著。作者根据当时西欧“表现派”理

① 惠州市惠城区地方志编纂委员会编：《惠州志·艺文卷》，中华书局2004年版，第8页。

论家赫尔曼·贝尔的主张，全面地论述了他把音乐看作是一种“上界的语言”的论点。“上界”，指人的内在精神世界。作者认为一切艺术的本质都在于表现内在的精神世界，而音乐这种艺术语言的特性使它比其他艺术语言更自由、更直接地表现内在的精神世界。作者主张引进西方先进思想，改造中国传统音乐美学思想，使之由前现代走向现代，进而改造中国传统音乐，创造新音乐，使中国音乐成为灵魂的语言、自由的艺术。他谱写的独唱曲《大江东去》是中国第一首艺术歌曲，与后来谱曲的《我住长江头》获得20世纪华人音乐经典奖。他著述丰富，撰写了大量音乐评论和随感，翻译了一批外国作品，著有诗集《诗琴响了》和评传《歌德》。

4. 其他

东江地区历史上的人文学者英才辈出，但科技领域的人才却凤毛麟角。据现有资料来看，晚清中国开始派留学生走出国门了解和学习先进的西方之际，罗国瑞是东江地区较早走出国门留学西洋的学子。在科技领域学有成就的专家是杨高臣。光绪二十六年（1900），惠阳良井人杨高臣（1884—1969）被清廷官派留学日本，学习工业生产技术。经过三年的努力，他掌握了针织生产和机械修理的全套技术，从日本将川龟牌、川长牌手摇机带回国，在广州开办织袜作坊。该作坊取名“震东”，寓振兴民族工业、威震东方之意。在生产过程中，杨高臣对日本机进行改进和仿造，于光绪三十一年（1905），自己制造出广州首批手摇织袜机，冠名为震东牌，对早期广东民族工业的艰难起步作出了贡献。

二、东江地区传统学术风尚的主要特点

东江地区学术思想源远流长，学术人才辈出。悠久的学术历史，形成了东江地区独特的学术风尚。东江地区传统学术风尚的特点表现在：学术思想的包容开放、学术精神的开拓创新、学术关怀的经世致用、学术人格的刚正独立、学术研究的地方特色、学术倾向的人文重视等方面。

（一）学术思想的包容开放

由于独特的地理位置和种种历史机缘，以惠州为中心的东江地区成为多元社会思潮汇集的地方。东江学子在丰富多元的社会思潮中吸取养分，形成了东江学术思想包容开放的风格。主要表现在如下三个方面。

第一，佛教、道教在古代东江地区同时得到广泛传播。继东汉僧文简在西湖创建伏虎台之后，最早把佛教带进罗浮山的，是晋代的单道开。单道开，敦

煌人，俗姓王，出家为僧，日诵经十万余言，是一名虔诚的佛教徒。入唐之后，罗浮山的佛教蓬勃发展。与此同时，唐代的罗浮山因道教而名扬海内外。自葛洪在东晋时期把道教植根罗浮山以后，经历隋唐，道教在罗浮山日益兴盛。

第二，明代理学中的粤宗和浙宗在东江地区得到交融流播。明代中叶，理学大昌，新会陈献章所创立的粤宗和余姚王阳明所创立的浙宗，影响最为深远，明以后至清初的300多年间，天下学统未有盛于此二宗者。东江地区成为这两个学派流播交融的地方。东江学子不存在门户偏见，转益多师，择善而从。他们迎请陈献章的传人湛若水、王阳明门人薛侃到东江地区客居与讲学，反映了东江学子包容开放的学术之风气。曾编纂《惠州府志》的归善学者刘梧（自号古狂）称："与薛侃辨心性十余书，侃不能难。尝作自赞曰：不朱（熹）不陆（九渊），不湛（若水）不王（守仁），远观之刘继美，近观之刘古狂。"① 由此可见，东江学子当时思想的包容和学风的淳厚。杨起元是当时东江学子中学术思想包容开放、勇开学术之新气象的典型代表。他最早引佛入儒，儒佛合一。

第三，东江学者积极学习西方先进思想。晚清时期，西方侵略者用科技先进的坚船利炮打开了大清帝国紧闭的大门，使东江士子看到了中国和西方的实际差距，从而对中国贫穷积弱屡受欺凌的原因进行了深刻反思，把眼光投向国外寻求救国救民之道。如江逢辰提出"如何利器资人国"的质疑，正是秉持一种反求诸己的精神，在新的历史条件下显现了东江文化开放包容的基本特征。他认为，要使中国富强而自立于世界之林，除了要学习西方的物质文明外，还必须充分了解和吸纳西方的政治文明和思想文明，而不能"不师其法，惟仿其器"。进入20世纪20年代以后，东江地区的文人学者已不满足于社内、城内的文化交流，而是走出惠州，走出国门，睁开眼睛看世界。不少人出国留学、考察，翻译外国的优秀作品，撰文介绍西方文明。如邓演达曾多次到欧洲考察，探索复兴中国革命的道路，写下了《关于游欧的报告》、《我们对现在中国时局的宣言》等重要文章；黄公柱曾专门考察欧洲的工业、军事和生产技术，著有《欧美考察记》；留学德国的廖尚果和他的弟弟廖辅叔，则先后翻译了海涅、豪夫、马塞维茨、埃贤朵夫等外国作家的诗歌、童话、小说，介绍勃拉姆斯、肖邦等人的音乐；丘兆琛著有《南太平洋游记》、《莱茵河前后战役》、《兴登堡元帅东征实录》和《第二次世界大战西欧战场纪略》等书。以

① 惠州市惠城区地方志编纂委员会编：《惠州志·艺文卷》，中华书局2004年版，第4页。

开放的目光了解和描述世界，是东江学术风尚的重要特点。

（二）学术精神的开拓创新

罗浮山道教的三次创新及杨起元“引佛入儒”，是东江学术开拓创新精神的折射。

道教传入罗浮山后，实现了三次理论创新。罗浮山道教的第一次理论创新，也是道教史上的第一次理论创新是由葛洪完成的。葛洪对民间道教进行了革新改造，创造了神仙道教的理论体系。他提出道教要以神仙养生为内，儒术应世为外的主张，将道教的神仙方术与儒家的纲常名教相结合，以调和儒道关系。同时还总结了战国以来的神仙方术理论，为道教构造种种修炼方法，建立了整套修炼体系，丰富了道教的思想内容，为上层化的官方道教奠定了理论基础。罗浮山道教的第二次理论创新是苏元朗提出的“内丹”理论。在东晋葛洪创立“外丹派”二百余年后，道教中又崛起了“内丹派”，而首倡“内丹”理论的也是罗浮山道士苏元朗。他于隋开皇中（581—600）来到了罗浮山，隐居于冲虚观附近的青霞谷，撰写了《太清石壁记》及《旨道篇》，用来倡导内丹学说，训教弟子。他觉得《古文龙虎经》、《周易参同契》、《金碧潜通诀》三书“文繁义隐”，不利于学生领会掌握，便将其纂辑为《龙虎金液还丹通元论》，用外丹道术的名词来解说内丹理论，提倡“性命双修”，“归神丹于心炼”。苏元朗把道教追求长生不老的方法由冶炼服食汞砂药物发展到自身修炼精气神，实现了外丹到内丹的转变。罗浮山道教的第三次理论创新是白玉蟾确立了道教内丹南宗神霄派的主导地位。内丹南宗的法脉延传不断，传至陈楠，继续光大。他在《紫庭经》、《丹基归一论》及《翠虚妙司全集》等著作中，继承、简化了炼丹方法，主张禅道合一，对全真道有很大影响。陈楠在继承南宗道统的基础上除弊创新，实现了修道求真从偏重个人修持到关心社会疾苦的思想转化。白玉蟾将这一思想继续发扬光大，主张性命双修，先命后性，把理论融入佛学与理学思想。特别是他的“以心契道”理论，以丹道糅合释、道二家哲学为基础，强调炼丹以神为主，丹道思想明显向佛教禅宗靠拢，对宋、元以后的道教影响很大。白玉蟾最终在罗浮山确立了道教内丹南宗神霄派的主导地位。

明代东江地区著名理学家杨起元，“学不讳禅”，引佛入儒，承认人的欲望的自然性和合理性，认为人只要不失其赤子之心，即使是匹夫愚妇，亦可以“为学而至圣人”，这被正统的程朱理学视为异端。而张友仁则称赞这是中国学术界之新纪元，“今日学术日新，兼通并用，唯其是而已，安能破除信仰自由之信念耶”。[①]《四库全书总目》对杨起元观点甚为不满：“起元变乱先儒，其流毒且及于经义矣。”张友仁则认为，起元“自成一家之言，无论何种述作，皆不离宗，此不可厚非也”，“如欲辨析真理，则当就其所著之学术一一指正，不必以儒者妄居正统而蔑他人也”[②]。

另外，东江地区音乐名人廖尚果在他的论著中，主张引进西方先进思想，改造中国传统音乐美学思想，使之由前现代走向现代，进而改造中国传统音乐，创造新音乐，使中国音乐成为灵魂的语言、自由的艺术。

（三）学术关怀的经世致用

东江学者著书立说志在经世致用，不尚浮华。学术关怀的经世致用可从东江几个知名学者的事迹中反映出来。东晋时期葛洪在罗浮山潜心研究道教的同时，还编著了《肘后备急方》，这是中国古代最早的医疗“急救手册”，也是在民间普及中医中药知识的最早教科书。在序言中，他说编撰此书的目的就是“备急”之用，所记方药“率多易得之药，其不获已，须买之者，亦皆贱价草石，所在皆有”[③]。对缺医少药的乡村穷人有很大的便利和帮助，因而受到广泛的欢迎，获得后人“简便验廉”的高度评价。葛洪行医兼带学徒，传授医术和医德，培养了众多修道学医的弟子，因而罗浮山道士历来有采药行医、治病救人的优良传统，由此罗浮山中医药历史久远，颇为发达，历代不衰的冲虚观药市成为有名的粤东四市之一。

贴近社会现实，关心民间疾苦和国家命运，是东江地区学术传统的又一特点。晚清东江文人诗词创作充满对国家、百姓命运的关怀。如陈寿祺的《哀鸿叹》，诗的首句“前年遭兵戈”，指的正是咸丰四年（1854）在惠州爆发的翟火姑起义，这是清代惠州地区规模最大、时间最长、影响最广的一次农民起义。诗人以现实主义的手法，描绘了一幅“哀鸿遍野图”，为解读这次农民起义产生的社会原因，提供了生动具体的背景说明。诗末一连串的诘问大胆尖锐，矛头直指高高在上的“皇天”，鲜明地表现了作者的爱与憎。江逢辰，也是一个对不平的社会现实充满批判精神的惠州诗人。在他早年创作的《苏山集》中，载有一组近乎白话体的刺世诗，如《官征粮·悯无辜也》刻画了贪

---

① 惠州市惠城区地方志编纂委员会编：《惠州志·艺文卷》，中华书局 2004 年版，第 753 页。

② 惠州市惠城区地方志编纂委员会编：《惠州志·艺文卷》，中华书局 2004 年版，第 754 页。

③ 徐志达等著：《惠州文化教育源流》，广东人民出版社 2008 年版，第 50 页。

官墨吏强征暴敛、残民自肥的丑恶嘴脸；《仓生草·著贪赎也》揭露了“官仓老鼠”们监守自盗、化公为私的无耻行径等等。光绪二十年（1894），甲午战争时期，在京师任户部郎中的江逢辰的作品充满了对国家前途命运的担忧以及对执政者昏庸无能的愤怒。后来他毅然辞官归里，有论者称他为忧愤诗人。

（四）学术人格的独立刚正

历代东江地区传统学人展现了一种追求真理、不畏权贵、刚直不阿的可贵精神。如明代东江人著作因触犯统治者的忌讳而被封杀的，有杨起元的理学著作和张萱的史学、还有韩日缵的政治学。《西园闻见录》“分类详瞻，采摭浩博”，是研究明代社会的一部百科全书。张萱在书中对当时崛起于东北建州的女真贵族窥伺中原的野心和行径，有详细的揭露和积极的建言，入清之后被封杀以致其名不彰。理学家杨起元引佛入儒触正统理学之大忌，被攻击为“援儒入墨”。因而他的理学著作《识仁篇》、《证学篇》、《诸经品节》及《杨文懿集》，都只在《四库全书》存目而不是著录。韩日缵的《韩文恪公集》充满对民族和国家的命运强烈关注，坚持不懈地宣扬警惕外患，整军备武，爱国保边。晚明内有宦官乱政，外有强虏扰边，朝纲败乱，官员人人自危，纷纷屈服于宦官淫威之下不敢有丝毫违逆之语。而官至礼部尚书的韩日缵以国家社稷为重，不与之同流合污。面对北方以努尔哈赤为代表的满族势力迅速崛起和扩张野心，他有着深沉的忧虑和高度的警觉，为国积极筹谋献策，这些都表现了他的忠勇行为和爱国精神。

（五）学术研究的地方特色

东江学术研究的地方性特色凸显，表现在两个方面：一是学术群体的地方性；二是学术内容的地方关注。首先，从学术群体看，一批本土学者崛起。明代是东江地区是本土学者的崛起的分水岭。在明代以前的宋元时期，东江地区尚属蛮荒，蒙昧初开，在人文学术方面表现出主弱客强的特点。如宋代大文豪苏轼。另有北宋诗人彭汝砺、刘贡父，抗金名将李纲，南宋诗人杨万里和刘克庄，词人白玉蟾，名臣文天祥等，曾先后踏足惠州，写下不少好作品。到明代，东江地区学术研究中的主弱客强局面得到根本扭转，本土人才辈出。据《惠州府志》等史书的不完全统计，明代惠州科第人才（包括进士、举人、诸科、岁贡等）达 1 801 人。[①] 据《惠州名人》中的数据统计，惠州本土学者达 28 人之多。叶时的儿子叶萼、叶春芳的弟弟叶春及、儿子叶梦熊，李鹏举的

① 黄敏著：《惠州人才史稿》，江西人民出版社 2005 年版，第 57 页。

儿子李学一，杨传芳的儿子杨起元，文章道德、勋业节操显耀一时，被称为“湖上五先生”，是这一时期学者群体中的代表人物。到了清代，大批本土人才更是脱颖而出。明末清初有著名文学家叶挺英、经学家骆鸣雷，清代惠州有著名诗人姚子庄、龚章，江逢辰是惠州晚清最有名的诗人和书画家，李绮青是晚清惠州最有名的词人，李丹麟是晚清最有名的画家。另外较著名的本土人才有祝鸿文、黄振成、蔡应嵩、陈熙昌、江鹏翥、刘统基、黄烯等人，共著书24部。其中刘统基和黄烯二人的诗作都深受张维屏、冯鱼山等名流的赞赏。张维屏在《国朝诗人征略》中评价说：“嘉庆初惠州（府）诗人，赵希璜（长乐人）、刘统基、黄烯而已。”刘统基著有《南石山房诗钞》和《玉壶山房诗话》，黄烯著有《丛珠堂集》和《维扬怀古诗》。这一时期，惠州还涌现出一批书画家。官至大鹏协副将的张玉堂，能书善画，擅画兰竹、木棉，能指书、拳书、擘窠书，今香港、澳门、中山等地仍存有他的书刻。黄振成，曾任知府，善画山水，作麻皮皴，水墨秀雅。此外还有几个出身低微，生活贫苦而品格高尚，有着较高艺术成就的平民书画家：黄钥、翟泉，以及赵念、赵琼章父女等。民国时期惠州出现的中国著名的政治家廖仲恺、邓演达，著名的音乐家廖尚果，著名史学家张友仁、著名佛学大师冯宝瑛，著名木刻艺术家刘仑、梁永泰等。此外，还有大批民间书法家，如秦寿宁、叶史材、黄亦良、曾顾民、周醒南、李端从、尹克任、裘集裳、叶文澜、林振雄、黄公柱、冯重熙、冯宝瑛、刘子陶、李九皋等，均以书法称誉一时。

其次，从学术内容看，随着本土学者的崛起，本地关怀成为特色。以明代为例，文学作品一个重要特点是大量描述吟咏惠州西湖，在现存诗文中至少有200多篇记是写西湖景物和人事的。明代东江学者还将苏东坡贬官惠州期间所作诗文进行编集。史学方面，以编写《惠州府志》和各县县志为主题。归善人郑维新于嘉靖七年（1578）写成《惠大记》（即嘉靖版《惠州府志》）。吴高也曾修过郡志，刘光奕修丙辰府志，杨裁鸣亦“修府志，书成，众称善”。这些都为后世留下了可贵的资料。[①] 另有陈运的《西湖记》、叶萼的《西湖志》、姚子蓉的《西湖志》等。万历年间（1573—1620）出版了首部《惠州西湖志》。民国时期惠州著名史学家张友仁编写了大量史志，为保存惠州文史资料作出了卓越贡献。

（六）学术方法的直观务实

东江学者著书立说以求真务实为本。李学一的《盆菊吟》反映了东江学

① 谭力浠等编著：《惠州史稿》，1982年内刊，第39页。

子这一务实的风格，他在诗中嗟叹"桃李"以容颜取悦人于一时，朝花暮落，"岂若盘中菊，幽香未有涯。奇英含晓露，劲节傲霜华"①。

学术方法的务实风格，从几位知名的学者身上都能反映出来。如理学家杨起元，努力推行儒学的大众化，深信满街均是圣人，认为人只要不失其赤子之心，即使是匹夫愚妇，亦可以"为学而至圣人"。杨起元治学，"不诡随以徇俗，不激励以凌人"。他的许多散文如《超然亭记》、《送吴子罗浮观海序》等，虽有说理的成分，却是缘事而发，随机指示，生动活泼，没有一般理学家故作高深的流弊。叶春及编修《惠安政书》，走遍全县各地，熟悉山川地理，丈量土地田亩，了解民风习俗和百姓疾苦，掌握了大量的第一手资料。叶梦熊从他戎马半生的经验中进行总结，写成《运筹纲目》八卷和《决胜纲目》十卷，被清《四库全书》存目。在《决胜纲目》一书中，叶梦熊总结前人用兵经验，每卷列出十个战例，先对战例点评，再用史事证之。并根据他的战争实践创制了"叶公神铳"、"火车神炮"等兵器。张友仁的《惠州西湖志》是描述惠州西湖最为详细、完备的专书，黄树棠在此书的《序》中评价说："凡名胜之沿革，文献之流传，搜罗宏富，考据精详。"黄公柱的《欧美考察记》是作者到英、美、日等国实地考察后写成的。

（七）学术倾向的人文重视

东江地区在哲学、史学、政治、军事、文学等学术领域成果丰硕，尤其是理学、史学、政治学领域更是成就非凡。道教家葛洪推动道教发展进入新的里程碑；名儒杨起元在哲学领域开学术界之新气象；叶春及撰写的《惠安政书》更是一部罕见的县长政治笔记，成为明代地方志中的佼佼者；廖仲恺、邓演达的政治思想至今仍极具现实价值。文学领域不仅诗人、作家迭出，且作品浩瀚。较之人文学术的繁荣，科技方面的学术人才和学术成就则略显薄弱，但也产生了一批人才。如明代精律历的、浑仪制作技术精巧的、为建归善县城出力甚多的归善名士刘确；发明适应云南永昌使用且深受当地人喜爱的筒车的长乐人徐即震；通律历、精治书的南宁同知归善人李应；治天文学的龙川人巫三祝等。② 另叶维阳著有《水晶鱼》，介绍惠州的物产；杨高臣学以致用，开办近代工业。需要指出的是，人文与科技思想的发展显然极不平衡。

---

① 惠州市惠城区地方志编纂委员会编：《惠州志·艺文卷》，中华书局2004年版，第6页。

② 黄敏著：《惠州人才史稿》，江西人民出版社2005年版，第56页。

三、东江地区传统学术风尚形成的原因

东江地区学术思想自宋代开始至元明时期不断走向繁荣，并形成了自己的特色和风格，而在清代和民国时期得到深化，深深影响到东江文化的生成和发展，体现出东江文化的独有特性。究其原因，主要包括以下几个方面。

（一）独特的地理位置

东江地区以包容开放为核心的学术风尚的形成，有着多方面的原因，其中自然地理是一个不可忽视的因素。如前所述，以惠州为中心的东江地区地理位置独特，在历史上被称为“岭南名郡”、“粤东重镇”、“天堑汤池”有近千年了。郝玉麟在《广东通志》中说：“惠居岭表东南，依山阻海。”① 《方舆纪要》也提到惠州地理位置的独特与重要，北控粤赣要冲，南临南海入穗要道，东扼潮梅交通咽喉，西连广州之拱卫，古来征战，为兵家必争之地。作为东江流域的经济文化中心，惠州是广府、潮汕、梅赣、深港四地交接之处，这是惠州开放的地理位置优势所在，为包容开放学术品质的形成提供了环境。独特的地理位置，使以惠州为中心的东江地区成为客家文化、潮汕文化、广府文化毗连交融的地带，不仅共存着百越文化、中原文化和海外文化等多种文化，同时融合了客家、潮汕、广府各地的文化，多元化的文化氛围正是形成东江文化开放包容特质的土壤。

（二）外来文化的影响

历史上外来文化影响，是形成东江地区学术风尚包容、开放、多元特点的重要因素。东江文化的发展，受外来因素影响很大，这不仅因为以惠州为中心的东江区域是一个移民集结的地方，是客家文化、广府文化、潮汕文化的交汇地，而且客籍学者在惠州传播学术思想的历史也颇为悠久。如前所述，东晋著名道教理论家、医学家、炼丹术家葛洪晚年居住罗浮山，极大地传播了道教思想。他在罗浮山写下了有名的炼丹著作，为研究我国炼丹史以及古化学史提供了珍贵的资料。历代客籍学者中影响最为深远的是宋代大文豪苏东坡。他在惠州留下各类作品587首（篇）。北宋诗人彭汝砺、刘贡父，抗金名将李纲，南宋大诗人杨万里和刘克庄，词人白玉蟾，名臣文天祥等，也曾先后踏足惠州，

---

① 谭力浠等编著：《惠州史稿》，1982年内刊，第1页。

写下不少传世作品。宋湘、尹秉绶是清代享誉全国的惠州客籍诗人，对晚清时期惠州文坛的繁荣具有重要影响。

历代贬官寓惠，也是惠州吸纳外来文化的重要途径。古代惠州地处粤东海隅，交通不便，更被中原人士视为“边徼荒远，获戾迁谪之所”，令不少人闻之色变。众多贬官相继到来，为惠州和中原搭起一座文化桥梁。如前所述，唐代的惠州是“罪官”流放地，宰相张锡、杜元颖、牛僧孺、郭子仪女婿赵纵、义武军节度使浑镐、桂管防御观察使郑亚、少府崔元受、中书舍人崔沆等，先后谪居惠州。刘禹锡、陈尧佐、苏轼、唐庚和陈鹏飞等也是谪居惠州的典型代表。唐宋时期来惠贬官达 27 人。[①] 大批朝廷贬官的到来，加快了中原文化对惠州的输入，客观上为儒学在东江地区的传播提供了优质师资和示范文本，他们与地方学子交流互动，构成了东江地区一道独特的人文景观。东江学子们正是从这些优秀的作品中获取丰富的思想资源，开阔眼界，逐步开拓了自己的学术领域并形成了自己的研究特色。

（三）对外学术交流频繁

东江学者在自身学术研究过程中，不断扩大对外学术交流，取长补短，促进了地方学术的发展，其间他们请来了不少当时的知名学者来惠州讲学传道。如杨起元迎请罗浮山终南禅师至惠州说法。终南禅师，明代广州人，得法于终南真住禅师和五台性空禅师，戒行谨严。初住罗浮山，后崇祯十二年（1639），归善县知县陆自岳改惠州古榕亭为寺，也请终南禅师说法开山，当时来参师的人很多，此举促进了佛学在惠州的传播。[②]

著名的理学家湛若水，在明弘治十四年（1501），入住罗浮山。从学弟子甚多，较著名的有杨传芳、谢宪等，白沙之学因此在惠州获得广泛传播。嘉靖二十一年（1542），谢宪、叶时迎请薛侃讲学于惠州西湖永福寺，薛在惠前后共四年，师从者云集而至，其中李鹏举、叶萼、周坦都是其得意门生。

与此同时，东江地区与外地文化交流出现了新高潮。据不完全统计，明代至少有 91 位客籍名人踏足惠州并留下约 200 篇（部）作品。最著名的有祝允明、王守仁、林大钦、薛侃、张萱等。[③] 清顺、康年间，客籍文人除屈大均、陈恭尹、今释等人外，还有梁佩兰、潘耒、王士祯、朱彝尊、徐乾学、赵宏灿

---

① 徐志达等著：《惠州文化教育源流》，广东人民出版社 2008 年版，第 95 页。

② 祝基棠等主编：《惠州名人》，文心出版社 1999 年版，第 396 页。

③ 惠州市惠城区地方志编纂委员会编：《惠州志·艺文卷》，中华书局 2004 年版，第 10 页。

等近60位著名诗人学者，都写下不少有关惠州的作品。清代大约240名客籍文人先后流连东江地区，创作活跃，前所未有。其中约有47名进士写下记述吟咏东江地区的作品，陈恭尹、江国霖、符翕等50多名书法家留下大批珍贵的书迹，屈大均、宋湘、梁鼎芬、李仲昭、邓承修等名士，对东江地区的人才培育和人文创作产生了较大的影响。尹秉绶任惠州知府时，以重修朝云墓为契机，举办全国性的诗歌征文交流活动。应征者吴锡麒、乐钧等，都是海内名家。重修东坡祠时，因从黑沼中掘得东坡墨砚而发起诗歌唱和活动，参与者除尹、宋二人外，还有翁方纲、赵希璜等，也是当时一流的诗人。①

进入20世纪20年代以后，东江地区的文人学者已不满足于社内、城内的文化交流，而是走出惠州，走出国门，睁开眼睛看世界。不少人出国留学、考察，翻译外国的优秀作品，撰文介绍西方文明。如邓演达，多次到欧洲考察，探索复兴中国革命的道路；黄公柱专门考察欧洲的工业、军事和生产技术；留学德国的廖尚果和他的弟弟廖辅叔，学习介绍西方的音乐。他们以开放的目光了解和描述世界，用以促进国家、乡邦文化的发展。

（四）崇文传统风尚的陶铸

崇文的传统是促成东江地区学术繁荣的重要原因之一，文人结社则是重教崇文的重要表现。文人结社集会，相互酬唱，是东江地区自明初以来逐步形成的人文传统。早在明洪武年间，何贵“即惠州丰湖之滨作为书室，日讲学其中，士大夫多为诗，称其善诗，联为巨卷”，并请好友方孝孺为诗作序。② 东江文人结社，考评编印社员作品并由名儒向全国推荐，此为首例。至民国时期，这一传统得到发扬光大，各类诗（文）社活动兴替不断。清末民初，李绮青等人就发起组织红棉诗社和宏汉学会。稍后，又有“瀹新灯社”，逢元宵佳节前后摆山灯、展览古董字画、演大戏、猜灯谜和打诗钟，参与者非常活跃，产生了不少好的灯谜。1917年，祝嘉祥、祝庆祥兄弟与陈宝贤、严同达、叶文澜等人，又重组西湖诗社于仓圣庙。诗社编印《西湖诗社吟稿》，刊载社员作品。至抗战时期，结社之风依然未减，社集成了人们抒写爱国情怀和表达抗敌决心的理想场所。以张友仁为坛主的荔园雅集，曾顾民、任少游所创办的红棉学社，都曾活跃于抗战时期。兴旺的社集活动使许多作者脱颖而出，同时

① 惠州市惠城区地方志编纂委员会编：《惠州志·艺文卷》，中华书局2004年版，第10页。

② 惠州市惠城区地方志编纂委员会编：《惠州志·艺文卷》，中华书局2004年版，第4页。

也催生了大批优秀作品，是民国时期惠州文艺创作的一个特点。

历代东江地方官员的重视，是崇文重教这一传统得以延续和光大的关键。东江地区学术思想的繁荣与地方官员重视办学是分不开的。明代最具代表性的官员是何真。他是元末明初广东东莞人。何真自元至正十四年（1354）入惠至明洪武元年（1368）降明，在惠州任官14年。在任期间，他崇文兴教，并置义田，办义学，曾筑室丰湖，令其子等读书其中。李明卿治惠三年、林民止治归善，都修学宫。

清代东江地区人文兴盛的几个时期，都与地方行政长官的积极倡导和亲自参与有密切关系。特别是像吴骞、王瑛、尹秉绶这样的知府，对人文教化关乎国运兴衰的道理有深刻独到的认识。他们把崇文重教作为地方施政的重要任务，既是倡导者，又是组织者，同是还是积极投身创作的实践者，成绩卓著，影响深远。

清初东江地区文化教育持续繁荣，其中一个重要原因是知府王瑛的大力倡导。被龚章誉为“境内风流贤太守”的王瑛，本身就是一位诗人，在康熙二十八年至三十四年（1689—1695）任惠州知府的七年间，写下了大量吟咏惠州、罗浮的作品，并以他在惠州府署所筑的小楼命名为《忆雪楼诗集》。王瑛在惠州大力推行崇文兴教的政策，于“干戈之息未久”、百废待举之时，以复兴教育“为政之所先”，买叶氏废园等地建丰湖书院，解决了惠州战乱后儒士无以聚读的问题。此后200余年，丰湖书院一直是惠州培育人才和涵养文化的主要基地。如前所述，王瑛还倾力修治湖山，以为“天地之钟美山川，与其钟秀于人文”同样重要，为政者若只重视人才的培养教育，“至于点缀湖山，则或以为无益之费”，实在是一种偏见。他筑代泛亭、忆雪楼，修元妙观紫清阁并作《白真人不立像说》，请陈恭尹书碑刻石立于阁前，还支持宋广业编纂《罗浮山志汇编》，保存岭南文献。他所做的这一切影响极为深远，在200余年之后的今天仍然可以感觉到。除王瑛外，康熙五十九年（1720）任惠州知府的吴骞也是一位热心文化建设的地方长官。他在任期间，修复野吏亭、六如亭，创建五贤祠，著有《惠阳山水纪胜》、《粤东怀古》等。张友仁称其“有功文献，增饰名胜，点缀湖山，亦与王焕略同”①。尹秉绶在任惠州知府六年，倡导风雅，弘扬学术，多所建树，是继王瑛之后又一位“风流贤太守”。他扩建丰湖书院，亲自向诸生授课，创建丰湖书藏，并延聘翰林宋湘为书院山长。他与宋湘由于历史的机缘同时任职惠州，共同从事崇文兴教的事业，使这座岭

① 惠州市惠城区地方志编纂委员会编：《惠州志·艺文卷》，中华书局2004年版，第10页。

东古郡，一时间成为众多名流关注的文化热点。

重视教育、办学之风的盛行，为东江地区培养了大批学术人才。东江地区入宋后文化教育有长足发展，特别是书院的创建，在岭南地区可谓异军突起，与宋代理学的勃兴及流播互动相成，盛于一时。“宋代广东共有州县学 63 所，书院 41 所，其中较多的是广州、惠州。”东江地区是当时广东教育最发达的州县之一。特别是罗浮、西湖，书院众多，以致有学者提出了“广东在宋代，学术中心地在罗浮”的观点。根据清光绪《惠州府志》及民国《博罗县志》等史志所载资料，惠州于宋代创建的各类书院，有案可稽的不下 14 所，元代则 2 所。[①] 代表了东江地区书院的最高水平的丰湖书院就创建于这一时期，丰湖书院是岭南书院的典型之一。到了清代，王瑛、尹秉绶、梁鼎芬等社会贤达重建和发展了丰湖书院。丰湖书院对东江学风产生了积极而又深远的影响，晚清东江地区所涌现的一大批才人俊杰，大都出自丰湖书院，亲炙过梁鼎芬的教诲。培养的著名学子有江逢辰、李绮青、张蔚臻、许寿田、杨寿昌、祝嘉祥、叶熔煌等，他们是惠州晚清民初文化教育界的佼佼者，对惠州民国初年文坛和学风的影响很大。

四、东江地区传统学术风尚对东江文化的影响

学术研究表达文化的前沿和精髓。东江地区传统学术风尚对于提升、凝炼、彰显并进一步传播东江文化的特质发挥了不可替代的作用。东江地区传统学术风尚打造了东江文化包容开放的内核，孕育了东江文化变革创新的精神，培养了东江文化刚正尚德的品质，熏陶了东江文化经世务实的性格。

（一）对东江文化包容开放内核形成和变革创新精神生成弘扬的影响

从东晋佛道两教在罗浮山的同时传播，到明代理学中陈献章创立的粤宗和王阳明创立的浙宗在东江地区的交流交融，无不彰显东江地区传统学术风尚的开放包容特质。学术领域的这种兼容并蓄、求同存异的风尚哺育了东江文化的多元包容。东江文化的包容性不仅从学术领域，而且从各个层面折射出来。

宗教方面，多教并存。既有佛教、道教寺观，也有基督教、天主教教堂，还有一般民间信仰人物的庙堂，在这里各种宗教均受到尊重，全然没有他处诸教各不相容、占山为王的情形。譬如罗浮山在其最鼎盛时期，有“九观十八

① 徐志达等著：《惠州文化教育源流》，广东人民出版社 2008 年版，第 110 页。

寺二十二庵”之称，到新中国成立前夕仍存在冲虚观、华首台等五观五寺，出现释道汇流、共存共荣的现象。这种情形，据黄敏在《惠州文化特征刍论》中评述，不独见于罗浮山，惠州、博罗等地亦屡见不鲜。

语言方面，粤语、客家话、潮汕话、惠州话在以惠州为中心的东江地区都是社交语言。各种方言可以流行通用，不像周围广州、潮汕、梅州，以一种本地方言为主，东江人大都通晓客家话、粤语、惠州话等多种语言。

风俗和饮食方面，东江人吸纳四方，形成了一种“南北结合，融会贯通，风姿独异”的特色。譬如东江地区春节民间盛行的舞狮习俗，我们既可以看到从开平等地传人的“大头狗狮”，也可以看到属客家狮的“麒麟狮”，还可以见到来自淡水、龙川等地的“斗牛狮”、“扁鼻狮”。而饮食文化中，东江人饮早茶、食豆花，主要是受广府文化的影响，食大笼板则源自客家的“甜板”，品功夫茶则源自潮汕文化，东江酿豆腐、梅菜扣肉则出自中原的包饺子、“东坡扣肉”……总之，惠州饮食文化更呈现着异彩纷呈的局面。

学术风尚的包容开放，不仅打造了东江文化包容的特性，更塑造了现代惠州的包容精神：在人际关系上，惠州人对外来人员热情欢迎，多方兼容，为外来人员提供了优越的创业条件。惠州人没有排外倾向，以海纳百川的宽广胸怀接纳了来自四海的人才。这种包容的精神让外地人迅速融入惠州，在这里安居乐业，把惠州看成自己的家，成为新客家，成为城市发展的新生力量。今天，惠州人更是力求以世界眼光拓展“包容精神”的空间，让不同的国际文化都能成为惠州文化发展的源流，从而实现多元文化的和谐与共生。总之，一代一代学人的践行与传承，使包容开放、兼容并蓄成为东江文化最突出的特征。

从罗浮山道教的三次创新到杨起元“引佛入儒”，变革创新的精神流淌在东江文化的血脉之中。这种变革创新的精神，使得东江地区在辛亥革命时期涌现出一批可歌可泣的民间战士，写下东征、东纵的重要历史。当今惠州广东省现代石化数码产业名城的崛起，其思想支撑就是惠州这座城市的变革求新精神。未来社会发展要靠解放思想、改革创新，未来城市之间的竞争过程就是改革创新的过程，要使惠州在未来的大发展中得胜，必须遵循变革求新之路向。

（二）对东江文化刚正尚德品质生成发展的影响

刚正不阿、厚德载物是东江学人的传统。东江学人崇尚气节，主张“宁鸣而死，不默而生”。如不随波逐流、独树一帜的明代礼部尚书杨起元，忠勇刚正的平叛功臣、明代兵部尚书叶梦熊，敢斗强权载入明史的叶春及，清代的“铁笔御史”邓承修，不入浊流辞官归惠的江逢辰，坚定不屈的国民党左派领袖廖仲恺，刚正无畏的民主革命斗士邓演达等。这些学术名人刚正不阿的品质影响和教育了一代又一代东江人。

首先，培育了东江文化崇尚气节的品格。历史上，东江地区名士当中为反对邪恶、坚守节操而归隐故里，拒绝再仕的例子比比皆是。其中较具代表性的人物有宋代博罗人陈焕。他曾任高要县主簿，任满不仕，飘然归乡，安贫守道，敝衣疏食，崇尚自然，蔑视富贵，终老于家，著有诗集《少微集》。明代北户部主事张萱，任满不就贵州平越太守，屡荐不起，隐居家乡博罗榕溪西园，读书、著书、藏书，世称“西园公”。宋代龙门人廖金风，官至增城尹，宋亡，廖不愿降元，乃匿迹山水、乡村之间，归隐不出。明代归善人姚子蓉，曾任兵部司务，明亡，归隐故里。锦衣卫指挥同知佥事叶维城，明亡，不愿仕清，隐居惠州西湖泌园。历代辞官归隐的东江人还有张政熙、谢宪、陈运、胡世祥等。

其次，培育了东江文化勇于抗争的精神。宋元之际文天祥开府惠州，抗击元兵，最后在海丰五坡岭被执，写下“人生自古谁无死，留取丹心照汗青”的千古名句，其浩然正气，对东江地区知识分子的立身处世产生了深远影响。从吴高的《丽江月色》、陈吾德的《崖山观海》到叶春及的《铜陵吊古》、杨起元的《文丞相忠义传序》，虽然作品体裁各异，讴歌爱国精神却是它们始终不变的主题，及至明末清初，这一优良的人文传统又一次得到生动的展现。当明王朝在惠州一带和清兵作拉锯式的最后争夺时，不少东江士子毅然加入南明政权，支撑危局。姚子蓉、叶维城、叶维阳、叶挺英就是其中突出的代表。这种勇于反抗的精神深深传播于东江的民众之中，从南汉东江人张遇贤率众起义，到元代聂秀卿等领导的农民起义、明代茹白须领导的龙门矿工起义、谭观福领导的龙门瑶民起义，再到清代陈履四领导的博罗天地会起义、陈传俊领导的龙门民军起义，东江民众的反抗斗争不绝于耳，从未停止过。到了近代，面对历史巨变，东江人民的抗争精神更是空前地得到了升华。从翟火姑领导的惠阳天地会起义，到邹新茂指挥的龙门万人起义；从黄福领导的三洲田起义到邓子瑜负责的七女湖起义；从曾天养参与的太平军起义到陈经献身的辛亥反清革命，一次次反映惠州人的抗争精神。抗战爆发后，惠州四陷敌手，许多生活在社会底层的中小学教员、学生、医生、店员和宗教人士等，“位卑未敢忘忧国”，在民族危难之际纷纷加入抗战。

东江文化中这种刚正尚德的精神，奠定了现今东江地区各市建设文化大市、以德治市、脚踏实地大发展的人文精神支撑。

（三）对东江文化经世务实性格的陶冶

以惠州为中心的东江地区，由于地理位置和历史等原因，远离以儒家文化为核心的中原文化，东江地域文化尽管也受到儒家正统文化的影响，但总的来说，还是具有较大的自由度和独立性，受儒家正统文化的影响和束缚较少。比如，虽然明代以后科举考试制度与中原一体化，但是“学而优则仕”的正统儒学科举考试的追求，始终没有成为东江学人的安身立命之本。相反，力求兼济百姓、关注黎民却体现了东江学人的务实关怀。罗浮山葛洪在弘扬道教的同时也注重在百姓中行医济难；杨起元引佛入儒的宗旨在于引导匹夫愚妇皆成为圣人；叶春及的《惠安政书》是为治理惠安县绘制蓝图；叶梦熊的兵学寓实战经验于论著之中；黄公柱的《欧美考察记》在于为国人学习西方技术提供参考，等等。东江学人治学的不尚浮华、不求富贵、经世务实态度不断传承下来，使得务实求真、脚踏实地成为东江民众的集体性格。正是这种性格使得历史上的东江人能够以宽广的胸怀容纳各种外来文化，更是今天的惠州能够海纳百川，吸纳一切有利于自身发展的外来文化和人才的文化密码所在。

历史上经世务实的文化传统，对今日惠州等地求真务实、脚踏实地的建设和发展起着相当重要的作用。

第五章　东江地区传统文学艺术

东江地区传统文学艺术，作为一种物质遗存和历史文献两个层面上的符号系统，是东江区域性文化最重要的象征物和文化载体之一。在东江文化体系中，包括传统文学（细分为诗、词、文、民间文学、西湖作品专题和苏轼寓惠作品专题）与传统艺术（细分为传统音乐戏剧、舞蹈竞技、工艺书画和建筑遗存）两大部分。在其形成演变的过程中，体现了东江文化多元化的显著特征，同时丰富和凸显出东江文化深层内涵。

一、东江地区传统文学

惠州在隋唐已是“粤东重镇”，至今已1 400多年，一直是东江流域政治、经济、军事、文化中心和商品集散地。从初唐到清末一千多年间，有430多位中国名人客寓或履临，尤其是众多东江本土人才的不断涌现，留下的大量诗文作品，使东江地区传统文学内涵日益宏富。

（一）东江地区传统文学概述

东江地区传统文学最系统的成果，以《惠州志·艺文卷》为标志。因而，此处以艺文专志作为对东江地区传统艺文的分析对象。艺文卷收录唐代至1987年的人文社科作品4 132篇（部、首、条），作者824人（不含民间文学作者），其中东江籍作者419人，非东江籍的外地作者404人，不明籍贯者1人。除民间文学作品外，其他作品按写作时间分，隋代1篇，唐代5篇，宋代779篇（副、幅），元代7篇，明代325篇（幅、副），清代861篇（部、幅、副），民国607篇（部、首、幅、副），新中国成立后1 005篇（部、首、幅、副）；不明朝代的古代对联12副。①

东江文学史上，出现了宋、明、清、民国、新中国五个繁荣时期。例如，

① 惠州市惠城区地方志编纂委员会编：《惠州志·艺文卷》，中华书局2004年版，第20页。

宋代梅蟠作诗近千首。苏轼寓惠期间，写作诗歌200多首，文章360多篇。明代有“湖上五先生”。清代，文人集会结社，赋诗作文，盛极一时。“五四”新文化运动时期，省立第三中学（今惠阳高级中学前身）教师黄佐文等提倡写白话文，组织学生以“焚毁劣货记”为题进行创作。抗日战争和解放战争时期，革命文学创作直接服务于民族和人民解放战争。黄绍裘的《火烧屋》、黄映楼的《敌退》等作品，揭露了日寇的罪行。

东江地区传统文学，是以文学形式对东江地区性空间现象及其情感内涵的描写。从这个视角看，东江地区传统文学写作是一种地区写作，即通过地区和空间写作，表现地区独特的生活经验、地区风情和地区精神，给予地理景观以社会意义，并揭示地区意义变化和意义实质。地区性文学作品的出发点，一般关注、传达和继承的是一种主观性的地区性经验和地区性理解，主要包含某种地区性地理景观的情感性含义，即某一地方在特定时期内含有的情感结构。一方面，文学世界是一种物质世界，文学世界由物质性的位置、背景、场所、边界、视野、地平线及其各种人工附着物组成。任何一部文学作品均可能提供形式不同的有价值的地理知识。另一方面，文学世界是一种人学世界，文学世界的内部角色、讲述者、受众者占据着不同的地点和空间。人的这种流动性与空间的关系，使得文学作品可以赋予空间关系不同意义，并通过描述地理的方式，用作品自身结构对社会结构形成阐释。文学作品的这种主观性，与不同的生活经验和知识结构相对应，给予地点与空间以社会意义。因此，文学作品，一方面创造地方；另一方面影响某种地区理解、地方体验、生活经验和世界认知。笔者对东江地区传统文学的考察，主要从这两个方面展开：一方面，东江地区传统艺文逐渐创造结晶出地区性的东江文化；另一方面，东江地区文化又构成了一个地区性的文化空间，其中由东江人在不同历史时期创造出不同的地区经验和地区意义。

（二）唐宋元：文化初创

明以前，岭南文化落后于中原文化。所以，存在一种空间布局上的文化二元论，即中原中心论和岭南边缘论。岭南，在明以前，以土著文化为主。自东晋至宋，以贬谪文化为主，中原文化在东江流域开始传播。一方面，中原中心文化输入岭南边缘文化之中；另一方面，唐宋贬谪文人的文学作品作为一个载体和管道，把东江流域的中心城市惠州作为一个地区写作对象导入中原中心文化的文学文本之中，即唐宋贬谪文人的文学作品开始创作出了一个地方文化，尤其以惠州西湖文化最为典型。因此，唐宋元时期，是东江文化的滥觞期，是以贬谪文人为主要创作群体的地区写作的初始时期。

唐宋元时期，是东江地区文化的初创时期，创作主体以唐宋贬谪文人为主。早期中原文化在东江流域的传播有这几个标志性事件。一是在秦时，统一岭南，并设三郡，开始把岭南地区正式纳入中原制度文化系统。二是在东汉末期，当惠州还是“邑而为郡”时，僧文简“挂锡栖比”，在惠州西湖边设伏虎台，传播佛教文化。三是在晋时，道教丹鼎派岭南代表葛洪，先居广州，创三元宫，后居罗浮山，采药炼丹，著书立说，计近千卷传世。四是在唐宋时期，东江流域以惠州为中心成为贬官流放地。唐代，卢纶、刘禹锡、裴夷直、殷尧藩等诗人的一些作品，描述了古循州“地说炎蒸极”，“犀象满城邑”的生态环境和“越女收龙眼，蛮儿拾象牙”的地方风俗。刘恂的《岭表录异》，也记录了古循州“野象牙小而红”，“循人”争食象鼻以及用桴木作油画履的独特风情。① 五是在北宋时期，以贬官文人为主体的地区文化的初步创作，形成以后区域文化传统的初步基础。北宋时期，现存最早记写东江地区中心城市惠州的作品，是余靖作于康定二年（1041）的《惠州开元寺记》。宋绍兴年间，曾任高要县主簿的博罗县人陈焕，任满之后回乡居住，著有诗集《少微集》。苏轼寓惠两年七个月，创作诗词200多首。其中，他在惠州太守东堂所作“罗浮山下四时春，卢橘杨梅次第新，日啖荔枝三百颗，不辞长作岭南人”，传诵至今。苏轼还作有《题罗浮》一文，用248个字具体记述他在罗浮山一天半活动的全过程。唐庚在惠州所作的杂文，例如《益桥铭》、《游汤泉记》、《射象记》、《易庵记》和《斗茶记》等，“文实与道俱，属意遣词，必存药石之道，或以箴世，或以自明，体高而妙，词严以精。……如万顷之澜，浩然东下，崩腾曲折，尽水之变，终而覆之，才数百言尔，此其所以为奇”②。唐庚是继苏轼之后，在谪居惠州期间创作颇丰的另一位宋代著名诗人，时人称为“小东坡”，“至被谪南迁，其文益工”，从政和元年（1111）正月至政和五年（1115）九月，在惠州住了将近五年，所作诗歌、杂文300余篇，被誉为“人越穷而文越富”。唐庚的寓惠诗属对精切，句律流丽，“曲尽南州景物，略无迁谪悲酸之态”③。北宋诗人彭汝砺、刘贡父，抗金名将李纲，南宋大诗人杨万里和刘克庄，词人白玉蟾，也曾先后踏足惠州，写下不少作品。

---

① 惠州市惠城区地方志编纂委员会编：《惠州志·艺文卷》，中华书局2004年版，第158、315页。

② 惠州市惠城区地方志编纂委员会编：《惠州志·艺文卷》，中华书局2004年版，第316~319页。

③ 惠州市惠城区地方志编纂委员会编：《惠州志·艺文卷》，中华书局2004年版，第3页。

宋代东江籍作者群体略显单薄，流传下来的作品也很少，属于区域文化支流，依附于来自中原文化区的贬官文人创作的中心文化。地区作为文化群体的出生地和生长地，这些关联点构成重要的因素。地区写作，是文本的一种纯地理构建。区域文化，是一种标准的文化地理现象和空间结构模式。区域可以成为一种能够依附的安全的文化家园，同时当地人的活动又受到这种区域文化的限制。区域文化群体，作为地区写作的主角，一方面离开区域，与外部世界发生联系；另一方面又回归区域，在个体和群体双重层面上完成地区建构。地区创作主体的这种流动性，形成地区文化创造和传承关系的转变，形成区域文化的主题。如陈楠，是道教金丹派“南五祖”之一，著有《翠虚篇》，曾作《盘栊》、《箍桶》二颂，超悟有如禅语，在岭南地区流传颇广。又如留筠和留元崇，父子二人均有诗才。元崇雅好仙释，时至罗浮，吟咏殆遍。《粤东诗海》录其诗六首，均咏罗浮，故陈融《论岭南人诗绝句》说元崇诗“尤多深致罗浮影”①。再如，宋代有两位高产的东江籍作家：梅蟠、陈鹏飞。梅蟠，辞官回乡后，隐居湖畔，作诗近千首，著有《罗浮山人诗集》，他晚年居宅在今元妙观内。《惠州府志》说梅蟠“凡惠之江山，留题千首”，可惜现在除《全宋诗》录有一首《何仙姑祠》外，只有两首的残句，其中《登第》诗残句：“沧海有风鹏翼健，青云得路马蹄轻。”② 陈鹏飞，原籍浙江，进士出身，因得罪秦桧被贬居惠州，著有《罗浮集》十卷、《诗书春秋解》、《管见集》等书。六是在元代，客籍作者有关惠州的作品留存不多，其中以大学者危素的《惠州路东坡书院记》最为有名。一般而言，地区写作是一种文化空间创作。一方面，用当地人的活动定义地区地理；另一方面，用地方文献使其系统化和符号化。在唐宋元东江文化初创时期，东坡文化、东樵宗教文化、东江寓惠文化已经形成东江文化中的初步要素化现象。

（三）明代：文化自觉

有明一代，是东江地区文学发展的文化自觉时期。一方面，由唐宋时期贬官文人为主体的创作队伍传递的中原中心文化，初步构成了区域文化传统的历史环境和社会环境，即一种区域文化的传统环境；另一方面，东江地方文人在早期区域文化传统环境中生成，并趋向于本地化发展，出现了一种地方写作的

① 惠州市惠城区地方志编纂委员会编：《惠州志·艺文卷》，中华书局2004年版，第156、157页。

② 惠州市惠城区地方志编纂委员会编：《惠州志·艺文卷》，中华书局2004年版，第156页。

文化自觉现象，形成了以地方文人作为创作主体的地方文化的本土文人队伍。例如，元末明初的何真父子与“南园五子”，明朝中叶的岭南理学，明朝万历年间的“湖上五先生”，都是这种地方写作文化自觉的表现。总体上来说，元、明时期地区写作的本土作家形成了一种文化自觉的创作主题。例如，惠州人王度、吴高、钟雅、姚祥、郑维新、谢宪、王守充、叶春及、孔少娥（女）、李学一、叶梦熊、杨起元、翟绍高、叶世俊、叶维阳、庾楼、姚子庄、骆鸣雷等，作出大量诗歌。王度的《橄榄诗》很有名；钟雅长于词；孔少娥有《点翠洲》流传；杨起元有《文懿诗集》等；叶维阳有《窦公祠记》、《水晶鱼》等；明万历年间举人、博罗县人韩晃，曾任浙江青田知县，任满后回乡写作，著有《罗浮野乘》、《梦游唱和集》、《竹素园诗文集》等。总体而言，东江地区传统文学至此臻于成熟，形成了自成体系和有影响力的文学创作和学术群体。

一是元末明初的何真父子与“南园五子”。元朝末年，东莞何真称雄岭南，著名的“南园五子”[①] 被招至幕中，“岭南人文号集盛”。何真长期居住在惠州方山，与其子何荣（耀光）、何贵（奉先）、何宏（彦先）有诗名。何真父子在惠州崇文兴教，在宋濂的《惠州何氏先祠碑》和方孝孺的《丰湖诗室序》中有记述。明洪武年间，何贵“即惠州丰湖之滨为书室，日将学其中，士大夫多为诗，称其善诗，联为巨卷”，并请好友方孝孺为诗集作序。[②] 东江文人结社，考评编印社员作品并有名儒向全国推介，此为首例。

二是明中叶的岭南理学。明代中叶，理学繁荣，新会陈献章（白沙）所创立的粤宗和余姚王阳明所创立的浙宗，终明之世以至于清初禁讲学、大兴文字狱止，其间300余年间盛行此学。东江地区由于地理位置和历史机遇，成为两学派流播交融的地方。白沙学说是岭南文化的产物。白沙的传人湛若水，六岁随父来惠避祸九年，此后又因欣赏惠州学者叶春芳学问纯正，让两个儿子随其学习，与惠州渊源甚深。嘉靖十九年（1540），湛氏致仕后即讲学于罗浮山，从学者几近四千，其中东江人中较著名的有杨传芳、谢宪等，白沙之学因此在东江地区获得广泛的传播。嘉靖二十一年（1542），谢宪又与叶时等人迎王阳明门人薛侃至丰山永福寺，请他宣讲阳明良知之学，“学者闻风而至，接引不倦，归邑李鹏举、叶萼尤日侍讲席”，多与辨析。曾编纂《惠州府志》的

① 惠州市惠城区地方志编纂委员会编：《惠州志·艺文卷》，中华书局2004年版，第12页。

② 惠州市惠城区地方志编纂委员会编：《惠州志·艺文卷》，中华书局2004年版，第324、115页。

归善学者刘梧，字继美，自号古狂，更“与薛侃辨心性十余书，侃不能难。尝作自赞曰：不朱（熹）不陆（九渊），不湛（若水）不王（守仁），远观之刘继美，近观之刘古狂”[①]。杨传芳著有《三字经》等书七种。谢宪著有《周易竹书》和《通纪私见》。叶萼不但将薛侃未完稿的《鲁论真诠》追续成书，还著有《诗书精释》、《合图易疏》、《方壶漫游》等书九种，是东江地区这一时期著述最丰的学者。

三是明万历年间的“湖上五先生”。万历年间，东江地区人文学术繁盛。叶时的儿子叶萼，叶春芳的弟弟叶春及、儿子叶梦熊，李鹏举的儿子李学一，杨传芳的儿子杨起元，皆渊源家学，文章道德、勋业节操显耀一时，被称为“湖上五先生”，是这一时期的代表人物。杨起元的理学、叶梦熊的兵学和叶春及的方志学，在全省乃至全国产生了一定的影响。叶春及著有《炯斋先生文集》、《石洞诗格律》、《崇文榷书》等，所著《石洞集》，是清《四库全书》著录的唯一一部东江籍人的著作。叶春及《石洞集》卷十七、十八载其各类诗作308首，朱彝尊《明诗综》录有他八首诗，称“春及虽以讲学闻，诗宗杜陵，不堕程邵门户”[②]。叶梦熊用兵以攻心为上，尤善车战，时有民谚称赞说：“轻车便道，无往不利，叶公有焉。”他善于总结经验，曾举实战之例，“采史事以政之”，写成《运筹纲目》八卷和《决胜纲目》十卷，被清《四库全书》存目。屈大均《广东新语》指“其《战车录》一书，奇奇正正，靡不备极，古今兵法一览而犁然在目”[③]。此外，他还著有《华云集》。这些著作，唯在张萱《西园闻见录》里，可以看到他关于御敌制胜的几节议论。[④] 李学一，隆庆二年（1568）进士，官至苑马寺卿，登第后作有一首《盆菊吟》。其诗被《粤东诗海》选录五首，有遗著《文轩公集》存世，惜“残缺尚多，未觏全豹”[⑤]。杨起元师从罗汝芳，“用白沙余绪，而演罗近溪近脉”（明沈德符

① 惠州市惠城区地方志编纂委员会编：《惠州志·艺文卷》，中华书局2004年版，第747、755页。

② 惠州市惠城区地方志编纂委员会编：《惠州志·艺文卷》，中华书局2004年版，第7页。

③ 惠州市惠城区地方志编纂委员会编：《惠州志·艺文卷》，中华书局2004年版，第340、341页。

④ 惠州市惠城区地方志编纂委员会编：《惠州志·艺文卷》，中华书局2004年版，第172、307、755页。

⑤ 惠州市惠城区地方志编纂委员会编：《惠州志·艺文卷》，中华书局2004年版，第8、757页。

《获野编》），成为粤中浙派理学的重要一支。① 他先后在惠州丰山和南京设席布道，求学者甚多，“得片言只字，咸曰岭南杨夫子之书，天下士家不藏先生书，识者以为未尝学”（明周以典《文懿复所先生传》）②。他是当时的“文章八大家”之一，著述多达30余种，其学术和著作有着广泛影响。由于他“学不讳禅”③，被正统的程朱理学视为异端。他的理学著作《识仁篇》、《证学篇》、《诸经品节》及《杨文懿集》，都只在《四库全书》存目。陈融评论杨起元诗作说：“此老寻诗理窟间，五言长律特安闲。”④ 杨起元在东江地区有众多门生，其中较有名的是陈运和黎遵指。

有明一代，东江地区约有37位有影响的作者，著书124部，其中地方志19部。嘉靖、万历两朝93年中编修出版13部，平均七年一部，是东江地区历史上修志最多的时期。本地作者除上述之外，还有吴高、钟雅，最早见于史载的惠州女诗人孔少娥，以及叶天祐、叶世俊、姚育秀、姚祥、郑绍武、翟绍高、陈廷谔、刘挺萃、孔学周、卢琚等。

在明代，东江本土与外地的文化交流出现了新高潮。据不完全统计，至少有91位客籍名人踏足并留下约200篇（部）作品。他们除了博罗、东莞等东江地区本土外，大多来自广东的南海、顺德，以及浙江、江西、福建等地，其中有进士40多位，最著名的有祝允明、王守仁、郭棐、林大钦、薛侃、张萱、魏浣初、韩日缵等。

可见，在明代东江区域文化自觉时期，一方面，中原中心文化对东江流域的影响进一步强化；另一方面，东江区域文化的本土化也开始进入文化自觉时期，出现了东江流域本土作家群和东江地区对文化传统要素的自觉继承现象。

（四）清代：曲折发展

有清一代，东江地区的文学创作，在清朝统治的大背景下受到制约，呈现一种曲折发展的形势。清代东江区域文化的曲折发展过程可以分为如下五个时期。

---

① 惠州市惠城区地方志编纂委员会编：《惠州志·艺文卷》，中华书局2004年版，第351、753页。

② 惠州市惠城区地方志编纂委员会编：《惠州志·艺文卷》，中华书局2004年版，第111、331页。

③ 惠州市惠城区地方志编纂委员会编：《惠州志·艺文卷》，中华书局2004年版，第754、756页。

④ 惠州市惠城区地方志编纂委员会编：《惠州志·艺文卷》，中华书局2004年版，第243页。

1. 明末清初时期：岭南遗逸和叶氏名园

东江地区，不是简单的二维地图，而是包含东江流域地方生活、地区体验和区域历史的复杂的立体“地图”。东江区域文化，是一种历史发生地，也是一个地区意识和国家概念交错的地理空间。东江地区文化，在特定时期内，构成一种复杂地理空间，在其中，地方归属感和国家意识以不同方式共同作用。例如，东江流域中心城市惠州一地，既是宋亡而抗元、明亡而抗清的最后战场之一，又是元末何真举广东之籍归顺明朝的策源地。文天祥当年驻节惠州，抗击元兵，最后在海丰（时属惠州）五坡岭被执，写下了“人生自古谁无死，留取丹心照汗青”的千古名句。吴高的《丽江月色》、陈吾德的《崖山观海》、叶春及的《铜岭吊古》、杨起元的《文丞相忠义传序》，均寓崇尚民族气节的主题。东江士子在南明救亡失败后，有的隐遁乡园，结茅著书，姚子蓉、叶维城、叶维阳、叶挺英便是其中突出的代表。他们和托迹在东江地区的今释、陈子升、屈大均、陈恭尹、何绛等一批岭南遗逸，共同形成了一个具有规模的作家群体。惠州两处叶氏名园——沁园和兼园，就是他们诗歌文宴的主要场所。例如，今释的《鹅城唱和诗》、陈恭尹的《独漉堂集》以及屈大均的《翁山诗外》，其中有许多作品，都对当时的人物和场景作了真实记录，是了解明清之际东江历史面貌的重要资料。沁园主人叶维城，系叶梦熊孙，曾以祖荫袭锦衣卫指挥同知佥事，明亡后归隐湖上泌园，“闲中岁月耽山水，乱后文章托管弦”①。叶维城以百金赎归流落市井的明正德皇帝御琴绿绮台，屈大均、今释、何绛等都因此赋悲慨长诗，惜其文现仅存一短文《迟苏阁记》。兼园主人叶维阳，与叶维城是同宗兄弟，也是前明世家出身，曾任广西桂林府同知、南明朝廷的中书舍人。明亡后隐居惠州，在府城水门南山筑兼园以居，今释有《兼园记》对这座清初名园作了详细的介绍。除今释外，陈子升、屈大均、陈恭尹等都是兼园的贵客，在他们的诗文集中均有与维阳的酬赠之作。

2. 顺治、康熙年间：前明余绪和“岭南四家”

顺治至康熙年间，清廷统治日渐稳固，但是思想文化大体还是接续前明余绪。诗人姚子庄和龚章是其中较为突出的两个代表。姚子庄是清初岭南有名的诗人，“文章声气通海内”，与程可则、梁佩兰、廖文英并称为“岭南四家”，著有《姚六康集》等11部著作。他的《罗浮梦梅》迷离幽美，被梁善长《广东诗粹》誉为“刻划精细”之作。人评“其诗屡变，将进于古”。他本是明崇祯六年（1633）举人，入清后为副贡生，出任过石埭（今安徽石台）知县，

① 惠州市惠城区地方志编纂委员会编：《惠州志·艺文卷》，中华书局2004年版，第205页。

任后与姚子蓉、今释、屈大均等仍然经常有诗书往来。邓孝威《诗观》说子庄诗“感慨悲凉，文通、子山之亚也”[①]。龚章是顺治十七年（1660）解元，康熙十二年（1673）进士，授翰林院检讨。不久隐惠著书，与王瑛、陈恭尹及邑人叶适等相酬唱，著有《澹宁堂集》、《晦斋集》等。诗擅近体，宗元鼎《名家诗成》录其27首，论者以为皆“温和秀拔，在右丞、嘉州之间”[②]。他和王瑛的《湖上送春》七律五首，婉秀蕴藉，字里行间缭绕着一缕淡淡的忧思，非情性深挚者不能语。此外还有叶适，系叶挺英子，著有《西村集》和《国朝诗采》；姚璩，著有《善余堂诗集》和《灾异录》；姚子莩著有《唤作楼集》；姚绪祖著有《方山诗草》和《北征吟》；任若埒著有《西湖杂咏》等三书；严毓元著有《憨园集》等四书；以及黎应时、叶自发等有作品印行的文士约20人。他们的著作大都已散佚，仅存的个别篇什为吟咏风景之作，思想略空乏，骨格近柔弱。顺、康年间，客籍文人除上述屈大均、陈恭尹、今释等人外，还有梁佩兰、藩耒、王士祯、朱彝尊、徐乾学、赵宏灿等近60位著名诗人学者，都写下过有关东江人文自然的作品。清初，东江文坛繁荣的一个重要原因是知府王瑛的力倡。被龚章誉为“风流贤太守”的王瑛，在康熙二十八年至三十四年（1689—1695）任惠州知府的七年间，写下大量吟咏惠州、罗浮的作品，并以他在惠州府署所筑的小楼命名为《忆雪楼诗集》。其中《湖上送春》十首，“用委婉笔调，寄深沉感慨，隐见黍离之悲、故国之感”[③]。

3. 雍正、乾隆年间：文禁时期和文字狱

清雍正以后，统治者强化文网，对南方士子整肃力度日益加大。雍正在广东所兴的首宗文字狱，为屈大均案，其作用被指为“文中多有悖逆之词，隐藏抑郁不平之气”，结果被“戮尸枭示，亲属缘坐，诗文毁禁”。和惠州关系密切的诗僧今释，也遭到严厉打击，乾隆皇帝指认其“《遍行堂集》语多悖谬，必应毁弃，即其余墨迹墨刻，亦不应存”，着令将所有今释碑石立即“椎碎推仆，不使复留于世间”。明亡以后屈大均多次作客惠州，其“悖逆之词”，许多见自他在惠州酬唱的作品，而今释流传在惠的“墨迹墨刻”，即姚氏子蓉、子庄，叶氏维阳、维城四家所藏已不止百数十处，因此他们也受到牵连，

① 惠州市惠城区地方志编纂委员会编：《惠州志·艺文卷》，中华书局2004年版，第12页。

② 惠州市惠城区地方志编纂委员会编：《惠州志·艺文卷》，中华书局2004年版，第22页。

③ 惠州市惠城区地方志编纂委员会编：《惠州志·艺文卷》，中华书局2004年版，第43页。

著作被严加查缴并彻底销毁，当年诗酒文宴的场所沁园和兼园，也因此而“废苑久无花木气，故山空有绮罗烟”。乾隆三十七年（1772），檀萃来游惠州，在《楚庭稗珠录》中记述“昔日歌舞台馆”变成“今日败瓦颓垣”的景象：“城内多高第，剥落不堪。旧家子弟无以自存，多补黑衣之数。弓衣挂壁，马矢满街，昔日诸大老富贵风流，杳日不可得矣。”[①] 雍正、乾隆时期，“诗易兴狱”，惠州文坛了无“盛世气象”。期间出现过蓝鼎元、张九钺、李文藻、李调元等名人雅士有关惠州的作品，但多一时遣兴，无多大影响。本土作家除进士廖贞著有《撷秀楼集》等九部著作外，其余则寥落不彰。

4. 嘉庆、道光年间：文弛时期和丰湖书院

嘉庆、道光年间，文禁日渐松弛，东江地区文坛逐步振复。一批名士在东江流域任府、县长官或主讲丰湖书院。如惠州知府尹秉绶、罗含章、杨希铨、江国霖，归善知县刘士棻，丰湖书院主讲宋湘、李仲昭、顾椿、林兆龙、王增芳、蔡锦泉、何有等。尹秉绶，在任惠州知府六年，是继王瑛之后又一位“风流贤太守”。他扩建丰湖书院，亲自授课，并延聘翰林宋湘为书院山长。宋湘有“岭南才子”的美誉，又是清代中叶岭南四大书家之一。尹、宋在当时全国文坛均属名流，同时任职惠州，使这座岭东古郡，一度成为众多名流关注的文化热点。尹秉绶还在准提阁建无碍山房，政余之暇与宾客门生、地方俊彦作文酒之会，东江文坛因此重现生机。刘统基、黄烯、蔡应嵩、陈熙昌、江鹏翥等人，共著书 24 部，其中以刘统基和黄烯最有名。张维屏在《国朝诗人征略》中说：“嘉庆初惠州（府）诗人，赵希璜（长乐人）、刘统基、黄烯而已。”[②] 刘统基著有《南石山房诗钞》和《玉壶山房诗话》，黄烯著有《丛珠堂集》和《维扬怀古诗》。嘉、道年间，客籍文人在惠州文坛活动频繁。尹秉绶《留春草堂诗钞》，有不少寓惠作品。李仲昭，主讲丰湖书院六年，在南湖筑今是园而居，生性爱梅，人比为杭湖的林和靖，有咏梅诗 30 首。此外还有李黼平、张维屏、陈昙、何南钰、徐旭曾等著名的岭南诗人，以及阮元、戴熙等名士，都在惠州留下过作品。

5. 晚清咸丰、同治、光绪年间：诗社文社和桃园文酒之会

晚清时期，国家陷于危机，文学多现实主义作品。例如，陈寿祺自少从舅父韩荣光作诗习画，曾与江鸣鹤等结海天诗社于鹤峰招鹤庐，酬唱盛于一时，

---

① 惠州市惠城区地方志编纂委员会编：《惠州志·艺文卷》，中华书局 2004 年版，第 35、38、132、345 页。

② 惠州市惠城区地方志编纂委员会编：《惠州志·艺文卷》，中华书局 2004 年版，第 27、134 页。

有《护萱草堂集》传世，在晚清惠州诗坛中占有重要的一席。陈寿祺《哀鸿叹》，诗的首句“前年遭兵戈”，指的正是咸丰四年（1854）在惠州爆发的翟火姑起义。[①] 晚清李绮青和江逢辰的词，在全国都有影响，是民国惠州词人、词作全面兴盛的先声。江逢辰是清代东江地区的最后一名进士，也是晚清东江地区最著名的诗人和书画家。李绮青说他“为诗初效唐贤，晚规宋格。自游广雅，再客武昌，师友得证渊源，江山益加神助。故能敷辞绵丽，持律精严”。词则“于宋人白石、碧山为近”。书法受同乡邓承修影响，尊尚魏碑，运笔方圆并用，“挺劲自然，妙于结构，看似未尽精熟，但却因其生涩而别具一种奇姿谲采”[②]。后人辑有《江孝通遗集》19 卷，其中最后两卷，共收词 209 阕，是东江文人最早的一部词集。李绮青先后出版了《听风听水词》和《草间词》，分别收录辛亥革命前后的词作 119 阕和 70 阕。他是清光绪十六年（1890）进士，官至吉林宁安知府，是清代惠州最著名的词人。叶恭绰《广箧中词》评道：“汉父丈为词卅载，功力甚深，清回丽密，可匹草窗（周密）、竹屋（高观国）。”钱仲联的《近百年词坛点将录》则封绮青为“小李广花荣”，誉其词“上接翁山（屈大均）”，“为岭表词场之射雕手”。陈永正《岭南文学史》评论他在吉林任宁安知府时的“绝塞词作”，如《庆宫春·夜宿沈阳有怀》、《摸鱼儿·宾州访五国城》等，“一洗前人词中常有的哀愁情调，于苍莽中见豪放之致”。又称绮青词长于咏物，尤以《水龙吟·木棉》为著，是把木棉称作“英雄树”的较早的一位词人。[③] 他亦工诗文，有《倦斋吟稿》。晚年以卖文为生，旅食京华。李绮青还继承了东江文人好结诗文社的优良传统，先是与江逢辰、张蔚臻在西湖结红棉诗社，后又与李丹麟等组织了惠阳宏汉学会，出版学术文艺刊物《循报月刊》。这个宏汉学会还每季征文，由客居北京的李绮青负责出题，所出的题目除了经史、地方掌故与文物考据之外，还有山水、花木、游览题咏的诗词，又或以自己的作品征人和作等等，课卷汇齐后从惠州邮寄北京，请他阅卷评定甲乙，并发给一定数目的奖金。晚清时期，邓承修、梁鼎芬、陈澧、黄遵宪、石德芬、刘湝年、张联桂、吴道镕、杨霁、丘逢甲、康有为、徐琪、汪兆铨等著名的客籍文人，均有描述东江山水人文的

① 惠州市惠城区地方志编纂委员会编：《惠州志·艺文卷》，中华书局 2004 年版，第 28、187 页。

② 惠州市惠城区地方志编纂委员会编：《惠州志·艺文卷》，中华书局 2004 年版，第 31、190、765 页。

③ 惠州市惠城区地方志编纂委员会编：《惠州志·艺文卷》，中华书局 2004 年版，第 34、194 页。

作品行世。

清代东江地区也出现一批本土作家和大量著作。清康熙年间归善县举人李斌喜，著有《养和斋诗钞》。曾任贵州平越、锦屏知县的清雍正年间归善举人廖贞，著有《离骚注释》、《杜诗注释》，以及诗集《撷秀楼集》、《黔游草》、《罗游唾语》等。清嘉庆初年（1796），黄烯著有《丛珠堂诗集》、《维扬怀古诗》，刘统基著有《南石山房诗钞》二卷。清道光年间，博罗举人韩荣光，著有诗集《黄花集》初集、二集共12卷。清光绪举人，曾任道员的归善县人黄振成，著有《怡园诗集》。清咸丰年间任大鹏协副将的归善县人张玉堂，自称翰墨将军，擅长兰竹诗，著有《公余闲咏》集。清末江逢辰、李丹麟等，常在归善县桃子园（今桥东）集会赋诗作文，被称为桃园文酒之会。江逢辰被梁鼎芬誉为“行尽江山见此才”。李绮青等组织“惠阳宏汉学会”，创办综合性刊物《循州月刊》，按季举行征文活动。李绮青著有《倦斋诗文集》、《草间集》、《听风听雨词》等。清末出现了现实性诗作，如黄植桢《山馆感秋》、王映楼《登越秀山抒感》等。

有清一代，约240名客籍文人先后涉足惠州，创作繁多。其中约有47名进士写下记述吟咏东江山水人文的作品；陈恭尹、江国霖、符翕等50多名书法家留下大批珍贵的书迹；屈大均、宋湘、梁鼎芬、李仲昭、邓承修等名士，更对东江地区崇文重教产生了较大的影响。

清代东江地区人文兴盛的几个时期，都与地方行政长官的积极倡导和亲自参与有密切关系。如知府吴骞、王瑛、尹秉绶，成绩卓著，影响深远。

可见，清代东江地区写作繁荣，但其特点是在曲折中发展。这种曲折特征有两种表现。首先，从传统要素的继承角度来看，文学空间中的地区写作，可以形成一种意识形态：地区族群和个体受限于区域文化，当地人的行为和精神都受限于这种空间关系。地区经验形成一种社会意义，构成一种地理经验与自我认同之间关联的断裂和传承。如清初岭南遗逸和前明余绪的区域文化特征。其次，从地区写作的自我证明角度来看，文学文本中的地区空间，书写地区内部与外部世界的联系，在这种内外联系中使得地区空间结构化。例如，客籍文人与惠州本地文人的酬唱文风。因此，一方面，东江地区传统文学作品具有构造区域文化的空间含义；另一方面，客籍和本地文人两种文本中空间之间的相互关联，构成区域文化传统的证明和传承关系。

（五）民国时期：要素扩展

自民国始，一方面，东江区域文化的地区文学创作开始注入现代性要素，即开始一种书写现代性或现代性创作；另一方面，东江传统文本中的传统性要素作为一个环境变量和基础背景，在这种现代性的地区写作中得到进一步传承和发展。从现代性要素的介入角度来看，民国时期东江文学创作可以划分为以下五个时期。

1. 清末民初时期：辛亥革命和东征文化要素

以惠州为中心的东江地区是辛亥革命时期孙中山武装反清的策源地之一，也是1923年至1925年广东革命政府东征陈炯明、巩固革命根据地的主要战场。梁镜球的《青年鉴》、林典煌的《革命党人在惠州》和冯自由的《丁未七女湖之役》，真实地记录了东江地区抗清的革命活动。孙中山的《在东江前线致邓演达书》、古应芬的《孙大帅东征日记》、梁镜球的《惠州围城战画笔记》和《杨坤如的布告与刘志陆的电报》、李春涛的《下惠州》、姚雨平的《寄陈炯明》、梁鼎铭的《惠州战绩图》、绍唐的《惠州血》等作品，以及惠阳县农民协会成立宣言、惠州工会办事处关于惠属工人运动的报告等革命文献，均展现了1925年前后广东革命政府征讨陈炯明以及惠州工农运动状况，极具历史价值。这一时期邓演达是其中的杰出人物。邓演达是我国著名的政治家、思想家、军事家，中国农工民主党创始人，中国共产党的亲密战友。他精通政治、军事、经济、哲学等各门科学，主要作品编成《邓演达文集》和《邓演达文集新编》，约50余万字。此外，自明初以来逐步形成的文人结社集会等人文传统，至民国时期，各类诗（文）社活动兴替频繁。民国初年，东江文人祝嘉祥、黄植桢、叶文澜、李万青、叶秉机、黄绍裘等在西湖红棉水榭组成“西湖诗社”，诗社编印《西湖诗社吟稿》，刊载社员作品。以后，张友仁、张凤子、王映楼、任少游等文人集会，创作了大量诗文。王映楼工诗文，著有《王映楼日记》等；张凤子长于词，著有《宋词纪事》，诗作《永福寺》被收入《惠州西湖志》；张友仁诗文清新俊逸，著有《扶藜集》、《荔园诗存》等。如前所述，早在清末民初，李绮青等人就发起组织红棉诗社和宏汉学会。稍后，又有“瀹新灯社”，逢元宵节前后摆山灯、展览古董字画、演大戏、猜灯谜和打诗钟，杨固初和王映楼都是当时有名的制谜高手。即使是战乱时期，文社活动也未曾休止。如1923年惠州被围，叶史材、黄植桢、李覃量等人聚于方山是园“叠韵之作，无日无之”。黄植桢的《方山是园记》，李覃量的《梅隐山房图》等，都是这一时期的作品。这期间，背叛孙中山的叶举也与手下的文人清客组成“盾鼻诗钟社”，集会西湖，限题对仗。进入20世纪20年代以后，东江地区的文人学者中，不少人出国留学、考察，翻译外国的优秀作品，撰文介绍西方文明。如邓演达，他多次到欧洲考察，探索复兴中国革命的道路，写下《关于游欧的报告》、《我们对现在中国时局的宣言》等；黄公柱专门考察欧洲的工业、军事和生产技术，著有《欧美考察记》；留学德国的廖尚果和他的弟弟廖辅叔，则先后翻译了海涅、豪夫、马塞维茨、埃贤朵夫等外国作家的诗歌、童话、小说，介绍勃拉姆斯、肖邦等人的音乐；丘兆琛著有《南太平洋游记》、《莱茵河前后战役》、《兴登堡元帅东征实录》和《第二次世界大战西欧战场纪略》等书。

2. 抗战时期：四次沦陷和东纵文化要素

东纵文化作为东江文化要素之一，形成于抗战时期。周醒南的《重建惠州西湖元妙观小启》，梁海南的《抗日战争期间惠州四次沦陷回忆》，是对当时惠州历史的重要记载。省立三中一批学生自发组织“战魂文学社”，主编出版16开本的《战魂》旬刊，发表了《畏敌不战者是汉奸》、《民政运动彻底民主》等评论，使发行量陆续增加至每期1 000份，是东江地区唯一的抗战文学刊物。黄亦良是民初惠州有名的书法家和诗人，著有《鹅湖诗草》，主张“诗在能匡当代政”，“我有我诗言我志”。1941年5月，惠州第二次沦陷时，府、县两城主要街道的民房商铺被烧成灰烬。诗人写下长歌《火烧屋》，在惠州传诵一时。佛教徒冯重熙居士，写下近两千字的纪事诗《日祸行》，是惠州人创作的篇幅最长的一首诗歌。此外还有张友仁的《剚女仇歌》，王映楼的《为镇民秦敏猷吴锡槐助军抗敌死事呈请旌恤文》，秦寿宁的《菩萨蛮·送钟黄女学员二阕》。在题材上，这些作品已超越小我和地区空间，为民族为人民而作，具有强烈的民族意识和爱国主义精神。东江地区的抗战文学，在形式上体裁多样，除诗词外，还有戏剧、歌曲、漫画、墙报、木刻和联语等，其中又以联语最具特色。张友仁、王映楼、吴仁端、张可廷、李煦寰等，都是制联的高手。如冯重熙的《挽吴职潘联》，吴仕端的《惠州抗战死难者追悼大会联》，杨锡洵的《挽秦序东先生联》，王映楼的《讽昏官联》，都有很强的现实性和战斗性，至今仍被乡邦父老所记诵。传统的结社集会学术风尚，延至抗日战争时期。以张友仁为坛主的荔园雅集，曾顾民、任少游所创办的红棉学社，都曾活跃于抗战时期。曾顾民说任少游“与余创红棉学社，披酒命句，至于达旦，人目之为狂夫”[①]。在《任少游先生遗集》中，二人或三人联句的作品有15首，一题多人唱和或二人反复唱和的作品更多。

3. 国民党统治末期：里谚民谣和联语

这一时期的主要形式为“旧瓶装新酒”，把传统性和现代性两种要素相结合。抗战胜利后，国民党统治腐败，经济不振，物价飞涨，民不聊生。这一时期不少作品特别是里谚民谣，表达着人民群众的不满。如当时在惠州府县两城

① 惠州市惠城区地方志编纂委员会编：《惠州志·艺文卷》，中华书局2004年版，第771页。

流传的一首民谣："抗战八年容易过，和平三日吊罌哥。"还有一首《剃头剃到坐大椅》的方言诗，不满情绪反映在知识分子的作品中。小学教师朱旭因工资被拖欠，贫病而死，死后无法入殓，吴仕端作一联挽之，此联语促情长，悲中寓愤，有"苍天难问"一语。1946 年，梁国材以四万元买得惠阳县长一职，为政营私，百姓怨声载道。1947 年 9 月，有司迫于民愤，将梁罢免。王映楼闻而疾书一联："一窍不通，病商害民误国；千夫所指，贪官污吏庸材"，上下联句末嵌入"国材"二字。此联张贴于府城十字路岗亭，观者如堵，拍手称好，都说是"送瘟官"。

民国时期东江地区有名的作家还有张可廷，被于右任，郭沫若誉为"岭南诗人"，著有《词林寰宇简编》、《史评诗国春秋》等著作七部，擅长七言，平生作诗 3 000 多首，格调雄浑，战时之作多风云气。冯重熙，学通文理，工书法，善音律，曾作昌明、女师两校校歌，所作"惠州西湖八景歌"传唱一时，有《瓷粹》、《聊自娱斋笔记》等著作六部。冯重熙弟冯宝瑛，是中国近代佛学大师、中华密宗第五十代祖师，著有《佛法要论》，《佛学源流》、《广东佛教史》等书 20 多种，流布海外。任少游、李煦寰和张凤子，均能诗，尤长于词。任少游的遗集载词作 64 首；张凤子是研究宋词的专家，著有《宋词纪事》。叶史材诗朴雅古澹；黄植桢文激荡雄豪；叶文澜书法秀雅、诗风清丽；刘孟纯诗、文兼长，长期担任张治中将军的助手，被誉为"张治中的文胆"。1947 年，曾任博罗县修志局长的曾焕章，著有《罗浮集》。

可见，民国时期东江文学的地区写作是一种现代性要素扩展的地区写作，其中包括两种现代性的区域空间构造形式：一是结构化的地区写作，产生于新要素集聚并形成双重性结构化现象，即生成一种新空间结构和新情感结构，这种双重性结构化居于"现代性"空间的变化中心；二是解构化的地区写作，以自然经济为基本结构的一个可预知的世界的空间解构和情感解构的发生，这种双重性解构同样导致了一种地区经验的结构性变化，创造出了另一种现代性视角，即"现代性"空间结构和情感结构的双重性变化构成一幅现代性图景，以说明一种空间转换、经济转变和生活转变。与居于"现代性"空间变化核心的双重性结构化的地区写作相对照，这种双重性结构化的地区写作居于"现代性"空间变化的边缘。在这个意义上，东江地区文学文本是一种社会实践，形成的作品表现为一种空间文本、一种数据源和一种建构方式。这种地区写作的文学形式，以一种提供空间信息的方式建构了一种地理性的现代性文本。因此，东江地区的文学作品，可以区分为两种现代性考察视角：一方面，从要素性视角出发，是一种描述区域文化空间结构性要素的方法；另一方面，从体系性视角出发，也提供了一个区域文化的整体性观察角度。

二、东江地区传统艺术

以《惠州市志》（中华书局2008年版）提供的东江地区传统艺术资料作为分析对象，并且根据艺术形式的区别，东江文化中的传统艺术可以分为音乐戏剧、舞蹈竞技、工艺书画和建筑风格几个类型。

（一）东江地区传统音乐戏剧

东江地方性音乐戏剧，如同东江传统文学一样，也可以看作是一种地区创作。这种创作是在一定地理空间内，即在东江地区内，用听觉和视觉材料组织的一种地方性文化结构要素。作为东江区域文化的一个构成部分，东江地方传统音乐，一方面表现为一种研究某一特定音乐与某一特定地域相关联的民族志音乐，即东江民间音乐；另一方面，东江地方音乐也表现为一种传统音乐要素流动性和地方空间的关系，即东江地方音乐在历史因素参与下民间音乐发生流变现象以及产生了历代音乐创作。同时，这种流变记录了一种有声地理景观的演变历史，提供了排列地方民间音乐要素次序的视角，可用以考察地方民间音乐习惯。因此，从这个视角出发，可以把对东江传统音乐戏剧的考察对象分为如下两个部分。

1. 民间传统音乐

东江民间传统曲艺包括木鱼书说唱、客家龙舟说唱、五句板、春牛调等。

（1）东江木鱼书说唱主要使用惠州话，说唱者多为本地妇女，边看唱本边唱。流传的唱本主要有《梁四珍》、《金叶菊》、《王老赞》、《花笺》等。《金叶菊》有“十人听，九人哭”之说。木鱼书说唱时，唱一段解说一遍。唱本多为七言韵句，行腔以半吟半诵方式，每小段结尾字拖长。新中国成立后，东江木鱼书说唱艺术逐渐消失。

（2）客家龙舟说唱又称“乞儿歌”，在惠阳县一带流行。龙舟说唱多用客家语言，故称“客家龙舟说唱”。在粤语地区也流行粤语龙舟说唱。过门用锣鼓，也有用竹板代替的。唱词以七言为主，押韵。一句一过门，五句为一段。句式同五句竹板山歌基本相同。每唱完一段，便拉动手中木雕龙船的小木人，作划舟状。表演者多为行乞老人，说唱故事与木鱼书说唱基本相同。新中国成立后，客家龙舟说唱基本消失。

（3）五句板，又名“竹板歌”，也称“摸歌”。由行乞者、江湖艺人传播到惠州。唱腔有平板、欢板、骂板、吊腔、哭板、叹板之分，演唱者手操竹板四块，或摇动，或敲打伴奏。在博罗县客家地区盛行的五句板，曲调是固定的，五句一段，所以叫五句板。另外，演唱五句板时要用到三片竹板，所以也叫竹板歌。它开始时是穷人沿街丐讨时唱的歌子，所以也叫“叫化歌”，后来逐渐发展成演唱长篇故事的专用曲子。1963 年，博罗县文艺宣传队首次把五句板作为歌剧演出前的加插节目上演，并用二胡、三弦、扬琴等民族乐器伴奏。20 世纪 60 年代中后期，各县文艺宣传队常把由单人说唱的五句板改为多人表演的“竹板歌表演唱”，流传至今，其中的《山村新风》还曾进京演出。

（4）春牛调，也称“黄牛歌”，属五声音阶“徵”调式舞蹈歌曲，在惠州流传广泛，尤盛行于客家地区。①

（5）山歌是惠州市较普遍的一种民间艺术形式。每年中秋节前后夜晚，人们自动集结于野外，边听山歌边赏月。山歌，或散唱，或对唱（斗歌），内容雅俗兼有。东江地区流行的山歌可分为三类：一类是客家山歌；一类是用本地话（如惠州话或龙门话）演唱的山歌；一类是龙门蓝田瑶族山歌。山歌内容有劳动歌、时政歌、仪式歌、情歌、季节歌、猜字歌、劝郎歌等，其中情歌最多。客家山歌主要流行于惠阳、惠东、博罗及龙门的客家方言地区。一般每首四句，每句七字，一、二、四句押韵。各地唱腔略有不同。惠阳的山歌多出于潼湖、淡水。惠东以多祝山歌最具代表性，可称“西枝江民歌”，歌词内容、表现主题、歌词结构、曲调旋律等，具有浪漫主义色彩。博罗的显村山歌就是客家山歌的一种，属五声音阶“羽”调式，叙事性强。客家山歌是用客家方言吟唱的山歌，它继承了《诗经》中的传统风格，受到唐诗律绝和竹枝词的重大影响，同时又吸取了南方各地民歌的优秀成分，千百年来，广泛流传，久唱不衰。客家山歌有劳动歌、劝世歌、行业歌、耍歌、逞歌、虚玄歌、拉翻歌、谜语歌和猜调、小调、竹板歌等。各种歌词结构大致相同，每首四句，每句七字，逢一、二、四句多押平声韵。曲调丰富，大致有号子山歌、正板山歌、四句八节山歌、快板山歌、叠板山歌、五句板山歌等。客家山歌旋律优美，几乎所有曲调中都有颤音、滑音、倚音等装饰音，因而使旋律变得回环曲折、委婉动听。龙门本地山歌，流行于龙城、王坪、龙华等镇粤语次方言地区。山歌每首四句，每句七字。每组山歌中第一首要求一、二、四句押韵，第二首后只要求二、四句押韵。龙门山歌为民间小调，一般没有固定曲调，属“问字音”，但每句的尾音分别固定为 3、2、3、6，节奏为散板式，演唱者可自由发挥。1986 年，龙门县文化局组织有关人员全面收集山歌并整理编印成册。龙门蓝田瑶族山歌，多为男女对唱的情歌，每首四句，每句七字，二、四句押韵。但男、女唱的第一首山歌，首句仅三个字，第二首之后则每句七字。

① 惠州市地方志编纂委员会编：《惠州市志》（四），中华书局 2008 年版，第 3945 页。

唯女子唱的最后一首“结束”歌，首句又用三字句。山区客家歌谣，以山歌为代表，多用双关、比喻、重章叠句等多种形式。客家地区还有踏歌、采茶歌、月歌等。梅州每年农历八月十五定为“山歌节”。增城、博罗之间的罗浮山中，散居着少量畲族。畲族是广东省人口最少的少数民族，仅3 000余人。畲族以盘瓠为始祖，以凤凰山作为发源地。世代相传《高皇歌》，有“广东路上有祖坟”句。①

（6）惠东渔歌属粤东渔歌的一种，流行于惠东县港口镇新村、稔山镇范和村、巽寮乡新渔村一带。惠东沿海渔民男女老幼，尤其是妇女善于唱歌，已成为习俗。每年中秋之夜，或者在婚嫁时有唱歌、斗歌。新人别后重聚或老人做寿，以歌代言。惠东渔歌有“妹仔调”、“嗳依嗳调”、“弯介某调”、“罗茵调”等40多种曲谱。渔民出海时唱《山海歌》、《辨歌》等。渔妇在家唱《织网歌》、《晒网歌》、《平安歌》、《纺织歌》、《直歌》、《思君歌》等。惠东渔歌的歌词有五字句、七字句，前呼后应。每四句为一节，一、二、四句押韵，第二段可同第一段连韵，也可换韵。渔歌的衬词、衬句很多，很多原始渔歌的调名都是以衬词、衬句而定。渔歌的衬词、衬句可用来区别它的种类。常用的衬词、衬句有：啊、咧、啰、喂、哪、嗳、介、哆、嘟等，而嗳依嗳、啊啊香、贤弟哙、罗茵哎、乙尺上、啦打、嘀嘟、嘀等都是从“白字戏”、“潮剧”、“西秦”等地方戏曲或民间乐曲中的衬句或小段移植、吸收而来。惠东渔歌的曲式结构，常见两种：一是上、下句结构的乐段，一呼一应，随后是反复；二是第三乐句是第一乐句的发展，第四乐句是第二乐句的重复。惠东渔歌的调式结构多为五声调式，七声调式较少，并以“徵、宫”两种调式为多，“角、羽”调式较少。渔歌旋律多为音阶式的级进和小跳，有时也出现大跳，大跳多在四、五度音程间，以“滑行跳进”方式进行。惠东渔歌的曲调多采用重复、模仿、扩充、延伸、变化等手法，强调使用衬词、衬句，曲调的开头或行进的中途，特别是结束句，经常反复用衬词、衬句组成的乐句和音型来显示其独特风格。新中国成立后，惠东渔歌有了新发展，如《渔港三月春》、《感谢恩人毛泽东》、《赞海花》、《南海长城》、《娶新娘》、《海上渔歌》、《渔家四季尽春光》。②

（7）传统宗教音乐。广东佛乐形成潮州和雷州两大中心。佛乐分为内江

① 惠州市地方志编纂委员会编：《惠州市志》（四），中华书局2008年版，第3946～3950页。

② 惠州市地方志编纂委员会编：《惠州市志》（四），中华书局2008年版，第3950～3953页。

腔（产生于省内的唱腔）和外江腔（来源于省外的唱腔）。外江腔速度较慢，情调缠绵低沉，以虚远、清淡为特征。罗浮山明月寺、延祥寺为外江腔。道教斋醮活动使用音乐，称为法事音乐或道场音乐，包括独唱、齐唱、鼓乐、吹打、合奏等多种形式。道教音乐与广东地区方言和铃、鼓、铙、鱼、钟等民族乐器相结合以后，成为民间音乐的一部分，在宫观、红白喜事、大型集会中使用。

2. 历代音乐创作

音乐与地方传奇的结合具有流动性，其中贯穿着地方性的主题地理，构成区域文化的一种象征性符号。第一，宋代苏轼在惠有“钟鼓不分哀乐事”之辞。第二，明万历年间，博罗县举人张萱官至平越知府，博学擅艺，家蓄昆曲姬人，为其补刻《太和正音谱》，并撰有杂居《苏子瞻春梦记》。第三，清代“罗浮琴客”李星阁及“鹤峰箫客”裘集裳均有弹琴、吹箫的音乐创作活动，但是没有音乐作品流传下来。博罗人韩朝英善于弹琴，专攻音律。第四，民国时期，廖尚果（笔名青主），是我国著名音乐家、翻译家。创作出版了《清歌集》、《音境》两本艺术歌曲集，所著《乐话》与《音乐通论》是我国近代较早的具有完整体系的音乐美学论著。他谱写的独唱曲《大江东去》是中国第一首艺术歌曲，与他后来谱曲的《我住长江头》获得20世纪华人音乐经典奖。他还著有诗集《诗琴响了》和评传《歌德》。第五，每逢庙会或打醮，东江流域乡村搭台演戏，以“杂剧娱神”，“往往有连演十数日者”，这种习俗一直沿袭至民国时期。民国初期，惠州市境内各地乡村举办庙会打醮演戏，戏班多从广州、佛山等地请来，演的多是“神功戏”。博罗县境内兴起双簧戏、滑稽戏和话剧加唱的改良粤剧。“五四”运动期间，惠州学生联合会组织宣传队，先后到永湖、良井、平山、白花等圩镇，演出《惩办卖国贼》、《打倒孔家店》等白话剧。20世纪30年代初，惠州市出现营业性的粤剧戏班。古乐店是较早期的一种专业性演出团体，又称“鼓手店”。以经营手托戏（木偶戏）演出、锣鼓柜演奏及粤曲弹唱等为主。各店均有专业戏班或音乐手、演员。戏班一般为五至十人。如遇较大场合的演出，则由鼓乐店另组大戏班。古乐店在本地演出，也到香港、广州演出。最盛时期，惠州有古乐店八家，鼓手近百人。第五，抗日战争期间，惠州有惠州军剧团（1938—1941年）、抗建剧社（1942—1946年）两个粤剧戏班。东江纵队文艺组织创作了《阿妹送郎打日本》、《哥哥杀敌戴红花》等抗日歌曲。1939年，惠州省立第三中学、惠阳县中学和惠州女子师范学校的学生，组织前进演剧队，演出《铁蹄下》、《放下你的鞭子》等剧目。第六，解放战争期间，中共东江地方组织的东江第一支队文工团和第二支队文工团，创作、改编和演出《白毛女》、《兄妹开荒》等剧目。①

可见，东江民间曲艺，是地方文化的一部分，是关于某一特定地理空间内文化景观的文艺，构成区域文化的主题之一。民间音乐形式的通俗化和“东江化”，形成一种地方性的音乐地理，把地域性与普遍性、根性与非根性要素结合起来。东江地方民间音乐文化，可以在地图上标出或与地域结合起来，构成某一地方的独特风格和传统要素。在这一点上，民间音乐可以看作是一种发明创造。东江传统曲艺的采集和挖掘，是一种把隐藏在现代性之下的文化片段这些传统性要素，从地方性民间日常经验中萃取出来，与现代形式进行一定结合后，开始重新谱写成最初样式或代表性的地方版本。挖掘和重构东江传统曲艺，是利用东江传统音乐与一种地区归属感相连，用于加强东江地区的文化特征。这是文化“寻根”运动之一，即寻找地区音乐的运动，运用一种“民间音乐”曲调制造出东江区域文化景观。因此，东江地区民间音乐根植于东江地方文化，具有一种文化再生产特征。

（二）东江地区传统舞蹈竞技

东江地区传统舞蹈竞技艺术，作为地区创作的成分之一，是一种地方性的观众景观和舞蹈地理，用舞蹈来表现东江地区生活空间和仪式场所。按照种类和岭南文化背景两种视角，东江传统舞蹈竞技可以作如下考察分析。

1. 岭南文化背景

岭南舞蹈包括：第一，动物舞蹈，以龙狮舞蹈为主，其他舞蹈形式辅之，包括东江客家地区貔貅舞、龙门火狗舞、纸马、布马舞。第二，宗教舞蹈，有“跳岭头”、道教“鲫鱼穿花舞”、“跳娘”、“招龙”舞、长鼓舞，“鲫鱼穿花”发展为“织女穿花”。第三，生活舞蹈。“八月中秋，假名祭报，装扮鬼像于岭头跳舞，谓之跳岭头，男女聚观唱歌互答，因而淫乐，遂假夫妻父母兄弟而生，恬不为怪。”② 越人尚巫，巫术流行岭南。“祭天祀鬼神，祭日皆行傩礼……傩用狂夫一人，蒙熊皮，黄金四目，鬼面，玄衣朱裳，执戈扬盾……此乃古礼，虽孔子不敢违也。”③ 据1982年的调查，广东民间舞蹈共506个，地区分布是：广州11个，汕头87个，海南82个，韶关103个，湛江36个，佛

① 惠州市地方志编纂委员会编：《惠州市志》（四），中华书局2008年版，第3905～3917页。

② 广东省民族研究所、广东省群众文化艺术馆：《民族民间艺术研究》（二），广东人民出版社1986年版，第147页。

③ 屈大均：《神话》，《广东新语》。

山30个，肇庆49个，惠阳68个，梅县40个。①

2. 东江舞蹈种类

（1）舞龙。古代惠州城有节日舞龙旧俗，旧时多在县督办衙门、包公巷、平湖门等开阔地表演。抗日战争前，惠州城的东门街、晒布场、水门仔、东平村等地每年近中秋节，即由市民捐资扎龙，组成舞龙队。1920年和1930年，惠州五庙（华光庙、关帝庙、包公庙、城隍庙、元妙观）联醮大典时，有五个舞龙队同时出动。1951年，在新中国成立两周年纪念期间，惠州城有较大型的舞龙活动，以后逐渐减少，在文化大革命期间完全停止。1983年，惠州市（今惠城区）文化局从佛山购得一条彩龙，舞龙祝贺惠州市第一届人民代表大会召开，开始恢复舞龙传统。惠州的龙以竹、篾、纸、布、彩漆等材料制成。先以竹料为骨架，龙头、龙尾贴纸，绘以彩漆。龙身分15～20节，每节长2～3米，外罩绘鳞彩布，龙身各节下方均加固定竹竿，以便舞动。龙头与龙颈相连，呈“S”形。龙身有爪，分右前左后。有的龙用小灯泡作龙睛，灵活可动。甚至龙腹也装上油灯或灯泡，供夜间表演。惠州城旧俗，凡新龙出动，先到元妙观，由观主给龙点睛，名曰“开光”。点睛之后，鞭炮响，锣鼓起，龙队闻声起舞，开始“抢青”。舞龙时，由一人在前舞龙珠似逗引，龙爪则似抢龙珠。龙身各节下有人持竿，随锣鼓点而运动，表演出行、卧、穿龙架、打（盘）蛇饼、瞌睡等动作。舞龙多与舞凤、狮、鳌鱼等相配伍，称为“舞龙队”。整个龙队的排列顺序为：①路程牌，一人擎举，牌写“路程”二字；②匾额，两人擎执，额写“龙行一步，百花皆生”；③宫灯，两盏，二人分执；④扮色队，各类扮相，人数不拘；⑤鳌鱼四条；⑥舞凤，唢呐两支随奏；⑦舞狮；⑧舞杂鱼、虾、蟹等；⑨龙为殿后。舞龙活动在惠州各县均流行。博罗还流行一种“秆龙舞”，龙体用稻草扎制。民国年间，承传“五年一龙，十年一醮”的遗俗。醮会、庙会，是一种宗教性活动，一种群众性游艺活动，也包括工艺品大展览和歌舞表演，于岭南各地定期举行。②

（2）舞狮。东江地区民间每逢喜庆节日，都舞狮助兴。尤其是在春节期间，从年初一至元宵节，狮队穿乡过市，相互拜贺，祈福消灾。南北朝以后，舞狮在民间日益盛行，盛唐时期更是发展到了锣鼓伴舞。如唐代著名诗人白居易在《西凉伎》中就记曰：“西凉伎，假面胡子假狮子，刻木为头丝作尾。金镀眼睛银贴齿，奋迅毛衣摆双耳。如从流沙来万里，紫髯深目两胡儿，跳舞梁

① 梁伦：《广东民间舞蹈分布、分类和特点》，《民族民间艺术研究》（二），广东人民出版社1986年版，第142页。

② 惠州市地方志编纂委员会编：《惠州市志》（四），中华书局2008年版，第3953页。

前来致辞。”明清以后，逐步分成南北两派，北派全身包裹，俨然真狮模样；南派以广东狮为主，一人舞狮头，一人舞狮尾，舞狮者往往着唐装、灯笼裤，人外露，主要显示武功。东江民间的舞狮当属广东狮，近现代在东江地区流行的狮主要有四种，一是“大头狗”，谓“大头狗狮”；二是“麒麟”，谓“麒麟狮”；三是扁鼻狮；四是斗牛狮。这四种兽类与西域传入的狮子相比，在种类上起了变化，已完全没有了狮的影子。四种狮中，“大头狗”疑从开平、南雄、顺德、中山等地传入；“麒麟狮”属客家狮；而“斗牛”、“扁鼻”等狮种，以淡水、龙川等地居多。从一些资料看，惠州的土狮种应该是“大头狗”和“麒麟”。历史上，东江麒麟舞曾影响大半个广东以及港、澳甚至海外。在一次广东省民间文化遗产抢救工程工作会议上，有学者提出：广东舞狮分东西两部，西部以醒狮为主，代表地是广佛一带；东部以麒麟为特色，代表地是惠州一带。这里说的东部麒麟，最有代表性的便是东江麒麟。麒麟形象已有2 500年的历史，最初是一种图腾、一种信仰。后来发展到哲学意义，又进入文学领域，如韩愈写的《获麟解》、黄庭坚的《麟趾赞》等，最终走向造型艺术和表演艺术，成为陶瓷、年画、剪纸、泥塑、刺绣、金玉饰、建筑、雕刻等艺术创作的素材。麒麟是中国人传统信仰中的“四灵”（麒麟、龙、凤、龟）之首，为吉祥和喜庆的象征。“麒麟献瑞”、“麒麟送子”、“麒趾呈祥”的说法，很大程度代表了中国民间文化信仰的一种传统特色。广东是麒麟舞流传较广的地区，如以惠州小金口为代表的东江麒麟舞、以东莞樟木头为代表的客家麒麟舞、以广州番禺为代表的黄阁麒麟舞等。麒麟舞是客家人从北方带到南方来的一种民间艺术表演形式，以锣鼓加唢呐伴奏，具有长江北部地区花会的风格，与广东岭南音乐不同，是客家人世代相传的艺术文化。麒麟作为古代传说中的一种吉祥仁兽，被客家人视为吉祥物，舞麒麟已有500多年的历史。舞麒麟集歌、舞、乐于一体，所舞麒麟的骨架用竹篾扎成，皮用各色彩布做成。分成头、尾两截，中间穿孔，舞者站在穿孔处将麒麟系在身上，在春节期间，入村上街挨家逐户恭贺新年。①

（3）舞春牛，又称“春牛舞”，在博罗、龙门等县流传，多在冬、春农闲季节和重大的民间节日活动中出现。各地舞蹈略有不同。博罗春牛舞中角色四人。其中操犁驶牛的大工一人，牵牛行进的小工一人，挑花篮的农妇二人。有些春牛队还增设秀才、撑船妹角色各一人。道具有竹箩、纸或布扎成的春牛一条、花篮四只、木犁一张、锄一把。设秀才、撑船妹角色，还有白马一匹、旱船一条。演员在锣鼓声中表演驶牛、锄田、挑担、划船或摇橹等动作，舞唱交

① 惠州市地方志编纂委员会编：《惠州市志》（四），中华书局2008年版，第3954页。

替，或边唱边舞。龙门县舞春牛表演的主题是歌唱牛的功绩，有两种表演形式。一种是一男子穿戴着竹篾编纸裱的牛头、牛尾，手中摇着扇子，扮成书生的样子，另有两个姑娘挑着花篮，对唱表演；第二种形式是一个小孩扮演牧童骑牛（人扮）吹笛，由姑娘二至四人挑着竹篮演唱，歌词以问答为主。

（4）舞凤。东江地区民间舞凤表演各地不同，惠州城区、博罗的表演动作较为简单，龙门县舞凤程序较为完整。龙门舞凤又名“出凤”，动作轻松抒情，慢而有规律。整个舞蹈过程突出凤凰的独特动作，如凤凰听箫、凤凰鸣、叩头谢恩等。该舞由一名或两名 10～15 岁的男童或女童表演。表演者身套用竹篾编扎、经装裱绘制并以绣球等装饰而成的凤，由音乐、锣鼓伴奏进行表演。音乐采用广东音乐《凤凰鸣》，锣鼓点采用粤剧锣鼓《排朝》。[①]

（5）“舞火狗”。它流传于龙门县蓝田瑶族乡（过山瑶），活动时间是每年中秋节晚上。在每年农历八月十五瑶胞的团圆节上舞蹈，用以纪念“再生之母”，同时又是少女的“成年礼”。蓝田乡瑶民自明代由粤北韶州的瑶山地区迁到蓝田后，舞火狗活动一直没有间断过，至今已有 300 多年的历史。舞火狗源于蓝田瑶族对狗的崇拜。相传远古时代，蓝田瑶族峒主“谭仙公”幼年丧母，父亲靠挤狗奶把他养大。峒主要求峒民永记狗是“再生之母”，以祖婆一样纪念她。族规规定，不准打狗、骂狗、卖狗，更不准吃狗肉。狗死之后，要埋在自家后门外的菜园地内。还规定每年中秋节要以村寨为单位，举行群众性的舞火狗活动。舞火狗时，扮演“火狗”的必须是未婚少女，寓意她们婚后要像先辈峒主的“再生之母”那样爱护后代。舞火狗是蓝田瑶族少女的一种“成年礼”。按照蓝田瑶乡习俗，少女于 12、13 岁始连续 2～3 次于中秋夜装扮为“火狗”。每个少女至少要参加 2～3 次舞火狗活动，才能进入成年人行列，取得结婚资格。此外，舞火狗还有祛邪除魔、驱瘟逐疫的意义。扮演“火狗”的少女人数不定。姑娘们在舞火狗之夜，集中在公屋（姑娘屋），由两位年长有“福分”的妇女负责，用黄姜叶缀成裙子状，以山藤扎绑于腰部及两手臂，叶上插满点燃的线香。头戴竹笠，竹笠四周插满香火，双手各持三支香。古时候，瑶族祖先没有衣穿，只用黄姜叶遮身。“火狗”这身打扮，有不忘祖先生活艰苦之意。舞蹈以“叩拜”为主，反复吟唱古朴歌谣，礼毕则与意中人对歌。舞火狗开始，姑娘们由高到矮排列成队，先叩拜峒主（历代祖宗）。各村寨的火狗队除叩拜本姓氏的族祖外，还要到上建峒最大的峒主公庙去迎请最老最尊的峒主爷“谭仙公”，俗称“接亚公”。谁最早抬回峒主爷神牌，谁最有福气。火狗队叩拜本姓氏族祖和峒主后，即由领头的姑娘率领，

---

① 惠州市地方志编纂委员会编：《惠州市志》（四），中华书局 2008 年版，第 3955 页。

从祠堂走到池塘，边走边反复唱着古老、单调的民歌，穿街过巷到每家的厨房灶塘舞拜。拜完灶塘，再到各家的菜园舞拜，以求蔬菜长得茂盛。最后，邻近各村的火狗连成一串，似一条长龙，蜿蜒游舞到村外的河边。这时，姑娘们将身上捆扎的黄姜叶、竹笠和香火全部扔到水里，再用河水洗手脚，象征沐浴全身，祛除邪气，并互相泼水嬉戏。在舞火狗的整个活动中，男青年一直在旁燃放鞭炮助威。行至河边后，守候在两岸，等待舞火狗的姑娘洗罢手脚上岸后，就选择意中人与之对歌，直到天亮。舞火狗的表演既有庄重严肃、虔诚稳重的特点，也有热闹壮观的场面。动作简单、古朴，具有蓝田瑶族浓郁的民族风格。舞火狗无音乐伴奏，由扮演火狗的演员边舞边唱。①

（6）“五凤朝阳”。它是惠东县平海古城独有的一种民间艺术形式，原称为“双凤朝牡丹”。据传该舞是风行于浙江青田一带的“百鸟灯舞”的变异型艺术，由浙江移民和平海卫所浙江籍官兵传入。“五凤朝阳”把民间舞蹈与地方戏曲融为一体，其角色为“引凤仙”——金童玉女和“五凤”——凤凰、孔雀、大鹏、山鸡、琬雏。乐器主要有大钗、铜锣、小唢呐（两支）、小木鼓、小木鱼、磬（两个）。表演开始先奏乐，音乐为：得得哚得，哚哚叮，喳叮，叮喳叮、喳喳叮、喳喳叮……喳叮（约两分钟）。接着金童身穿武服，一手执仙拂，一手摆金钱，徐徐登场。出场后道白：“五凤一起要仙台（喳叮，喳喳叮），福禄寿全要游佳（喳叮，喳喳叮），带到五凤朝阳等我来（喳叮，喳喳叮）。”接着引带身穿旦角打扮的玉女，引来“五凤”穿场舞动。奏音乐。“五凤”在金童玉女的诱逗下，各展其技，造型优美。期间，“五凤”围绕着金童玉女旋转，奏乐：喳喳叮，喳叮，……重复上段音乐（约两分钟）。金童走上台前道白：“铃铃唧唧耍金钱，（喳叮，喳喳叮），庆贺太平年，（喳叮）。”整个表演过程约60分钟。②

（7）武学流派。历史上，东江地区武术曾影响大半个广东以及港、澳甚至海外。广东五大名拳（洪、刘、蔡、李、莫）以及龙形拳、白眉拳这些广东主要的地方拳种，都与惠州有直接的关系。其中“蔡”在河源，“莫”在东莞，都是传统意义的惠州地域；而李家拳，龙形拳，白眉拳，是原版的东江武术，他们以东江地区为宗地。依然有很大影响的惠州李家拳，历代掌门人、大师傅、也全都以教授惠州武术为职责，并让惠州武术在东江一带扎下了根基。

① 惠州市地方志编纂委员会编：《惠州市志》（四），中华书局2008年版，第3955～3957页。

② 惠州市地方志编纂委员会编：《惠州市志》（四），中华书局2008年版，第3957、3958页。

客家尚武，多设有武馆，现在演变成各项群众性体育活动。明清时期，龙门县城北郊马道尾（今城北车站一带）设立练武馆，作为设擂比武与武术考试之所。明洪武三年（1370），儒学规定开设射圃，学习射击。清乾隆三十年（1765），县内第一位武举人为聂宽。同治十三年（1874）全县出了第一位武进士王兆清。至清末，全县有武举人 18 名、武进士 4 名。具体来说，东江地区流传较广的有少林、太极、李家、莫家等拳术及七星棍、梅花枪、刀、剑等器械武术。李家拳的创始人是惠州河南岸火地村李义（又名李存义），清乾隆十三年（1748）生。李义从小跟父亲习武，长大后偶遇师叔黄龙禅师，被其收为关门弟子。随后，李义攻练福建少林寺正宗拳法。数年后，清廷加紧对各地反清组织的镇压。李义在这场劫难中身受重伤，幸遇北方著名拳师陈苟息搭救。李义遂拜陈苟息为师，尽得北派拳法之精华。十余年后，李义重回故里，练功时偶见鹤蛇相斗于竹林之中而得到启迪。李义遂取南北拳之精华，扬长避短，使功夫更富特色。他集南派扎实硬朗，北派快捷利落的特点，创出了李家拳。李家拳富有特点，以单肩、侧身、虚步为主，掌法多变，多跳跃，擅腿法，动作活泼、矫健，以灵活多变见称。该拳流传于惠东、河源、淡水、宝安、博罗、东莞、花县、佛山、新会和香港、新加坡等地。同治年间，李家拳第三代传人李国辉在香港、新加坡等地开设武馆，使李家拳扬名海外。林家拳的创始人是梁化圩人林合。清道光年间，林合 10 岁习拳，17 岁拜少林僧黄连娇为师，十年苦练，于同治元年（1862）在梁化圩设馆收徒，三年后，林合被海丰县衙录为武职。任惠州府千总后，辞官拜罗浮山广进禅师为师，再回梁化圩开馆授徒。至 1995 年，林家武馆第五代传人林国权被选为惠东县武术协会会员。1920 年，义和乡拳师徐容，开设武馆，收徒传艺，每逢节日或喜庆，均有武术表演。1921 年拳师卢祥把祖传的洪拳从广宁县带到惠州，并在惠阳陈江、镇隆开设武馆。1922 年，7 岁去少林寺学武的从化人李英全在龙门西林河畔福公祠设立龙门县第一个武馆，传授少林拳术。龙形拳是惠阳梁化墟人林耀桂首创，他 10 岁即随父亲在东江、西江一带授拳，1924 年到广州设馆。1957 年移居香港设馆。后其子林焕光、林灿光继承父业。龙形拳流传于博罗、惠阳、南海、番禺、顺德、东莞、佛山、肇庆、广州、香港、澳门以及东南亚、澳洲、美国、加拿大、英国等地。白眉拳首创者是惠阳人张礼泉。他传给徒弟秦程九、廖绵带等人。张礼泉曾在广州设“大同会武馆”授拳。1929 年曾任两广国术馆教师。较有名的门徒是曾惠博、夏汉雄等。新中国成立前有“南张（礼泉）北柳（森严）”、“东江猛虎”之誉，并与林耀桂（龙形拳）、林荫堂（莫家拳）、赖成已（老洪拳）、黄啸侠（罗汉拳）并称为“南方五虎将”。白眉拳盛传于粤西一带、惠阳地区、肇庆、云浮、高要、新兴、广宁、佛山、广州、深圳以及香港、澳门等地，更流传到美国、加拿大及东南亚各地。①

（8）赛龙舟。在东江流域的博罗、惠州和惠东的沿海、沿江乡镇，每年农历五月初五端午节（俗称五月节），有赛龙舟的习惯。博罗县园洲镇每年端午节，都在东江上举行盛大的龙舟比赛。博罗县石湾镇在龙舟比赛中，邀请隔江的东莞市石龙镇参赛。惠东县盐洲镇每年举行龙舟竞渡，清康熙年间建了一间妈庙，龙舟绕行小屿后，到妈庙焚香谢恩。②

（三）东江地区传统工艺书画

东江地区创作中的传统工艺书画，通过对地方性视觉材料进行色彩、线条、明暗要素之间的组合和排序，形成了一种传统文化空间结构。根据东江地区传统工艺书画的时空特征，可以分时期论述。

1. 早期阶段

东江地区最早的人文作品是美术作品，可追溯至两千多年前的春秋时期。如在三栋春秋遗址中出土的硬陶片，印有夔文、小方格纹、组合纹等几何形印纹饰。隋开皇十八年（598），循州（今惠州）刺史樊子盖向朝廷奏送《岭南地图》；大业九年（613），循州龙兴寺改名舍利道场，“有石刻以志其本末”；在现存记载中，这地图和石刻文字也是惠州较早的两篇作品。道教除宣扬天界、仙境、地府之外，还宣称世上名山有仙人和真人生活的十大洞天、三十六小洞天、七十二福地等，罗浮山以此作为基础修建宫观庙宇，附言传说形成洞天神地，留下很多文人摩崖石刻。罗浮山摩崖石刻位于博罗县罗浮山，主要分布于朱明洞、白鹤观、九天观、黄龙观、华首台、酥醪观、宝积寺、朝元洞等八处景区，已勘明的有132处，年代上至宋朝，下至民国，篆、隶、楷、行、草各种书体和诗、联、记、铭等各类文体俱全，有湛若水、梁启超、丘逢甲等名人题刻，是研究书法艺术和地方史料的宝库。③

2. 唐宋元时期

自秦始皇统一岭南后，至西晋末，大量中原人南迁，在东江两岸有汉至隋

---

① 惠州市地方志编纂委员会编：《惠州市志》（四），中华书局2008年版，第4309～4312页。

② 惠州市地方志编纂委员会编：《惠州市志》（四），中华书局2008年版，第4313页。

③ 惠州市地方志编纂委员会编：《惠州市志》（四），中华书局2008年版，第3892、4079页。

唐的墓葬发现，出土文物与中原地区基本一致。在梁化出土的唐代石磨，镌刻技术融艺术与实用为一体。宋代惠州的东平窑，产量大，产品精美，延续时间长达一百多年，是宋代四大名窑之一。宋代东江地区的美术水平很高，从东平北宋窑址出土的陶器来看，浮雕立体感强，瓷器上的花草图案造型生动，结构富于变化，表现出较为雅洁、和谐的艺术情趣。岭南陶瓷业，唐宋窑址很多，明清更盛，主要集中于潮州、梅州、广州、惠州、粤西等地，惠州有窑头山、瓦窑岭。宋治平四年（1067），惠州有阜民钱监，最高年产量70万贯，约占当时宋朝铸钱的13%。惠州市现存大量石刻，有列为省级文物保护单位的罗浮山摩崖石刻，有收藏于博物馆或寺庙、宗祠、民居的大量碑刻，保存了许多苏东坡、尹秉绶、宋湘等名人的书法艺术作品。宋至和元年（1054），知州黄仲通撰文作诗记述“三章首辅诗”，请进士黄岳书丹入石立于野吏亭，是惠州现存最古的书刻作品，与稍后苏轼所书的“野吏亭”榜额，并称为“黄碑苏榜”。宋代时，苏轼寓惠，有许多书画作品，均遗失。苏东坡谪居黄州时书抄《金刚经》前半部分，寓惠期间完成后半部分，但是墨宝已不存。惠州西湖东坡纪念馆有东坡书法碑刻。在宋代，有资料可查的东江画家何裕夫，作品没有记载。在书法方面，南宋的陈仲辅，是最早见于史载的惠州书法家，工篆隶，所作枕屏五篆文深得陈鹏飞赞赏。①

3. 明清时期

明代博罗县人曾允升，精于隶书、草书，有《山藏编》、《考盘草》、《朱明洞草》等。明代东江地区还有书法家祝允明、赖洪禧等，无作品传世。明代的张萱、张穆是记入《宣和画谱》的惠籍画家。清代东江多出复合型文化人才。如清初的叶挺英、龚章，嘉庆、道光年间的刘统基、黄振成、黄钥、赵念等，都是既工诗文又精书画。晚清的江逢辰、李绮青、李星阁和黄灿芳等，更是诗词、联语、骈文、书法、金石兼擅。叶梦熊的曾孙叶挺英崇祯十二年（1639）补邑博士弟子，明亡后拒穿新朝诸生服，隐居不出，后又托迹佛门，居西湖准提阁，法号元桴。著有《余梦集》、《云水残言》。今释来游惠州，经常与他往来酬唱。叶挺英工书画，尤善画佛像、罗汉，几乎每天都画佛像，今释说他“画佛五千四百八，砚池日日莲花发”。他的作品，“获者以为拱璧”，佛像“流布海内”。有山水名卷为赵念合江草堂所藏，江逢辰《题赵法古莲社

① 惠州市地方志编纂委员会编：《惠州市志》（四），中华书局2008年版，第4034、4041、3919页。

图》诗说："画祯兼收叶挺英，草堂故物半通灵。"[1] 清康熙年间归善进士龚章，工书法，尤善草书，是岭南"竹本派"书法家中最有成就者之一，有行草巨幅主轴传世，全篇气势磅礴，洒脱劲健，用笔多拗折，体势飞腾多变。陈永正《岭南书法史》说他"得此轴以传，亦可不朽了"[2]。嘉庆、道光年间，官至大鹏协副将的张玉堂，能书善画，画擅兰竹木棉；能指书、拳书、擘窠书，"其气之壮，阵马风樯"（张维屏语），今香港、澳门、中山等地仍存有他的书刻。[3] 清代东江书画艺术逐步走向民间。如黄钥、翟泉、蔡耀、赵念父女以及稍后的黄灿芳、李丹麟、李桂馨等书画家。清乾隆年间归善人黄钥，为惠州知府尹秉绶入门弟子，所作隶书，酷似尹体，他代尹氏写的《王朝云墓志铭》，人称"用笔温厚，结字凝炼，精神蕴涵，英华内敛"。陈昙在《怀黄布衣钥》诗中说"他日伊门论弟子，君传书法我传诗"。黄钥又精通刻石，刀法逼近汉人篆法，著有《鱼门印论》两卷，尹秉绶为其作序。[4] 乾隆年间的翟泉，诗宗陆游，画则师法自然，多绘罗浮、白云、西樵、丰湖等粤中名胜，以《西湖八景图》较著名。他隐居于鹤峰翟夫子舍，非高洁者不见。尹秉绶闻其名，登门拜访，评其诗画，以为卓然成家。赵念，居惠州合江楼意笔写生，凡所历山水皆绘画，传世作品有《西湖绘老图》。其家贫，所居仅能蔽风雨却洒然不以为意。他工画山水，尤善意笔肖像。亦工诗，有题山水立轴说："磨浓墨汁写天姿，正是春风二月时。满地湿云飞不起，点来一幅雨淋漓。"又："谁说画山难点苔，淡浓用笔两分开。雾烟供养非容易，八十九年始得来"；"一幅罗浮山下村，苍烟皑皑澹无痕。梅花点雪浓于墨，十里香风写白云。"旨趣雅澹。[5] 赵念有女名琼章，亦善画，人评其画"高古处虽逊其父法古山人，然清旷之气，辄非时流所可及"[6]。在史籍记载中，赵琼章与何词仙是仅有的两位东江地区古代女画家。清光绪年间与李绮青同组惠阳宏汉学会的李丹

---

① 惠州市惠城区地方志编纂委员会编：《惠州志·艺文卷》，中华书局2004年版，第21页。

② 惠州市地方志编纂委员会编：《惠州市志》（四），中华书局2008年版，第3923页。

③ 惠州市惠城区地方志编纂委员会编：《惠州志·艺文卷》，中华书局2004年版，第186、763页。

④ 惠州市惠城区地方志编纂委员会编：《惠州志·艺文卷》，中华书局2004年版，第26、765页。

⑤ 惠州市惠城区地方志编纂委员会编：《惠州志·艺文卷》，中华书局2004年版，第185页。

⑥ 惠州市惠城区地方志编纂委员会编：《惠州志·艺文卷》，中华书局2004年版，第214页。

麟，号“罗浮琴客”，惠州汝湖虾村人，晚清最著名画家，光绪中被举荐随杨儒出使美洲、欧洲、南洋，历时三年，其画作参加比利时国际画展，获双龙拱珠金质奖牌。其作品题材广泛，山水、人物、花鸟，画鹰尤佳，画风泼辣大胆，笔势抑扬顿挫，极富节奏韵律美，墨色浓淡对比强烈，风格奔放，精妙处十分传神。所画之鹰，美洲人以千金争购。有绘写异国风情的《南洋风土画集》和《游历图记》二卷，晚年归乡，热心于西湖建设和桑梓文化，将画艺传给侄子李长天。[①] 清代，东江本土还有书法家陈鹏飞、王守充、释元桴、黄鱼门等。东江本土也有一批书画家，以西湖为创作题材。清乾隆年间进士关槐，工山水，得法五代南唐画家董源、后梁画家荆浩之笔意，曾在惠州苏东坡祠画笠屐图刻石碑。惠州知府尹秉绶，工古隶书，善画山水，极负盛名，至今存画作《罗浮山华首台》。嘉庆年间人蔡耀，善画山水，有《西湖十二景》、《回龙春雨图》等佳作。道光年间人戴熙，《桐阴画论》誉其所作山水画为“神品”。道光年间举人韩荣光，博罗县人，擅长诗、书、画，人称“三绝”，传世作品《世亭话旧图》刊于《广东名画家选集》。道光年间黄培芳，擅书画，六上罗浮绝顶，画《丰湖秋汛图》，古人评曰：“如此诗情兼画意，不须身到也销魂。”[②] 道光举人黄振成，曾任知府，善画山水，作麻皮皴，水墨秀雅，乐惠州西湖之美，筑怡园，吟诗作画其中，有西湖景条幅传世。黄灿芳，工山水、花鸟，有《西湖图》刊刻于光绪《惠州府志》。清光绪年间归善县进士江逢辰，善画山水、花卉，工书法，尤工篆隶，今桥东桃子园尚存其篆刻。

4. 民国时期

民国时期，东江地区产生了大批民间书法家，如秦寿宁、叶史材、黄亦良、张炳烺、曾顾民、周醒南、李端谷、尹克任、裘集裳、叶文澜、林振雄、黄公柱、冯重熙、冯宝瑛、刘子陶、李九皋等。黄亦良工文字学，书法精妙，酷肖何子贞；曾顾民和林振雄均擅颜体，曾的手笔多见于西湖碑碣，林书题东征纪念碑“气壮西湖”四字，气势雄壮；李覃量碑帖兼擅，其手迹《梅隐山房图序》方圆并用，挺劲古雅；黄仲驹取法赵子昂，风格俊朗；秦寿宁嗜治印，擅篆隶，隶书宗汉碑曹全，风神秀逸；尹克任初习颜柳，继临刘墉，善写大字，笔势宽博，气韵浑厚。其中，王映楼是杰出代表。他作为吴道镕入门弟子，诗、文、联、灯谜等均精通，作品量多质高，尤以书法名世，被誉为

① 惠州市惠城区地方志编纂委员会编：《惠州志·艺文卷》，中华书局2004年版，第91、263、765页。

② 惠州市惠城区地方志编纂委员会编：《惠州志·艺文卷》，中华书局2004年版，第53页。

“东江才子”。他楷书宗褚河南，行书宗黄山谷，皆得其精妙。其余各体，亦极纯熟。所著《书萃》点评历代名家碑帖101通，是东江地区现存的唯一一部有关书法理论的作品。裘集裳工诗画，尤擅雕刻，曾辑自书作品及桂坫、吴道镕等名家题增20余幅作《兰言集》。民国期间东江绘画创作，有李桂馨，民国初授画于丰湖中学，所作山水画，意境幽远，其《西湖八景》参加巴拿马赛会获优等奖。刘仑善木刻，著有《北中国乡士玩具集》、《刘仑木刻集》和《抗战木刻》，民国期间的木刻作品有六幅被中国美术馆收藏。梁永泰创作出版了《血的动脉》和《铁的动脉》两套抗战木刻画集，部分作品先后在美国和延安出版、展览。民国初年东江画家黄华，擅画“清供图”，笔墨娴熟，色墨生辉，水墨交融，灵活运用“撞水”、“撞粉”等绘画技巧，今有作品流传。民国年间曾任省立师范学校教师的卢巨川，长于钢笔画。惠州中学美术教师刘群卿，与岭南画派高剑父同创“广彩绘陶瓷”。民国期间的东江画家还有高奇峰、何漆园、赵少昂等。抗日战争期间，何香凝在惠州作画并义卖，筹募抗日救亡经费。①

（四）东江地区传统建筑风格

建筑，是人类于地表结构中建立的人工附着物，借助于空间支撑材料，通过人类劳动力的凝结形成的某种空间构造功能体。建筑结构包括三部分：建筑物、建筑空间及其组织形式。地方化建筑的基本功能是作为区域社会生活的中心，以安排家庭单元的生活空间。建筑设计方案按照功能主义原则，通过简化方式以创造家庭效率。不同地区建筑物的功能主义原则实施的实际后果，是塑造了一种地区空间，以满足扩展的社会需要。建筑文化是聚落的一种物质形式，反映地区性文明。东江地区建筑风格的产生形成，与东江文化的基本内涵和特征紧密相连，体现出多元化特征。

1. 宗教建筑风格

首先是佛教建筑风格。梁大同元年（535）佛教传入罗浮山，建南楼寺，此后山上寺院建筑不断出现，成为岭南佛教的发祥地之一。六朝时，广东各地建寺院87所②，广州19所，始兴郡11所，罗浮山4所。唐代，罗浮山有华首寺、明月寺。明清时期，罗浮山永福寺释真空每出山说法，听者常至千人。广东现存盛名寺院，惠州有华首寺。塔，汉时传入我国，佛塔最早在广东出现在

① 惠州市地方志编纂委员会编：《惠州市志》（四），中华书局2008年版，第3919、3923页。

② 《大藏经·传记部》诸部统计。

五代时期，为楼阁式铁塔。北宋时为楼阁式砖塔为主，南宋以后转为石塔。塔，从梵文译为中文之名有20多种，清代两广总督阮元予以统一，通译为塔。宋元之际和明清时期为广东造塔的两个高峰期，现存240多座①，惠州有泗洲塔。唐初唐中宗为了纪念西域高僧大圣僧伽，在安徽泗洲（今江苏盱眙）兴建泗洲塔。自此，全国各地凡建佛塔必仿效泗洲。佛教已经传入数百年之久的惠州，此时出现泗洲塔。苏东坡《江月》诗中有“一更山吐月，玉塔卧微澜”的千古绝唱。明嘉靖四十三年（1564），泗洲塔因年久失修而倒塌，直至60多年后的万历年间才得以重建。到了明万历四十六年（1618），巡抚王命璇按部惠州，见惠州人文不及前朝，就“捐金三百”，让惠州知府温国奇重建泗洲塔，以振惠州文运。次年腊月，庞大的泗洲塔重建工程开工。河源进士李焘在《重修泗洲塔记》一文中记载了这一盛况：“广其武若干，峻其级若干，凡馀资除义助外，皆温公自任之。属致仕千户李启阳专力督率，不烦民间一粟一役。”泗洲塔重建费时五年，至明天启三年（1623）才由惠州推官金汝和续建而成。建成后的泗洲塔为七层砖塔，平面八边角，高达37.7米。② 其次是道教建筑风格。秦始皇时，有“蓬莱山三岛，罗浮山其一也”③。山东琅琊人安期生，东海之滨卖药翁，曾居罗浮山玉泉。东晋葛洪在广州建三元宫，在罗浮山建冲虚观，为道教在广东传播之始，罗浮山为道教在广东正宗之地。清初，道教全真派邱处机12代弟子杜阳栋抵广，使得道教在广东地区有了较大发展。广东道教有三个子系统：尊神系统、主神系统和杂神系统。罗浮山冲虚观供奉三清塑像。冲虚观（东江纵队司令部旧址）位于博罗县罗浮山麻姑峰下，是抗日战争时期中国共产党领导广东人民抗日的根据地之一。1945年春，广东省临委根据中央批示，将东纵司令部、政治部、军政干校、青训班、《前进报》社等机关迁到罗浮山。同年7月，在冲虚观召开广东省临委干部扩大会议，会议主要内容有：讨论中共“七大”文件；撤销省临委和省军政委，成立广东区党委；研究迅速北上，创立战略根据地等重要决议。参加会议的人员有：东江前线、北江、西江、珠江、潮汕的特委和部队机关、各支队的代表。冲虚观，始建于东晋咸和五年（330），宋哲宗于1087年赐“冲虚观”匾，清嘉庆十三年（1808）重修，是全国重点道教寺观之一。总建筑面积4 400平方米，平面呈四合院布局，主体建筑由平台、山门、天井、三清殿、葛仙祠、两

---

① 国家文物局主编：《中国文物地图集·广东分册》，广东省地图出版社1988年版，第36页。

② 惠州市地方志编纂委员会编：《惠州市志》（四），中华书局2008年版，第4060页。

③ 道光《广东通志》卷三二九，安期生传。

庑及膳堂组成。山门、三清殿、两庑斋堂均为悬山式屋顶，面阔五间、进深三间，抬梁与穿斗混合式梁架。屋脊、内外博风、墙体均饰以大量的灰雕、陶塑、壁画，题材包括人物、花 、山水、博古、书法等，具有较高的艺术价值。罗浮山九天观，原明福观，距朱明洞冲虚观两公里处，南汉时期建，距今有七百余年历史。宋时由苏东坡书写观名（已佚）。明《一统志》载，其内有西华道院，乃张远庵退居之所，观在宋、元、明各代俱存。明末，邝露读书观中，自号明福洞主。清初观渐衰，西华道院亦废。乾隆年间重新修建，名九天观。民国时期重修，建筑面积约一千平方米。正殿为金阙宝殿，下殿为王灵宫殿，左殿为吕祖殿、地母殿，右为客堂。观前有放生池，池旁有七棵水梦松。惠州元妙观，创建于唐，元代扩建时，置“正殿两廊，钟鼓二楼，三房，库房，横溜重檐，涂饰壮丽，像座威仪”[①]。除了玉皇殿和吕洞宾、天王君、慈航道人和三元塑像以外，还有观音殿、包公殿，说明佛道合流现象，但是现存殿宇、塑像仍然保持了以道教文化为主的风格。[②] 例如，惠东谭公祖庙，基本上是按照道教建筑文化来组织空间的。[③]

2. 学宫书院建筑风格

学宫和书院功能，为宣扬封建文化道德形成的府第、牌坊、碑刻、额匾、楹联，留下了特有的建筑文化景观。学宫建造的大小规模不一，布局按儒教礼制要求组合，强调在空间组织上体现上下、主从、内外有别的社会秩序。由间到幢到进，再由进组合成庭院。庭院中空，虚实相间，层层递进。其配置格式，皆为中轴对称，包括棂星门、大成殿、东庑殿和西庑殿、乡贤祠、名宦祠，以及庭、桥、台、畔池等。有些学宫还有华表、牌坊、碑林、尊经阁、明伦堂等建筑，进深从三开间到五开间，组成一个庭院相间、殿祠兼具的建筑群落。学宫外观立面多为重檐歇山顶，正脊、垂脊和戗脊都装饰以龙、凤和合角吻等。结合岭南多雨潮湿特点，檐柱多采用整条石柱或上木下石相结合结构。屋顶多采用琉璃瓦板、瓦筒、瓦当；宫室内外的梁、枋、檐板、门窗、隔扇等构件上多有祥龙彩凤、花鸟虫鱼、狮子等瑞兽的雕刻和彩绘。许多学宫的雀替、驼峰、爪柱等构件多施透雕。书院建造，一般有讲堂、廊庑、斋舍等建

① 周歧后：《修元妙观记略》，《惠州文物志》，惠州市文化局博物馆1986年内刊，第49页。

② 惠州市地方志编纂委员会编：《惠州市志》（四），中华书局2008年版，第4056～4058页。

③ 惠州市地方志编纂委员会编：《惠州市志》（四），中华书局2008年版，第4465～4490页。

筑。为褒彰封建忠孝节义和功名寿禄建立的牌坊，以明朝最多，一般为四柱三间或二间三楼庑殿顶建筑，高约五至八米，有些雕有龙凤、花卉、人物等图案，所书多为贞寿、流芳、纪功、名宦、及第等字样。惠州市金带街的古建筑宾兴馆，是广东省仅存的一处古代科考建筑。中座院前的碑文中介绍，该馆创建于清道光八年（1828），是惠州乡绅为资助本地生员参加乡试、会试而建，馆内尚存石刻两块，是一份研究清代科举制度的珍贵资料。两块石刻位于中座房间的外墙上，每块长1.2米、宽0.7米，石刻上字迹清晰，分别是“宾兴馆碑记”和“宾兴馆条约”。据条约记载，宾兴馆坐北向南，背靠方山，前临池塘，远眺尖峰。该馆建筑，进深三座，面阔三间，属于封闭式的四合院布局，占地约1 000平方米。一墙之隔的西面是商贾云集的丽日购物广场（西湖店），南面门前十余米则是车水马龙的塘尾街。宾兴馆现存的建筑是目前中国乡土建筑中最能反映古代科举制度的古建筑之一。①

3. 民居建筑风格

在明代中期以前，东江民居多采用茅茨、竹椽搭建，“久而燥，则易灾”。明正统元年（1436）惠州府通判郑述“令民陶瓦构材为栋宇，环之以堵，亲往督劝，赏其先就者，而察其不足者振之，茅竹之俗一变”②。普通民居住宅建筑讲究坐向，多为坐北向南，单家独户。式样一般为两进“上三下三”或“上五下五”。“上三下三”，即上三间下三间，之间以左右各一廊屋连接。“上五下五”，即上下各五间，用左右各两间廊子间连接。完整的房屋，两侧各建有横屋连接。除正屋上下厅之间留有天井外，横屋也有上下厅和天井，采光和通风条件较好。厨房、饭厅、浴室均在横屋。门外还有门坪，作为打谷、晒谷场及活动场所，附有柴草间、喂养禽畜的场所及厕所。东江地区围龙屋是具有代表性的民居建筑。惠阳、惠东的围龙屋讲究地势，要求前低后高。整体构建为圆盘式或方块式，中心有天井，大厅、大堂、小堂、大门、小门、厨屋、浴室、水井都呈规则化分布。③

4. 东江地区古建筑

如惠州市区有拱北桥、泗洲塔、元妙观、利参议牌坊、“官式民居”黄氏

---

① 惠州市地方志编纂委员会编：《惠州市志》（四），中华书局2008年版，第4053~4055页。

② 惠州市地方志编纂委员会编：《惠州市志》（四），中华书局2008年版，第4429页。

③ 惠州市地方志编纂委员会编：《惠州市志》（四），中华书局2008年版，第4073页。

家祠等。此外，还有龙门县功武村和水坑村明清古建筑群，大亚湾霞涌官溪围明清民居，惠东县多祝镇黄狮村明清民居，惠阳市的笃庆堂、崇林世居等客家民居。2004年11月17日，在博罗县城榕溪西段河堤施工现场挖掘出一段古城墙，经考证，确认为明朝时期的古城墙，与博罗中学内唯一保留较为完整的明代古城墙是同期建筑。博罗县泰美镇车村有一座始建于明代嘉靖二十年（1541）的古宗祠，历460多年，现保存完好。该宗祠记载了车氏祖先西汉末年从中原迁徙入粤的详细历程，将中原人南迁入粤的时间提前了约300年。据祠中记载，宗祠为明末本村出的一位御史车邦佑所建，占地1 000多平方米，四周青砖墙到顶，雕梁画栋，共16根14米高的棱形石柱。从戟门至后殿，高度落差二点四米，台阶相接呈前踞后拱之势。祠中三个天井回廊有精致的耳门与两边的耳房相连，天井边的围栏石雕造型别致，三重大殿用顶上装有方格窗棂的木屏风各自分开，自成体系。大门口照壁前面，有一方占地近一公顷的水塘。具有460多年历史的车村古宗祠已成博罗县文物保护单位。惠东皇思扬古围村，又名黄沙洋，处于西枝江畔，距惠东县城25公里，距多祝镇一公里。皇思扬古围村的古建筑群按“设治防御”需求而建，施工技术巧妙绝伦，具有居家生态和世俗传统文化的东方气派。在这个村庄生活的人们主要有萧、杨、许、郑四大姓氏。他们明末清初从福建漳州迁至这里围寨建屋，繁衍生息，遵循“天人合一”，图展未来的建筑布局，打造基业。奠基的几户人家起先是开荒垦地，男耕女织，和衷共济。直至乾隆、嘉庆期间，才成为有几千人口的村庄。古时在建筑设计上都讲究房系、姓氏划分，以及天文、地理、人和的因素。古建筑物四周以房屋为屏，占地约20万平方米，屋连屋，墙连墙，把四姓的民居紧凑相连。建筑庞大，人口几千，形成了古代的大围村。古围村的建筑群内有城门、神庙、青丝观、书院、学堂等，村内分布有近十口井，水质清甜，水美人寿。建筑物群除祠堂是梁架殿堂式结构外，大部分住宅是二进或三进硬山式结构。屋檐、门楹、窗棂有灰塑、石雕、木雕。这些是以蝙蝠、龙、鹿、花草等为题材，表示吉祥如意，整幅画生动形象，内容丰富，装饰华丽，工艺精巧，堪称岭南民间建筑装饰之精华，也隐含了古围村的古代文化基业的内涵。皇思扬古围村在清朝有过鼎盛时期，村人非常重视文化，经商有钱人就设私塾、办书斋、兴学堂，当时全村就有十多间的书室。村人认为入仕为官是光宗耀祖、福荫子孙的义举。据四姓的族谱记载，当时考取二十多位进士、举人，官居一至六品。村中随处可见精美的镏金匾额和楹联，有武魁楼、翰林第、大夫第、将军第、都尉第等。石柱有40多条，当时村里每出一名举人，就树两条旗杆夹，并注明年号、科名。①

东江地区传统建筑风格，构成东江文化的标志性象征符号之一。东江流域地方特色民居和历史名城，代表一种地方文化和地方风俗特性。这种区域文化的地方性特征，提供了一种与东江特定地区相联系的地域归属感。东江流域历史变迁，地方建筑或存或废，经过时间积累，使得东江地理空间的演变从一个侧面造就了有着独特历史和未来的东江文化区域。

① 惠州市地方志编纂委员会编：《惠州市志》（四），中华书局2008年版，第4076页。

第六章　东江地区传统风俗和民间信仰

东江传统地区风俗习惯和民间信仰，与东江文化多元特质规约下形成的开放性、兼容性、创新性特征紧密联系在一起。他们在保留客家风俗习惯和民间信仰主体、要质的基础上，又融入了广府文化和潮汕文化中某些风俗习惯和民间信仰要素，体现出“东江”地域自成体系的鲜明特性。

一、东江地区日常传统礼俗

学术界关于东江地区日常礼俗的研究多从具体的某项习俗入手，介绍该习俗的特征并给予评价。例如，曾汉祥、曾祥委、李乐民等人通过深入调查粤北、粤东等地区客家丧葬的程序、礼节，来揭示以客家人为主体的东江地区丧葬风俗的概貌。学者楼栖、陈玉奇则以广东嘉应州（今梅州）为主要研究对象，分析当地客家人的服饰、饮食、居室等方面的习俗，为我们展现了客家人的基本生活生产风俗及其发展趋势。此外，还有些学者从惠州地区客家人的婚俗习惯入手，阐释了东江地区客家居民结婚的程序、礼仪、禁忌、变迁等。纵观学者对东江地区日常礼俗的研究现状可以发现其两个主要特征：一是以客家民族为主要研究对象，从理论上初步理清了东江地区客家居民日常礼俗的类型和改革的可能方向，有助于我们理解和把握东江地区日常礼俗的内涵；二是对某一具体的习俗展开深入的分析阐述，有助于读者详细了解该习俗的特征，但难以在一篇文章中展示东江地区日常礼俗的整体概貌，因此不利于读者较为全面地了解东江地区习俗。为避免以往研究的这一不足，我们立足东江地区整体习俗，以东江地区主要居民——客家居民为研究对象，选取最具代表性的三大日常礼俗——婚俗、节日礼俗和丧葬风俗为分析客体，来介绍、评价东江地区日常礼俗的概貌、特征及其对东江文化的影响。

（一）东江地区日常传统礼俗概述

东江地区传统的日常礼俗，主要体现在婚姻礼俗、节日礼俗、丧葬风俗三个方面，数千年来不断演变、发展，深深地规约和影响着东江民众日常生活方式，成为东江地区社会风尚生生不息的一个重要内容。

1. 婚姻礼俗

新中国成立以前，“包办婚姻”、“买卖婚姻”、“聘娶婚姻”、“指腹婚姻”、“童养媳婚姻”、“重婚纳妾”、“等郎妹婚姻”等婚姻形式在东江地区普遍存在，其中聘娶婚姻尤其盛行。

聘娶婚姻在东江地区历史悠久。据光绪《惠州府志》载：“婚姻，俗用槟榔为聘，以多为贵……其聘仪妆奁则称家之丰约为之。”① “俗用槟榔为聘”中的槟榔，旧时中药铺有售，在聘礼中，它多具象征意义。而真正的聘礼传统都是以银钱、食用之物为主。志书中所说聘礼“称家之丰约为之”，实际上，即使“约”者，聘礼的数量也是相当可观的。

东江地区传统的聘娶婚姻的礼仪繁锁复杂，是由封建婚嫁礼仪的“六礼”演变而来的。“六礼”起源于周朝。《礼记》记述当时应循的婚姻程序为“纳采”（媒人提亲）、“问名”、“纳吉”（男方卜吉，女方正式认婚）、“纳证”（下礼落订）、“请期”（婚期的商定）、“亲迎”（迎亲接新娘）。② 东江地区传统的婚嫁礼俗，大抵按如下几种程式进行。

（1）提亲。所谓提亲，一般是男家请媒人到女家说合。提亲为六礼中“纳采”的一种变化形式。东江地区的传统婚仪中的提亲都要携礼，礼品多是活鸡或花布妆奁类用物。民间称这种鸡为“带路鸡”，寓意吉祥。在提亲中，媒人多为女性，故习惯称之为媒人婆。

（2）过大礼。婚前各种礼节中最为隆重和至关重要的莫过于亲迎前夕的“过大礼”了。“过大礼”之俗，近于传统“六礼”中的“纳征”。《仪礼》说：“征，成也，使使者纳币以成婚礼。”③ 也就是说，下了彩礼，送了嫁妆，才可以把女子娶过来。在传统聘娶婚姻中，两家相互商定的聘金、聘礼、嫁妆在这一天要履行兑现仪式。男家将预先备好的各种聘礼装满食格、盒箩，贴红插柏，或挑或抬，由男家的姑嫂姐妹浩浩荡荡地送往女家。男方在“过大礼”中送全猪、全羊是常有的事，故民谣里有“行猪过大礼”的唱词。饼食也是必备之物，东江地区的定俗是备“大饼”，种类达十几种，依各家的条件和讲

① 刘溎年等修：光绪《惠州府志》，民国六年即 1917 年，补版重印本；转引自“惠州传统的婚嫁礼俗及用品”，西子湖畔网站，http：//city. xizi. com/h/200606/1675_2. shtml，2006 年 6 月 24 日。

② （清）阮元：《礼记正义·昏义》；转引自夏高发：《从〈仪礼·士昏礼〉与〈礼记·昏义〉中看传统妇女地位的双重性》，《沧桑》，2007 年第 10 期。

③ （清）阮元：《礼记正义·昏义》；转引自夏高发：《从〈仪礼·士昏礼〉与〈礼记·昏义〉中看传统妇女地位的双重性》，《沧桑》，2007 年第 10 期。

究铺张的程度来预备一种至数种大饼不等。不过，十数种饼全部备齐的并不鲜见。除此之外，必备的还有烧猪肉、鸡、鹅、鸭、鱼、发糕等。女家在收到男家礼品时，立即将原先预定的嫁妆送往男家。东江地区传统婚俗中常备的嫁妆，主要为生活用品，比较普遍的是衣服、被、枕、席、帐之类，还有诸如衣柜、梳妆台、皮箱等家具。

（3）接新娘。接新娘是传统“六礼”中的“亲迎”。而东江地区所指的接新娘，主要包括了铺房、哭嫁、迎亲、撒盐米、跨火等主要的几种习俗。

铺房指的是娶亲前一天，女家的姑嫂姐妹帮忙摆设新房的一种风俗。按博罗、惠东等地习惯，铺房讲究两点，一是摆设的床、柜、梳妆台等要注意方位、风水，最讲究的是衣柜镜不能向床。因为在客家习俗中，镜与照妖同义，而照妖镜向床，显然是不吉利的。二是铺房之人要“命好”，民间认为命好的标准主要是“多子多福”。所以，寡妇、无生育能力或生育少的妇女是不能参加铺房的，而多子多福者，则是铺房的主要参与者。

哭嫁指的是新娘行嫁前一晚进行的一项庄重的仪式。各地姑娘行嫁前“哭嫁”之习大同小异。哭唱内容大致是辞祖宗，哭爹娘、众亲，感谢父母养育之恩，表达怀恋娘家之情。

迎亲指的是娶亲当天新郎带着迎亲队去女方家迎娶新娘的过程。迎亲队由两个人打灯笼开路，备有两面彩旗、麒麟、锣钹、乐手等，其后是由媒人领着新娘花轿。花轿顶上缚一条红绸布，轿门两边挂着茅草、桃枝、尺、通书、米筛以避邪，轿的前后把手各挂一盏马灯供轿夫照明。接新娘之时，一路鼓乐。至女家后，女方姐妹拒之于门外，新郎赶忙派“利是”，过众姐妹一关后，才可将新娘接出。新娘哭赖不走，男家众人软硬兼施，哄其出闺房，又哄（硬推）新娘上轿，新郎还要给轿夫封“利是”，方才起轿。

撒盐米指的是接新娘时，预先用器皿盛好一些盐、米、黑芝麻等物，在接新娘的途中沿路撒放，谓祭桥神和路神。撒盐米之俗犹如我国传统婚姻礼俗中的“撒谷豆”。“撒谷豆”早在西汉已有，两宋时在北方盛行，其传统的说法是为了“禳三煞”，亦即驱鬼避邪。这种习俗，可能通过中原移民传入东江地区。

踩凹栏与跨旺火指的是迎亲花轿到家后，在鼓乐声中众亲扶新娘下轿，此时，新郎便用折扇在新娘头上敲三下。男方牵新娘的人在一旁念念有词：“打一下听家公话，打两下听家婆话，打三下听老公话。”家公、家婆不全的就敲两下，家公、家婆都不在的只敲一下。除敲头这个风俗外，同时还有踩栏之习，新娘一下轿，男家的人便急忙在新娘的脚前铺就一个凹栏，让新娘脚踩而过，民间谓“脚踏凹栏随窝（凹）转”。很明显，这是要让新娘过门之后，能专心致志地在男家这个“窝”里“做牛做马”。踩过凹栏准备入屋时，人们习惯要让新娘跨火而过。即便是不置专门的火盆，一些老人也要抓一把草燃烧在门口，让新娘跨过。它有两个用意：一个是取“旺”字，新娘跨过旺火把之后，来日就给夫家带来“旺火”；另一个是取“避”字，主要是避去邪祟。

拜堂指的是将新娘接至男方家中后，新郎、新娘同拜天地、祖宗、父母、长辈，之后新郎、新娘互拜。新郎、新娘礼拜长辈和敬茶时，长辈赠予“利是”（红包）、耳环、手镯等。礼毕，就是大开宴席的“和新娘酒”了。惠州等地传统婚宴时新娘并不露面，一般要饿着肚子独坐新房，不能抬头，不能言笑，不能轻易走动，独听正厅中传出的嬉闹狂欢之声。

（4）宴客。娶亲之日，男女双方各自备酒席宴请亲朋。应邀赴宴者，至亲送酒、米、布料或毡毯、衣服之类，一般亲戚朋友送镜屏或其他纪念品，送贺金，“封包”写上吉祥字句，以志庆贺。新郎家要请一位会写喜幛的人，把宾客送来的未署名的喜幛用红纸写好后贴上挂出来。女家请宾客的酒席所需海产品、肉类，男家按约送去。娶亲之日上午，男方要把预先协商好数量的鱼、肉、酒、鸡、鹅、油豆腐等物盛好礼担，送给女方。女方回礼，有糯米粉搓成两头尖中间大的汤丸（部分染红）、猪肉和鸡，还有一些放入几片茶叶的淘米水，让男方的人挑回。据说这样做，新娘过门归男家后，养猪会长得快长得肥。新郎家在举行拜堂仪式后，即摆酒设宴招待出席婚礼的亲友客人。桌上摆满茶水和菜肴，有海参、筋、鸡、糕、包子。枣子、花生、桂圆、莲子“四果”也必不可少，取谐音“早生贵子”之意。宴席开始，门口燃放鞭炮，锣鼓吹奏齐响，宾客依次入席。席间，送嫁者伴新郎、新娘向客人致礼，每桌宾客敬酒，新郎、新娘喝的是糖茶。宴席结束，乐声又起，嘉宾离席，剩下的部分客人准备闹新房。①

（5）闹新房。在东江地区，有人用针线把新郎、新娘的衣服缝起来，谓之“夹心”。“夹完心”一走动便拉扯在一起，引起哄堂大笑，便开始闹新房。邻里小孩一下子涌进新房，一边在四个角落找东西吃，一边喊：“榄（揽）仔”、“枣（早）仔”，取谐音“早生贵子”之意。青年男女闹新房的节目很多，如要新郎、新娘同时抽一支烟，同时咬一只槐榄，在一张长条凳相遇而过等，目的都是要两人当众亲嘴、拥抱。在闹新房过程中，送嫁者像保镖一样伴随新娘左右。闹到深夜，厨房送来糖水汤丸，有人盛上两碗，分给新郎、新娘，其余的人便各自找碗盛汤丸，边吃边叨：“汤丸汤丸，甜呵甜呵。”吃完

① 以上主要参见惠州市地方志编纂委员会编：《惠州市志》（电子版），广东惠州音像出版社 2009 年版，第 4437 ~ 4438 页。

后，闹新房的人才陆续散去。在惠东民间闹新房时，先由宾中推举一人把挂在床帐沿的红枣灯点上，叫做“添丁”。

（6）三朝回门。娶亲后的第三天一早，新娘便要打点礼物同新郎一齐回娘家看望父母，这就是东江地区习惯所称的“三朝回门”。如果说提亲、卜吉、落定、报日、过大礼为婚前礼，迎亲、闹新房为婚时礼的话，那么，三朝回门便是婚后礼了。

东江地区的三朝回门，又称“戏郎婿”。按惠州的习惯，新人到岳家之后的第一件事，便是拜见岳父母大人，而后逐一拜见族中诸亲。在拜见族中的姐妹时，往往就开始“戏郎婿”了。按照传统的风俗习惯，新郎拜岳家祖宗和岳家宅屋的四方神，这时姐妹便于一旁起哄，或让新郎多拜几次，不让其起身；或让新郎频频下跪，其间不让其休歇；有些好事之人，还会拉新郎到鸡窝或猪圈旁，明说是要新郎拜鸡笼神或猪舍神，实际上是戏弄新郎。如新郎不从，众姐妹就会强行“执法”，使新郎不得不从。拜毕，岳家宴请郎婿。席间，岳丈及族中老者要出些对子和难题让新郎解答，说是测试新郎的才能，实际上是为难新郎，而新娘那些好事的姐妹，这时便照搬“滞新娘”的做法去戏弄新郎，使新郎狼狈不堪。

除远道联姻者外，三朝回门一般是岳家请郎婿、新娘及婿家姐妹姑嫂吃一餐，然后打点回礼，当日返归。[①]

2. 节日礼俗

东江地区的节日礼俗有着悠久的历史，如春节，源于上古社会的“腊祭”，“过年”的传统也起源于上古。此外，还有四时节令，以及其他俗信纪念。这些活动不但表达了人们对传统文化的热爱之情，也使得东江地区的岁时节令民俗源远流长。东江地区居民的节日礼俗包括客家居民的、广府居民的和潮汕居民的节日礼俗，三种居民的节日有所区别，其中由于客家居民所占比重最大，所以往往以客家节日礼俗来做代表。具体而言，东江地区客家居民节日礼俗主要体现在以下几种节日上。

（1）春节。习惯上称“过年”，是东江地区最隆重的传统民俗节日。一般人认为，过年就是指从农历年三十晚到年初五。过了初五，人们已是“吃了年饭去耕田”，即又开始工作了。其实，东江地区过年的时间并非如此短暂，

---

① 以上主要参见惠州市地方志编纂委员会编：《惠州市志》（电子版），广东惠州音像出版社 2009 年版，第 4439 ~ 4441 页。

它起自农历十二月廿三晚的“送灶君”，止于春节最后的喜庆活动“闹元宵”。[①] 东江地区过年习俗归纳起来，大致有节前、节中、节后的各种活动，如贴对联、门神与福字，送灶主阿公上天，拜神，吃团年饭，守岁，放鞭炮，舞龙，舞狮，穿新衣，换新碗箸，初一吃斋、开年、送穷，过人日，互相拜年等。下面简单介绍其中几个重要环节：

农历十二月廿三晚的“送灶君”。传说，灶君是奉天上玉帝之命，到人世间视察善恶的神灵，其神位设在每家每户灶台的墙壁上，每逢十二月廿三晚是灶君上天向玉帝禀报各家各户功与过的时节。为了让灶君在玉帝面前多说吉利话，这天一大早，人们就会买两根带蔗叶的甘蔗，以作天梯方便灶君上天，还要准备鸡、鱼、猪肉等，以及茶、酒、糖、大橘进行拜祭，并用纸做的黑色灶君衣作为送给灶君去见玉帝时穿的新衣，该纸衣随纸宝香烛一齐烧掉，烧完后将糖与大橘放入大米缸留待灶君年三十晚回来享用。

送完灶君后就开始忙年关。其中大致有清洁扫除、自制年糕、买年货、买年画、贴春联等。过年期间，惠州等地人很注重吃和玩，所以过年做小食品、购年货是重要内容。其中买年货，除了购一些拜神用的纸宝、香烛、爆竹等物，津丝、“池菇”（慈姑）、冬菇、腐竹、鱿鱼、发菜、虾米等都是必需品。此外，替小孩买新衣、新鞋也是必需的，小孩穿新衣是过年的标志之一，即使是穷人家，借钱也要为小孩置套新衣鞋。

接着，大年初一过大年。年初一，要吃素。有“初一吃素，相当一年吃素敬神之说”。初一大人小孩要给长辈拜年，老者要给晚辈派“利是”（红包）。有些年纪大的人没结婚，也会得到“利是”，但不用派“利是”给其晚辈。初一的禁忌较多，主要有不要扫地，不要打烂物品，见面要说吉利话等。万一不小心打烂东西或吃饭时小孩子无意跌了筷子，也要说句“落地开花，富贵荣华”、“筷落（快乐）”等，以此趋吉避凶。[②]

初二，俗称“开年”，家家户户开始宰杀三鸟。亲友、邻居串门贺年，给小辈们送“利是”。忌扫地、打人、骂人、说不吉利的话。

初三，俗称“送穷日”。清早，家家户户将除夕以来堆积的垃圾扫出门外。当天忌探亲访友。

初四，妇人纷纷回娘家探亲，可携儿女，也可携夫。

---

① 以上主要参见惠州市地方志编纂委员会编：《惠州市志》（电子版），广东惠州音像出版社 2009 年版，第 4450 页。

② 以上主要参见惠州市地方志编纂委员会编：《惠州市志》（电子版），广东惠州音像出版社 2009 年版，第 4451 页。

初五，叫“出年价”，新年的许多禁忌消失，人们开始春耕，出外谋生。但新年气氛犹存，家家户户仍大吃大喝，直至元宵节。

（2）元宵节。农历正月十五称元宵，民间过元宵节。龙门称“吊灯日”，惠阳叫“灯节”。自正月十三至十六，每夜各家悬挂灯笼，燃放烟花、爆竹，各地祠堂、神庙门前张灯结彩，男女相聚嬉戏，竞猜灯谜。小孩穿新衣，打小鼓，四处玩耍。惠东民间还有赏花灯。博罗民间，各家做有馅汤丸，老少围桌共食，取“团圆”之意。有的地方在正月十六举行接神坛活动。

“上灯”是东江各地一项重要活动。凡是上年生有男孩的人家，须备花灯，灯笼上写“新丁贵子”之类吉祥字，先在祖屋大堂悬挂灯笼，然后去祭拜祖先，请贺丁宾客食“添灯酒”。龙门吊灯在正月十五日清晨举行，在祠堂正梁悬挂大花灯，在居屋正堂挂小花灯，设宴招待“贺丁”客人，但在龙门平陵、龙江一带讲客家话的乡村的“吊灯日”不一致，从正月十一至十八均有。博罗的“上灯”则从正月初六开始至元宵节结束。[①]

（3）补天穿节。农历正月二十为东江地区民间“补天穿节”。是日，民间制作补天穿饼，置露天，祭拜上苍，又将饼扔到屋顶，谓之“补天”。传说女娲补天后，尚有缝隙，做“补天饼”是帮女娲补好天隙，以此避免雨水过多造成水灾。“补天饼”做法：先将糯米粉加水搅成糊状，舀进锅里煎成一个个软薄饼，然后将炒熟的白糖、芝麻、花生米、肉丝、虾米、萝卜丝、葱、蒜等作馅，卷成一个个小厚饼；也有人煎成一个大薄饼，将馅全包进去，做成一个大厚饼。[②]

（4）清明节。对惠州人而言，清明节历来都是一个很重要的节日。在这一天，家家户户派人上山扫墓，俗称“拜山”，此习俗历千年而不变。惠州至今仍有清明门前挂柳的习俗。据清光绪版《惠州府志·风俗》载：清明，插柳于门，无贵贱，男女同行祭墓。[③] 清明扫墓仍是一个家族一年中的头等大事。在一些大姓氏家族的祭祖活动中，合族老少拜过祖坟后，在宗祠大开筵席，俗称“食征尝”，最后各人领取“丁肉”和“拜山钱”回家。

（5）端午节。农历五月初五称端午节，俗称五月节，又称端阳节，相传

① 以上主要参见惠州市地方志编纂委员会编：《惠州市志》（电子版），广东惠州音像出版社 2009 年版，第 4452 页。

② 以上主要参见惠州市地方志编纂委员会编：《惠州市志》（电子版），广东惠州音像出版社 2009 年版，第 4452 页。

③ 惠州市惠城区地方志编纂委员会编：《惠州志·艺文卷》，中华书局 2004 年版，第 327 页。

是为了纪念古代楚国爱国诗人屈原。民间每逢端阳节，家家包粽子，配“三牲”，烧香纸烛祭祖，户户采菖蒲、艾草、葛藤，用红绳扎起挂于门上。然而，具体的纪念形式在各地却有一定差异性，例如惠城民间还到江边祭祀神鬼；惠东平山民众用雄黄酒给家中小孩点额，搽抹肚脐，带香袋，谓“五月五日午时书，蛇、虫、鼠、蚊尽扫除”[①]；博罗还用草纸筒填满米糠拌硫黄及香料，制成拇指大的熏香，以避污浊，防虫蛇；龙门民间还在当天晒衣物，说是可防虫蛀。当天中午，全家欢聚，共进午餐。午后，男性青少年到溪河、水塘中游水洗澡，传说可防治百病。

此外，举行龙舟竞赛是端阳节的一项集体活动，各地水域之乡都举行。惠州西湖、惠东平山、吉隆、盐洲、平海等地，博罗沿江的铁场、石湾一些村镇，每年五月初一至初六，几乎都举行龙舟竞赛活动。

（6）中元节。东江民俗以农历七月十四为盂兰盆节，惠阳、惠城俗称“鬼节”，博罗称“中元节”，又叫“亡人节”，俗称“七月半”。相传东江地区居民原多居南雄，因元兵将至，预十四日荐祖，次日避兵。实际是道教的中元节，为地官赦罪之辰。其起源于佛家的盂兰盆会。此时正值夏收夏种即将结束。这一天，各地均举行一些祭祖、保平安的活动。例如，惠阳、博罗民间各家都杀“三鸟”，买肉做粄（大饺子），祭拜祖先；到墓地烧纸钱、纸衣等，安慰鬼魂；不带小孩出门探亲。在惠东平山、白花、多祝、平海、稔山等地为举行打醮活动，挨家捐款，并视捐款多少，发给大小不同的纸灯笼，挂在大门口处，祈求平安。[②]

（7）中秋节。农历八月十五日为中秋节，俗称“八月半”。外出谋生的人多数与家人团聚，庆贺团圆。节前，亲戚朋友互相馈赠月饼。当晚举行拜月仪式。月亮初升时，各家在屋前设置案桌，摆上月饼、瓜果、花生、茶水等供品，烧香，点烛，燃放鞭炮，迎接月亮升起，面对月光拱手跪拜，祈求月神赐福。拜月后，家人围坐在一起，观赏月光，边吃月饼，边饮茶，老人给小孩讲有关月亮的神话传说，直到深夜。

此外，各地还有一些特殊的庆祝方式，如博罗的姑娘们还备瓜果拜月，祈求月下老人为其牵一段好姻缘，儿童手持灯笼，穿街走巷，喜气洋洋；龙门瑶族未婚青年男女在舞火狗与对歌的活动中，寻觅意中人；惠东民间还进行

---

① 惠州市地方志编纂委员会编：《惠州市志》（电子版），广东惠州音像出版社 2009 年版，第 4453 页。

② 惠州市地方志编纂委员会编：《惠州市志》（电子版），广东惠州音像出版社 2009 年版，第 4453 页。

“伏月姑”、扶乩问卜等；有些地方男女青年对唱山歌，放“孔明灯”。[①]

（8）重阳节。农历九月初九为重阳节，俗称“重九”。客家居民各家插茱萸，饮菊花酒，赏菊花，吃重阳糕。一些地方备“三牲”、果品、茶、酒、香纸烛宝等上坟祀祖，称为“秋祭”，与其他县清明节上坟习俗相同。

登高、放纸鹞是重阳节的重要活动。俗传这一天登高能转好运，客家民间还称有“上山躲避灾难”之意。博罗的罗浮山和惠东的观音山、狮朝洞、九龙峰等历来都是主要的登高去处。每逢重阳节，许多人成群结队进行爬山登高活动，登罗浮山者竟多至数万人。

（9）冬至。冬至在农历十一月，也叫“过冬年”。过冬至要吃猪肉、牛肉，做米果、煮汤丸，有钱人要吃鹿茸、人参进补。

3. 丧葬风俗

比起其他礼俗，丧葬之俗显得更为庄严肃穆。以客家人为主体的东江地区居民对此做得十分周到，甚至过于繁琐，如葬务从厚，礼务从奢，丰其筵席，醉饱灵侧，鼓乐奠别等。不过如今这一风俗已比过去简单了。丧葬风俗一般遵循以下程序：

（1）送终。东江风俗重视送终。人临死时，子孙等亲人要跪在其床前为其“过世”。出门在外的千方百计赶回家，以求在临终前见最后一面，显示孝顺。人断气后，马上烧轿，焚纸，眷属、儿女痛哭流涕，是为“送终”。

（2）报丧。病人断气后即刻报丧。孝子往外祖母舅家及亲伯叔家报丧，还要在门前或附近路口贴出讣告。

（3）买水、洗澡，穿寿衣。人死后，要为死者洗澡。由做媳妇的或妻子、女儿去河里或井里买水。旧时买水的人要哭着去，回来的时候则不能哭。否则对孝家不利。买水前要往河里或井里丢若干个钱币，向河唇伯公或井水伯公买水。买水时，反手用碗一次舀水，无论多少都不能再舀第二次。水买回后给死者象征性地洗身，只从头到脚抹下去。洗澡这项工作由其子孙和请的一些人帮忙。洗澡完毕，穿上寿衣、寿鞋、寿帽。“着寿衣”过去有“上六下四”之说，即上身穿六重衣服，下身穿四重裤子。[②]

（4）诚服、摆孝堂。所谓“诚服”，即孝子孝孙披麻戴孝。所谓“摆孝

---

① 惠州市地方志编纂委员会编：《惠州市志》（电子版），广东惠州音像出版社 2009 年版，第 4454 页。

② 惠州市地方志编纂委员会编：《惠州市志》（电子版），广东惠州音像出版社 2009 年版，第 4444 页。

堂”，即在死者家中厅堂或祠堂举行祭拜仪式。[①] 灵堂中放八仙桌，上置灵位，供上香炉。摆放“灵屋”，灵屋两旁分别是“金童”、“玉女”，俱用竹架、纸糊成。吊客到时，死者亲属儿孙跪迎，女儿、儿娘放声大哭。到选定的时辰，开始祭奠。由亲属或客人宣读祭文，其文大致是颂扬死者功德，表达生者哀思之类。[②]

（5）落枕。移动遗体，在厅堂地上铺一白布，将遗体放在上面，头枕新瓦，瓦上垫以布制三角枕，日夜派人守候，择日定时将遗体入棺叫“入材”。每天清晨和傍晚以及亲友来吊唁时，丧家女眷在帐内棺旁举哀。晚上亲友参加孝堂守灵，俗称“陪夜”。[③]

（6）发丧。发丧要择时，常在早晨。旧时在头一天要“闹丧”，通宵达旦，鼓乐喧天。发丧先举行祭奠，再起柩出殡。发丧讲究排场，以显示儿女孝顺。

（7）安葬。将灵柩放入墓地。其中，墓地选择讲究“风水”。坟墓外观很似客家人的围龙屋，这是东江人崇拜祖先的一种表现。埋葬后第三天，亲属穿孝衣到坟上哭拜祭奠，烧纸钱，谓“醮三朝”。[④]

（8）做七。人死后，每逢“七”日，要举行祭奠，俗称“做七”。一般只做“五七”。最后举行祭奠，焚化灵屋（纸屋），叫“完七”，以示丧事的结束。以后，周年举行祭礼，叫开小孝；三年举行祭礼，叫开大孝。开大孝时，门前、厅堂换上红联，一切恢复正常。[⑤]

（9）检金。东江之俗，安葬若干年后（常为十年），挖开墓穴，将遗骸用炭火烘烤，按人体结构屈肢装入特制的陶瓮内，谓“检金”，然后重新安葬，这才是永久、真正的坟墓。[⑥]

上述丧葬程序是对正常死亡人员采取的一般性做法，此外，对于非正常死亡的人，有一些特别的丧葬礼俗，如比较注重请僧道打醮念经，超度亡魂等。

---

① 曾汉祥等：《粤北、粤东客家丧葬风俗》，《韶关大学学报》，1995 年第 3 期。

② 曾汉祥等：《粤北、粤东客家丧葬风俗》，《韶关大学学报》，1995 年第 3 期。

③ 曾汉祥等：《粤北、粤东客家丧葬风俗》，《韶关大学学报》，1995 年第 3 期。

④ 惠州市地方志编纂委员会编：《惠州市志》（电子版），广东惠州音像出版社 2009 年版，第 4445 页。

⑤ 惠州市地方志编纂委员会编：《惠州市志》（电子版），广东惠州音像出版社 2009 年版，第 4446 页。

⑥ 惠州市地方志编纂委员会编：《惠州市志》（电子版），广东惠州音像出版社 2009 年版，第 4446 页。

（二）东江地区日常传统礼俗特点

东江地区传统日常礼俗特点既反映了客家文化占主体的属性，同时又体现出东江文化多元化的特征。

第一，客家礼俗为主导的农耕特点。纵观东江地区的各种日常礼俗，可以发现客家礼俗在其中的主导性。东江沿岸以山区居多，所住居民多为客家人。客家文化不但是东江地区日常礼俗形成和发展的重要环境，而且客家礼俗也是东江地区日常礼俗的主要代表。历史上由中原迁居而来的客家人在此形成了独特的客家文化礼俗。约从唐代中叶安史之乱始，以江淮汉人为主体的北方汉人源源不断地南迁，与闽粤赣交界区域的百越种族及盘瓠蛮等业已生活在这一区域的南方民族，经过长期的互动和融合，至南宋时彼此在文化上互相涵化，形成了一种新的文化礼俗，这就是客家礼俗。它既不同于当地原住居民的旧礼俗，也不完全雷同于外来汉民原有礼俗，其载体就是客家居民。①

由于客家居民多数居住在封闭落后的山区，客家地区以农业为主要产业，因此客家日常礼俗有着鲜明的农耕性质。这种农耕性从客家居民的婚嫁中的嫁妆、聘礼构成可以看出，客家传统婚俗中常备的嫁妆，主要为生活用品，比较普遍的是衣服、被、枕、席、帐之类；男方携礼提亲时所拿的多为活鸡、花布等；男方过大礼时所准备的是猪、羊、鸡、鸭、鹅、鱼、大饼、发糕等。这些物品都是农村常见物品，以大量农耕食物来增加喜庆氛围，而嫁妆则多是为新婚夫妇婚后的基本生活需求做好准备。此外，在客家人的节日礼俗中也可以体现其农耕性特征。例如，惠州地区客家人农历正月二十所过的“补天穿节”，就是要制作补天穿饼，用于祭拜上苍和扔到屋顶，谓之“补天”，即帮女娲补好天隙，以此避免雨水过多造成水灾，祈求农业获得丰收。客家礼俗的这种农耕性贯穿于其生产、生活、婚嫁、节令、丧葬等各方面。虽然随着时代的变迁和客家居民与外界交流沟通的深化，客家日常礼俗的某些方面遭到冲击，但是其总体依然体现出明显的农耕性。②

第二，多元性与特色性兼容并存的特点。东江地区礼俗具有多元性特征。这种多元性不但体现在其主体礼俗——客家礼俗本身在不同的地方有诸多表现形式和多样化的内涵，更体现在东江地区礼俗是客家礼俗、中原礼俗、广府礼

① 邹春生：《“客家”：一个建立在多元文化融合基础上的文化概念——读〈客家文化述论〉》，《福建省社会主义学院学报》，2009 年第 2 期。

② 邹春生：《“客家”：一个建立在多元文化融合基础上的文化概念——读〈客家文化述论〉》，《福建省社会主义学院学报》，2009 年第 2 期。

俗、潮汕礼俗、西方日常礼俗等多元文化礼俗的综合。由于东江地区客家居民的古老根源在中原地区，所以东江地区的礼俗中保留着深深的传统中原礼俗的烙印。如婚嫁礼俗中的程序实际是从传统中原婚俗的“六礼”演变而来。媒人提亲、男方卜吉、女方正式认婚、下礼落订、婚期的商定、迎亲接新娘等做法最早源于中原地区，客家居民在南迁的过程中将这种婚俗延续下来。此外，由于东江地区地处沿海，其居民构成除了占绝大多数的客家居民外，还有广府居民和潮汕居民。因此，东江地区礼俗融合了沿海的广府礼俗、潮汕礼俗、西方礼俗。例如，近些年东江地区日常礼俗中商业性质的提升，丧葬、婚庆、节庆产业化现象普遍化，便利、节约取向的创新祭祖形式不断涌现。

与综合性相对应，特色性是东江地区礼俗的一大亮点。东江地区礼俗的一个重要特色在于它对过去传统礼俗的相对完整传承。在许多地区，如珠江流域、长江流域，其传统礼俗随着时代的变迁而逐渐淡化，甚至消失。以婚俗为例，在珠三角、长三角地区，尤其是在城市，过去婚嫁程序与东江地区无多大差异。如今，随着西方文化的入侵和市场经济推动下的婚庆产业的发展，这些地区许多年轻人结婚已经抛开了传统的做法，部分地区甚至完全采用西式婚礼的举办形式和程序。

东江地区礼俗的另一个重要特色则在于其礼俗的地域性。东江地区有许多与其他地区不一样的生产生活礼俗及时岁节令。以节令为例，东江地区人们所过的补天穿节，在其他地区较少有这一节令；农历七月十四中元节也是有一定地域性，该日人们拜祭祖先、祈求平安，由于中元节形成于客家地区特定的历史背景和宗教背景，所以这个节令是客家区域特有的，也是区别于其他地区礼俗的重要方面；东江民众非常注重冬至这个节日，民间俗称“冬大过年”，即表示冬至的节庆意义比春节过年还大。这足以说明人们对冬至的重视程度，而这又是其他地区少见的现象。

第三，传统落后性与现代性并存的特点。东江地区民俗的多元性特征，决定了它对于各种礼俗的优点和缺陷的兼容性。客家礼俗、中原礼俗、广府礼俗、潮汕礼俗对东江地区经济社会的发展都有积极作用和消极作用两个方面。在此，我们从现代性与传统落后性来区别与审视这些礼俗的积极方面与消极方面。首先，从中原礼俗看，中原儒家礼俗已经根深蒂固于包括东江地区在内的中华大地。它在为中华民族发展提供强大精神力量的同时，也体现了落后性，如封闭保守、等级观念、集权意识等。其次，从客家礼俗来看，其现代性或积极方面主要体现在两方面：一是团结凝聚的精神。客家先民自身团结的精神形成了很强的向心力，正是这种向心力使他们在漫长的迁徙过程中把中原灿烂的文明带到南方传播而不被迁徙地的土著同化，也是这种向心力使得客家礼俗能源远流长。这种团结凝聚的精神体现在其婚俗、丧葬、生产、节令风俗中。二是尊老爱幼的精神。客家居民的各种节庆及生产生活风俗都体现出对长者的尊重，如聚会时座位的安排，媳妇与公婆的礼仪，吃饭夹菜的先后顺序等都体现了尊老的礼俗。而对于幼儿或年轻者，客家人非常注重对小孩的教育，强调对孩童人格和知识的培养。但客家礼俗中的消极方面也是很明显的，主要体现在两个方面：一是礼节过于繁琐，铺张浪费，这在其各种礼俗中都可以得到体现；二是保守，不事创新。对于一些新的生产生活方式，客家民系凡事不敢冒进，讲究稳妥，过度谨慎，抗拒变革，囿于旧制，畏惧创新。

（三）东江地区日常传统礼俗与东江文化的关系

作为一种社会历史产物，东江地区日常礼俗保留了许多优秀的中华民族传统和文化资源，在安定东江地区社会秩序、凝聚当地民族民心、维护本土文化、传承中华民族的精神方面发挥了重要作用。同时，东江地区礼俗中有不少独特的风情民俗，这些民俗成为东江文化的重要标志，也使得东江文化与其他文化相比更具有特色性和地域性。具体而言，东江地区日常礼俗不但是传承与发展东江文化的重要媒介，反映东江文化独特性的重要标志，也是东江文化变迁的外在表现。

第一，东江地区日常传统礼俗充当了东江文化传承与发展的重要媒介。日常礼俗是社会意识形态的反映，是当地社会演进过程中一种特有的文化现象。日常礼俗的这一性质，决定其在传承与发展本土文化中起着不可代替的作用。同样，东江地区日常礼俗，充当了东江文化传承与发展的重要媒介。东江地区居民通过日常礼俗不但实现了对东江文化的广泛认同，而且实现了该文化自发地在区域范围内的空间传播和代际延续。

文化认同是对自身文化属性的明确认知和亲切的归属感。[①] 传承和发展东江文化的前提是文化认同。同饮东江水，同属于一个社会群体，在长期的生产生活之中，形成了共同的生活习俗和日常习惯，并有共同的语言特点，也有大体相似的心理特质和思维方式，这就是文化认同的重要基础。在此过程中，东江地区相似的节庆风俗、生产习俗、生活习俗等作为重要媒介团结着东江地区居民，向他们阐释和传播东江文化的内涵，为东江文化的发展打下广泛的群众基础。但是，仅仅限于这个认同层次是不够的。因为东江文化的发展除了需要广泛认同之外，还有更为重要的东西，即需要在此基础上对东江文化特色方面

① 安贞元：《弘扬东江文化的几个要素》，见成晓军主编：《东江文化纵横谈——首届东江文化全国学术研讨会论文集》，暨南大学出版社2010年版，第18页。

的自发传播与延续。同样，日常礼俗借助其广泛的群众基础，在自发传播和延续东江文化中起着重要作用。例如，在祭祖的过程中，长辈往往要向晚辈讲述本家族的历史，要求族人不忘根本，将祖先的美德和事业发扬光大，激励族人积极进取，不要做有辱祖先的事情，实际上就是一次以孝道为主的传统伦理道德教育。

第二，东江地区日常传统礼俗是反映东江文化独特性的重要标志之一。东江文化以儒家取向、多神性、兼容性、进取性、坚韧性而著称。而这些特性的延续和巩固就必须借助一定的可被广泛认知和识辨的标志性事物，东江地区的日常礼俗便承担着这一功能。

首先，以东江文化的儒家取向特征为例。用东江地区客家人的字辈习惯、祭祖形式、节日礼俗、婚嫁礼俗、丧葬礼俗、传说故事、民俗禁忌等来宣传忠孝节义、积善积德、安分守己、和睦相处、和气生财、见义勇为、匡扶正义、与人为善等优秀传统伦理道德，其实就是在发扬儒家思想中的“仁、义、礼、智、信、孝”等教义。

其次，以东江文化的多神性特征为例。东江地区民间崇奉众多神祇，神诞甚多，诸神中除佛教“佛法僧三宝”、道教“三清”神等外，还有各类天神、地祇，一些神化的人物或某些历史传说人物等往往又被人们作为崇拜的神明，建庙奉祀。如建天后宫以供奉天后娘娘，建龙母庙以供奉龙母娘娘，还有诸如观音庙、三清殿、孔庙、三界庙等。由于神明众多，于是建庙、塑像、烧香、烧箔、燃放鞭炮、大办神诞宴席等各种活动便连绵不绝。

再次，以兼容性特征为例。东江地区虽是客家人聚居之地，但是这个地区自古以来就以宽阔的胸怀接纳了众多的移民。当初客家先民能在此长期定居，也正是由于这一点，东江地区除了有客家习俗外，还盛行广府地区传来的茶楼文化、粤剧文化等。以欢庆节日时的舞狮项目为例，东江地区的舞狮项目融大江南北为一体，仅狮种就有麒麟、大头狗、扁鼻狮、斗牛、白鸽狮等多种。其种类之多，在全国其他地方是很少见的。

最后，东江文化的进取性和坚韧性特征在东江地区日常礼俗中也有重要体现。东江地区居民言传身教的家庭教育、祭祖拜神的祈祷，多是围绕保平安、谋发展、克服困难、勇于上进的内容而展开的。从而体现了人们进取、谋求发展的心态，同时也体现了他们迎难而上的坚韧性格。

第三，东江地区日常传统礼俗是东江文化变迁的外在表现形式之一。随着信息化、全球化和市场化进程的加深，以及东江地区各城市的对外开放不断深入，东江地区的本土文化越来越多地受到外来文化的冲击和影响。在这样的环境下，一些外来文化中开拓创新的观念、灵活变通的思想、不断改革的精神等积极的精华在改造着东江文化，同时外来文化中拜金主义、奢侈攀比、享乐主义等糟粕部分也在侵蚀着东江文化。概括来说，东江文化从物质文化到态度、心理、价值观以及人们所遵循的原则、传统、习惯等精神文化，都正在发生不同程度的变迁。而这些变迁的外在表现，则通常是通过人们对传统礼俗的遗忘、抛弃、变革、创新。新型文化的观念、精神需要借助一定的礼俗作为媒介手段来突出它与传统观念、精神相比的先进性、可取性，从而获得人们的认可，并以礼俗为媒介得以传播、扩散，最后达到取代落后的传统观念、精神的目的。目前，在东江地区许多地方，特别是一些工业化、现代化程度较高的城市，其传统的日常礼俗正在发生变革。下面将以东江地区客家人上灯习俗和婚嫁习俗为例，具体分析其变迁。

上灯，就是将花灯挂上去的意思，含“添灯”、“添丁”的寓意。这是东江人十分重视的、极富客家特色的一个风俗。每年从农历正月初九到正月十五这几天为上灯时间。其实，上灯对当年生了男孩的人家来讲是最重要、最高兴、最隆重的事。按照传统的习俗，生子的家庭在上灯之前，一般都会到民间手工艺人那里选购一个最精美的花灯回来，用染红了的大煤油灯绳将花灯挂在老祠堂上厅里。上灯之日，宴请亲朋好友欢聚痛饮，以表达得子后的喜悦心情。随着时代的变迁，客家人的上灯习俗变得更加丰富多彩。从灯的制作上看，不断丰富灯的形状与外观，以精美为出发点，灵活多变。此外，上灯时还出现了许多对联，有寄语好运当头的对联，有寄语人丁兴旺的对联，还有寄语合家欢乐的对联等。另外，随着时代的发展和人们生活水平的提高，上灯习俗中必要的锣鼓已经不能满足人们对“添丁”的喜悦之情。于是，请乐队、请人在祖屋播放电影等现代做法在近几年也加入了上灯习俗的行列，既增加了上灯的喜庆气氛，也使上灯习俗的内容更丰富。从上灯的内容和形式的变化，我们就可以看出传统东江地区日常礼俗正在随着时代的变迁而变革自身。

再以婚嫁习俗为例。如前面所述，东江地区民间婚俗传承了《礼记·昏义》中“纳采、问名、纳吉、纳征、请期、亲迎”六礼，礼节繁多，极为讲究，每一项礼俗都代表特定的文化精神与理念。但随着时代的发展，婚俗已经简化许多，结婚当日新郎、媒人及亲人等乘车前往迎亲，新郎拜了岳父岳母后就回家。当日的宴会，新郎新娘穿西式礼服出来，经介绍及祝贺后，主婚人简述谢词，就开始婚宴。把原来长达四五天的行事仪式简化为一天。古老完整的婚姻礼俗，已不多见。同时，年青一代在简化的婚姻礼仪中，更不复知晓传统婚姻礼俗之文化内涵。

二、东江地区传统民间崇拜

东江地区民间崇拜形式繁多，内容广泛。有学者已从不同角度入手论述过东江地区民间崇拜，如陈春声、周建新等人对粤东客家地区的神明崇拜进行深入研究，指出该区域神明崇拜以三山国王为代表[①]；房学嘉主编的《梅州地区的庙会与宗教》、《梅州河源地区的村落文化》两本书中也阐述了梅州、河源地区的民间崇拜特征；曾汉祥、谭伟伦主编的《韶州的宗教、社会和经济》等也从当地社会、经济、文化出发探讨民间对三山国王的崇拜；吴永章的《试析闽、台、粤客家地区的“妈祖”崇拜》、杨彦杰的《汀州府的宗教庙会与经济》等文章，则对妈祖信仰进行了深入探讨。

我们拟在借鉴众多学者研究成果的基础上，从神灵崇拜、祖先崇拜、自然崇拜三方面来阐释东江地区民间崇拜现状，并对其作出总结与评价，进而探讨民间崇拜与东江文化之间的关系。而对于学者们普遍地纳入民间崇拜范畴的宗教信仰问题，笔者考虑到东江地区宗教信仰的独特性与重要性，特将宗教信仰问题研究单独列为一节，所以在本节中将不提及。

（一）东江地区传统民间崇拜概述

东江地区民间崇拜内容广泛，祖先崇拜、神灵崇拜与自然崇拜是东江地区民间崇拜中最重要也是最具特色的部分。

1. 祖先崇拜

祖先崇拜是指人们对自己祖先的信仰和膜拜。[②] 其核心观念是深信祖先的灵魂仍然存在，并能够以不同的方式对其后代的生活产生影响。[③] 祖先崇拜是东江地区民间崇拜的重要内容，也是东江文化的重要组成部分。祖先崇拜实际上是儒家伦理价值的体现，它与古人相信祖先死后灵魂不死，并会变为鬼神保佑后代的传说相似。东江地区居民具有较强的宗族观念，聚族而居，围屋而住，这是东江客家地区的普遍现象。东江地区居民，特别是客家人对祖先崇拜的敬奉极为虔诚，不仅祭祀形式繁杂，种类多样，仪式隆重，而且祭拜的对象

---

① 周建新、温小兴：《社会文化史视野下的国内客家民间信仰研究》，《民俗研究》，2009 年第 2 期。

② 蓝天：《广西客家民间信仰研究》，广西民族大学硕士学位论文，2009 年 4 月，第 10 页。

③ 金泽著：《中国民间信仰》，浙江教育出版社 1990 年版，第 138 页。

远至姓氏始祖近至直系父祖，皆依次敬奉、虔诚祭扫，形成独具特色的宗族文化。东江地区广泛存在着祖先崇拜，这一民间崇拜是当地农村主要的信仰形式，渗透在人们生活的方方面面，历史悠久，影响深远。祖先崇拜主要体现为以下四种形式。

（1）家祭。家祭，是以家庭为单位祭祀祖先。如对祖先的生、忌日和传统年节举行的拜祭活动。家祭一般在正月、中元、中秋、除夕等几个主要节日，以及婚嫁、盖房、消灾祛病之时举行，以祈求祖先庇护或告慰祖先，相对其他祖先信仰活动而言，拜祭活动举行最为频繁，且最为普遍。

（2）祭祖。在东江地区，祭祖的方式主要有郊外祭祖，俗称上坟，是指坟墓前祭祖。普通家庭祭祖多采用此方式，时间多在清明、中元节、重阳节或死者忌辰。届时，死者子孙都前往扫墓、烧纸祭奠。明嘉靖版《惠州府志》卷五“地理”记载：“祭礼：旧四代神主设于正寝，今多立祠堂，春秋祭祀，一依朱文公《家礼》，遇忌日素服具奠。乡曲多重墓祭，惟时节奉荐而已。”[①]墓地祭祖是客家农村采用最多的、最普遍的祭祖方式。客家地区有大清明、小清明之分，实际上为春秋二祭。东江地区的客家居民、潮汕居民对墓祭很重视，许多宗族对墓祭都有明文规定，把它写进族谱，让族人遵循。墓祭活动组织严密，由专人负责。祭拜经费旧时均由宗族公共支出，由各房轮流祭扫，现在多由族人捐钱集资。每年节前后的祭扫祖墓，不仅在家乡的族人要参加，就是搬迁外乡外县的、外出打工的甚至海外的族人届时也要回来拜祭。祭祀出行时，挑祭品的、放鞭炮的，排成一条长龙，浩浩荡荡向祖墓进发。祭拜时有专门的礼仪和祝文，礼成后聚餐，即光绪《嘉应州志》所载“设享墓祀，尤宰牲盛列俎，祭毕聚饮冢旁”，场面十分壮观。

（3）祠祭。东江地区祠堂众多。祠堂是指以村为单位在族姓宗祠和祖堂奉祀族的共同祖先与最亲近的祖先等，是供奉祖先神位的庙堂。东江地区宗族发达，村落或宗族无论大小，皆有祠堂。祠堂大都是厅堂结构，上堂供奉列祖列宗牌位和图画楹联。每逢祭祖，族人们争先恐后赶往祠堂以抢得头香。然后由礼生主持唱礼，族人齐集行礼祭祖，大家聚集一堂追思祖先，祈求祖先保佑，勉励后人。祭祖的供品有猪、鱼、羊、鸡、茶、酒等。祭祖的时间各地不同，一般是在农历年三十的午饭后。有的地方则是在每一季节举行，有的逢

① 明嘉靖《惠州府志》卷五，“地理·土俗”（天一阁藏明代方志选刊）；转引自常建华著：《明代宗族研究》，上海人民出版社2005年版，第339页。

年，甚至过节或初一、十五都祠祭，还有的地方每逢婚嫁也要祠祭。①

（4）字辈文化。字辈，也叫行辈、班辈、派行、行第、昭穆、派序等，是指用以表明同宗亲家族世系和血缘秩序的命名序列。② 东江民众，特别是客家人重视字辈，皆喜欢用吉利、祯祥的字眼。一般说来，这类字均放在姓名的中间。如刘锦添、刘锦丁、刘锦发、刘锦财为四兄弟姓名，通常会被称为"锦"字辈，用于区别其他辈分，而从"添、丁、发、财"的顺序可见其长幼。每一男丁姓名均修入其族谱，每一姓氏都按其出生先后高低辈分陈列至今。这种字辈寄托着先人对后代人的殷切期望、鼓舞和激励，希望本族家丁兴旺、永保富贵、仕途无阻，同时也深刻表达崇拜祖先的思想感情。

2. 神灵崇拜

东江地区民间崇奉众多神祇，神诞甚多，除了佛教、道教、儒教等具有宗教色彩的神灵和天神、地祇等神灵之外，一些神化的人物或某些历史传说人物等往往又作为被崇拜的神明，建庙奉祀。如建天后宫来供奉天后娘娘，建龙母庙来供奉龙母娘娘，其他还有诸如玉皇堂、普庵堂、城隍庙、观音庙、三清殿、孔庙、三界庙等，供奉着各种神灵。对于东江民众而言，鬼神崇拜是相当普遍的。他们相信命运，畏惧神灵。其鬼神信仰观念有土生的，也有外来的，历史悠久，鬼神众多，算命、看相、占卜、问仙等各种活动甚多，是东江民众日常生活的一部分。

（1）算命。算命先生以人的出生年月时的干支作四柱，以此推算人一生的凶吉、福禄。东江客家人较多相信命运，他们相信人生下来，富贵贫贱在冥冥之中完全由天命主宰。

（2）看相。由相面先生看人的面容、五官、骨骼和气色等，根据金木火水土五行相生相克，推断一个人一生的命运祸福。甚至在将来择偶的问题上，也要选择一个生辰八字与之相生的对象，方能更好地克服自身命运之不足。

（3）问仙。由于农村生产力水平相对低下，知识水平相对落后，在病痛难以忍受的时候，有些人不相信医生，而是请当地所谓的巫婆装神弄鬼去指点迷津。

（4）占卜。遇庙烧香，见佛就拜，这也是东江民间一大普遍现象。他们入庙通过求签以知未来祸福、生死、贫贱。有的妇女甚至还通过求签来祈祷生男孩。

---

① 惠州市地方志编纂委员会编：《惠州市志》（电子版），广东惠州音像出版社2009年版，第4447页。

② 郭茂灿：《试论字辈在村庄中的特点和功能》，《社会》，2004年第5期。

（5）风水。东江民众对风水的信仰相当普遍，而且风水在其做决策中占据重要地位。他们在修建房屋、修葺住宅等，都要请风水先生，摆罗盘看风水走向、来龙去脉，寻找风水宝地，以求平安兴旺、造福子孙。

（6）择日。东江民众凡逢婚嫁、建造房屋、修墓、起灶、外出等，无论大小事，都比较讲究选择吉日，常请风水先生推算并选择良辰吉日，方可始有动作。

（7）喊魂。一些农村小孩生病，在查不出原因时，往往以为是被妖魔鬼怪夺取了魂魄。于是领着小孩在门外高喊魂魄回家，家里人随之回应。更有甚者会请道公、道婆到家里做法事，替小孩赎回魂魄。

（8）数字。人们在选择手机号、车牌号等等，非常讲究所选号码位数。通常“六”代表顺顺利利，“八”代表发财，“九”代表天长地久。“四”则代表不吉祥，因为“四”与“死”谐音。

3. 自然崇拜

自然崇拜是指把自然物和自然力视作具有生命、意志和伟大能力的对象而加以崇拜。东江民众对自然现象的崇拜自古有之，人们将不可驾驭的自然物体、自然力视作具有伟大能力的对象，视作神而加以崇拜。人们对自然崇拜范围包括天、地、日、月、星、山、石、海、湖、河、水、火、风、雨、雷、雪、云、虹等天体万物及自然变迁现象。在东江地区，先民认为，诸如日食、月食、天旱、地震、山洪、雷电、水灾等自然现象表现出生命、意志、情感、灵性和奇特能力，这些现象不是日常生活中可以用科学推测的，且对人们的生存及命运产生各种影响。因此，对之敬拜和祈求，希望通过对自然的敬拜和祈祷，消除灾祸和获得保佑。

东江民众自然崇拜的类型多种多样，其表现形式各异。例如，东江地区大部分客家人相信有天神，并将雷鸣、闪电、下雨等现象加以人格化，认为它们本身是天神喜怒哀乐等不同情绪的表现，认为天灾的发生是民间激怒了天神受到的惩罚。又如，东江地区许多人崇拜地上物灵、土地神等，他们从各自的立场出发表达了对大地的崇拜和敬畏。尤其在农村地区，人们对大地顶礼膜拜的现象普遍存在。在村民心目中处处皆神灵，哪怕是一块石头、一棵树、一座山、一方水都可以被人们作为敬拜的对象。家有灶王、村有社王、田头有土地伯公（土地神）等，都与土地有关。可见，东江民众对天地的崇拜虽然不如祖先崇拜盛行和隆重，却也相当普遍。特别是发生天灾人祸之时，他们更是诚挚地祈求各种天地神灵保佑。

（二）东江地区传统民间崇拜的特点

（1）具有广泛的群众性。在东江地区，祖先崇拜、鬼神崇拜、自然崇拜有着广泛的群众基础并获得普遍的认可。通过笔者对惠州、博罗、河源紫金等地做的访问调查信息显示，调查对象对民间崇拜普遍持肯定态度。就参与民间崇拜调查活动的具体情况来看，所有调查对象都曾经或经常性地拜祭祖宗，大多数人在年节或重要日子会祭拜天神、土地、财神、门神、灶神，年纪在40岁以上的调查对象都组织或参加过民间集体性祭神请神活动，有一半以上的年长者在建房、买房、装修、修坟时会先看风水，一些年纪较大的妇女在子女婚嫁、迁居、出行前会去算命、占卜。由此可见，民间崇拜与东江民众的思想观念、行为习惯是息息相关的。一方面，由特定社会生活条件所决定而形成的行为习惯的强化产生了民间崇拜；另一方面，民间崇拜也影响和制约着人们的行为习惯。换句话说，民间崇拜对人的行为具有普遍的规范效应，对人们的精神面貌、心理状态、行为习惯产生持久、广泛的制约作用，并逐步内化为人们习惯性的行为方式。

作为一种社会历史现象，东江地区民间崇拜在社会历史中所起的作用不能简单言之好与坏。概括地说，民间崇拜是一把双刃剑，对社会的影响错综复杂，利弊得失可谓兼而有之。一方面，它保留了许多优秀的中华民族传统和文化资源，对安定社会秩序、凝聚民族民心、维护本土文化的作用明显；另一方面，由于一些民间崇拜内容含有迷信的成分，是对社会存在虚幻歪曲的反映，这在一定程度上对人们的思想起负面作用，不利于社会发展与建设。因此，我们在对待民间崇拜的这种广泛的群众性特征时，应全面考虑其积极和消极的影响。

（2）具有综合性。东江地区民间崇拜具有综合性特征。这首先表现在崇拜类型的多元性，崇拜形式的多样性，崇拜内容的丰富性。可以说，东江地区民间崇拜已经形成了以祖先崇拜为主的多种信仰崇拜的融合。东江地区保存有大量的祠堂、家坟，祭祖习俗范围广、影响深，村村有祠堂，户户有家坟，供奉之神以祖先为中心。此外，东江地区保存有许多寺庙，共供奉几百位主神，如观音、玉皇大帝、王母娘娘、关公、天后娘娘等。还有一些地方神，如河床伯公、树神、海神、山神等。此外，属道教系统的神明也很多，如太上老君、太白金星等。可以说，东江民众崇拜的神灵无数。这种对神灵崇拜的多元性、综合性在其他地区是十分少见的。

（3）东江地区民间崇拜有明显的地域性特征。这种地域性特征主要表现在：不同地区具体所信奉的神灵各异或崇拜的方式不同。例如，在东江源头的赣南地区，人们崇拜的是许真君。[①] 许真君在当地家喻户晓，人们逢年过节都习惯对他加以拜祭。而在东江中下游地区，人们却把三山国王作为本地的神明，认为三山国王自古以来便是粤东民众的守护神。[②] 此外，各地祭拜神灵的方式也很不一样。有些地方是初一、十五祭拜，有些地方是逢年过节祭拜，还有些地方是婚嫁、迁居、建房等重大事件前祭拜。从具体时间来看，有些地方是在早上祭拜，有些地方是在晚上祭拜，还有些地方是在饭前祭拜。由此可见，东江地区的民间崇拜在不同地区还是有较大区别的。

（三）东江地区传统民间崇拜与东江文化的关系

东江地区民间崇拜在东江文化的形成、巩固与发展中起着重要作用。然而，民间崇拜是一把双刃剑，它对东江文化的影响主要有以下几方面：

1. 为东江文化的形成与发展提供了社会基础

历史上的东江地区远离政治中心，是法律难以延伸到的一个角落，民间的各类关系及其纠纷不可能全部依靠政府的法制来协调，相当一部分是依靠宗族祖先实行的惯例、神灵崇拜或自然崇拜的惯例来自我调节的。东江地区民间崇拜具有广泛的群众性，不但意味着民间崇拜所信奉的“祖先神在”、“神灵存在”的理念得到群众的普遍认可，也意味着东江民众对于祖先、长者的普遍尊敬，对未知世界无比敬畏的心理。从这个意义上讲，民间崇拜就是尊老爱老、崇尚自然、崇尚神灵的具体实践。而尊老爱老、崇尚自然、崇尚神灵、恋土怀乡等，正是东江文化的重要内涵与特征。这在东江民众的日常礼俗、饮食文化、名人传记、学术记载都有所体现。所以，东江地区民间崇拜所提倡的祖先有灵、神灵在上、自然不可侵犯性、恋土怀乡等理念，是与东江文化本身的内涵一脉相承的。在东江文化的形成和发展过程中，民间崇拜起到了重要的作用，为东江文化的传播奠定了社会基础。

以祖先崇拜为例。以血缘关系为纽带，以字辈为存在形式的宗族祖先崇拜成为维系社区秩序的重要力量。字辈的存在，使得人们强烈地感受到自己和他人都属于同一个宗族、同一个祖先。这种血缘关系的符号化，进一步增强了区域的凝聚力。东江民众普遍尊重本宗族的长辈，长辈们则负有教化晚辈的责任。这种人际关系，在处理宗族内部纠纷、宗族之间的纠纷中起着重要作用。

---

① 周建新、温小兴：《社会文化史视野下的国内客家民间信仰研究》，《民俗研究》，2009 年第 2 期。

② 周建新：《粤东地区三山国王信仰的起源、特征及其族群意象》，《广西民族研究》，2006 年第 1 期。

当族人与族人、房系与房系、五服内亲与出服宗人之间，族人同族外人因利害关系出现利益冲突时，宗族要尽力去做协调工作，解决纠葛，全力消除族人间产生的裂痕或可能发生的问题。同时，宗族社会具有不可忽视的政治意义。从一定意义上说，稳固的宗族群体能给族众提供一种安全保障，并对区域社会的稳定产生影响。历代统治者便是利用宗族的这一功能来实现其治理、消弭农民暴力反抗的目的。而在目前的东江地区，宗族社会则是由修建、祭拜、管理祠堂、祖坟、祖宅等祖先崇拜活动而结成的团体组织。

又以自然崇拜为例。东江民众对自然的崇拜，促进了东江社会人与自然的和谐相处。当地人们相信，天有天神、水有水神、山有山神、树有树神等。如对水、树、土地等直接加以人格化，认为它们本身具有意志和生命，甚至对动物植物也加以神化，并将其作为敬拜的对象。不可否认，人们对大自然的顶礼膜拜有其不利影响，但反过来于客观上保护了自然环境，维持了生态平衡，促进了东江民众与自然的关系和谐融洽。

2. 为东江文化的发展提供了强大精神支柱

自古以来，民间崇拜相当于东江民众的精神家园，为东江文化的发展、东江人们的生活提供强大的精神支柱。长期以来，由于国家政策强调自上而下的推行和落实，很少强调自下而上对民众需求的反馈、回应。所以，民众在遇到挫折、情绪失落或对现实不满时，很少得到来自政府政策方面的了解和疏导，而这些不良情绪积累到一定程度必须要找到一个发泄的途径才能保证民众身心的健康及社会的稳定。于是，民间崇拜变成了东江民众获得精神抚慰的较为稳妥的渠道。笔者在博罗、惠东、龙门等地的访谈结果，也证明了这一点。很多被访者认为：当他们对社会问题不满或遭遇挫折时，各种各样的祖先崇拜、神灵崇拜，可以让他们有一个倾诉的对象。在倾诉过程中，他们相信祖先、神灵会体恤民情，并为他们做主。他们相信神灵行为的原则，是善有善报、恶有恶报。即使现在这一原则尚未显现，那只是说明时机未到而已，时机一到就会呈现出好人有好报、恶人遭报应的法则。因此，这种祖先崇拜、神灵崇拜大大地减少了东江人们对社会不满、对现实遭遇的悲观程度。

除了用于发泄不满之外，民间崇拜还是东江民众精神寄托的重要形式。在社会生活中，人们总是要有精神寄托和心灵慰藉。尤其是在那些地理位置偏僻、相对落后和不发达的地区，当人们对未来无法预测或遭遇无法克服的灾祸时，神佛就站了出来，作为他们的精神支柱。例如，某些农村妇女，为了早得贵子和顺利分娩，大多要乞求祖先、天神、地神等的保佑；缺医少药的患病农民多会恳求黄大仙的保佑。再如，外出打工、求取升学、仕途稳定顺利等寻求财神、文书神仙等的保佑。这种祈求行为能给人们带来巨大的力量，使人们在某种程度上找到精神寄托。

3. 给东江文化发展创新带来一定消极影响

民间崇拜浓厚的迷信色彩，使得它在一定程度上在东江文化前进中产生消极影响。毫无疑问，兼容并蓄、开拓创新、科学发展是东江文化前进的方向。为此，要求东江文化的重要载体——东江民众要有支持创新反对守旧、支持现代化反对落后、支持科学反对迷信的精神和行为取向。而民间崇拜尽管有着凝聚民心、稳定秩序、慰藉心灵等优点，但祖先信仰、鬼神在上的思想特征却使其面临无法避免的守旧性、落后性和迷信色彩。

这是因为，东江地区民间崇拜不仅在一定程度上腐蚀人们的心灵，还容易误导人们的行为，给社会带来不稳定因素。民间崇拜事实上是一种对社会存在虚幻歪曲的反映，这种异化因素反映在人们心目中的地位却不可低估。作为一种精神寄托和发泄途径，民间崇拜削弱了人们的主观能动性，挫伤了人们改造自然、改造社会的积极性、创造性，从而阻碍了社会的发展。例如，在遇到失业、生病、失恋等个人困境时，一些迷信思想严重的人首先想到的不是个人的进取与奋斗，而首先想到求助于神灵，往往以到庙堂求签、卜卦代替科学分析和理性总结；在出现失误或灾难后，不依靠个人努力和科技去改善现状，而是一味地请求鬼神指点迷津。可见，民间崇拜容易从思想上腐蚀人的心灵，麻痹民众的抗争意识，使人们养成一种靠天吃饭、靠神生活、乐安天命、顺从怯懦、因循守旧、迷恋传统、逃避责任、不敢正视困难的心态，并在不知不觉中形成消极的人生观。这种消极避世的思想和行为还会阻碍社会的进步。

总之，东江地区民间崇拜的消极影响，虽然不是影响东江文化继续发展创新的主流，但它的不利因素不可不引起高度重视。

三、东江地区传统宗教信仰

宗教是人类社会意识形态的重要体现，也是人类社会演进过程中一种特有的文化现象。关于东江地区的宗教信仰问题，尤其是东江地区客家居民的宗教信仰问题，是民间信仰研究学者们非常感兴趣的话题。有不少学者对东江地区客家居民的宗教信仰问题做了深入分析考察，并提出了自己的见解与评价。例如，杨永俊在《论赣西北客家佛教道士的度亡醮》一文中，分析了赣西北客家人度亡醮的主要仪式和道具，探讨了该项活动与道教、佛教之间的关系，指出“度亡醮的本质特征是对禅宗宗师普庵的普遍崇拜”①。肖启松立足粤东地区，分析“道教胜地——吕帝庙”② 在粤东地区的发展演变。钟向阳则以粤东地区的梅州市大埔县为例，分析从古至今道教在客家人生产生活中的作用与地位，并提出“道教对客家民俗语言文化的影响是深远的”③。学者们已有的研究成果，为我们更好地认识东江地区宗教信仰问题打下了良好的基础。但同时我们应该看到，东江地区的宗教信仰并不仅限于道教、佛教，随着文化间的交流渗透，一些西方的教派如基督教、天主教也在东江地区占有一定地位。因此，在东江区域内，佛教、道教、天主教、基督教等都有一席之地。

（一）东江地区传统宗教信仰概述

东江地区的宗教信仰呈现出多元性、多样性特征。一方面，东江地区存在多种宗教类型，各种宗教都有信徒；另一方面，就同一个社会个体而言，也可能是信仰多种宗教，当不同教派之间不存在排斥性的时候更是如此。例如，许多居民同时信仰佛教和道教。但从总体而言，东江地区居民所信仰的主要宗教是佛教、道教和基督教、天主教。

1. 佛教

佛教在东江地区具有一个形成与演变的过程。以惠州为主体的东江区域居民信奉佛教的历史较早。北宋余靖撰写的惠州《开元寺记》曰：“惠州府治以南二里，则所谓最胜之寺也。古者邑而未郡，山犹林莽，虎狼宅之，肆害民里。东汉之末，有僧曰文简，挂锡栖此，猛兽驯服，因为伏虎台。”也就是说，在东汉末年约190年，惠州尚未成为郡城，只是一个乡邑时佛教就传入这里。僧文简在惠州创建的伏虎台虽然比洛阳白马寺晚120年，但比广州制旨寺（现光孝寺）早近百年，比韶关宝林寺（现南华寺）早300年。④ 东晋时，佛教引入罗浮山。据张友仁纂修之《博罗县志》综合有关罗浮山佛教研究资料论证，在东晋穆帝升平年间（357—361），单道开“抵建康，俄至南海，遂入罗浮”⑤，佛教开始于罗浮山一带流布。单道开本姓王，“出家为僧”，是一位饱读佛学经学的高僧。在他去世后，其弟子遵循他的遗愿，继续布道传教于罗浮山。南海郡守袁宏仰慕道开的学术志向，鼓励和支持佛教僧徒在以罗浮山为

① 杨永俊：《论赣西北客家佛教道士的度亡醮》，《江西社会科学》，2007年第12期。

② 肖启松：《客家道教胜地——吕帝庙》，《中国道教》，1999年第6期。

③ 钟向阳：《从大埔民俗看道教在客家地区的影响》，《中国道教》，2002年第4期。

④ 《惠城文史资料》（第19辑），2003年内刊，第328～329页。

⑤ 张友仁纂修：《博罗县志》，1998年内刊，第326页。

中心的南海所辖地区创建佛教传教据点，从而使得佛教在南北朝时期有了进一步的传播。当时的南海郡辖博罗、龙川、兴宁等县，故佛教传播的中心点即在现今惠州、河源、汕尾等地区。梁武帝天监元年（502），天竺国三藏法师智药泛舟先至广州，继沿曲江曹溪水口，开山立石，建宝林寺（即今南华寺）。随后，他前往罗浮，创宝积寺。传说他朝游罗浮，暮归檀特（今韶关），"一身分化二地"，弘扬佛法。[①] 自此以后，中外僧人游罗浮山传道布教者不断增多。如梁大同年间（535—546），天竺国头陀僧景泰禅师来到罗浮山小石楼结茅庵定居。他的弟子苦于无水可取，景泰卓锡（即柱锡杖）于地，泉涌数尺，号为卓锡泉。苏东坡贬居惠州期间曾饮此泉，认为其味远在清远飞来峡水之上。[②] 广州刺史萧誉，为之建南楼寺，此后山上寺院建筑接踵而起，成为岭南佛教的发祥地之一。六朝时期，佛教大兴，在广东各地先后兴建的大小寺院有87所之多，其中罗浮山建有4所。[③]

之后，到隋唐、明清时期，政府大力宣扬佛教，各地大举兴建寺院，使得佛教广泛流布于东江区域，而且伴随佛教而生的宗教活动也非常活跃。但至清雍正年间之后，东江各地寺庙大多被侵夺，失去经济支柱，佛教备受官府欺压，加之新学兴起，西教东渐，对佛教形成了巨大的冲击，佛教遂趋于式微。到民国初期，各地寺庙大多荒废不修或被占据作他用，寺僧四散。进入20世纪20年代以后，东江区域佛教状况进一步衰落。据惠州学者张凤子先生在《永福寺》一诗中，详细地记述了当时惠州佛教状况说："九州三西湖，其一在吾土。自从属东坡，遐迩闻风慕。沧桑一朝变，景物渐非故。黄塘辟学舍，准提作苗圃。栖霞僧已逃，逥龙佛无主。古榕与栖禅，樵牧空知处。存者永福寺，天龙无常住。争席累瞿昙，当关迎哮虎。憔悴佛桑花，寂寞菩提树。"[④] 大意是进入民国后，惠州的园通庵（黄塘）已作学舍办学，准提阁在老僧走后成为苗圃场，栖霞寺、逥龙寺、古榕寺、栖禅寺也空无一人，仅剩下永福寺还在接待挂单的行脚僧人。但因"僧多粥少"，僧人之间争吃争住闹得神佛不安，当地住持也无法制止这种混乱局面，只有憔悴的佛桑花和寂寞的菩提树见证这一切。永福寺在清宣统年间（1909—1911），殿阁沦为军营。抗日战争期间，被日机炸毁，只剩下残垣断壁。此外，嘉佑寺在辛亥革命后被用于开办养

① 张友仁纂修：《博罗县志》，1998年内刊，第327页。

② 张友仁纂修：《博罗县志》，1998年内刊，第327页。

③ 司徒尚纪著：《广东文化地理》，广东人民出版社1993年版，第294页。

④ 转引自惠州市惠城区地方志编纂委员会编：《惠州志·艺文卷》，中华书局2004年版，第67页。

正小学（即今河南岸小学）；东莞的资福寺在1933年改为东莞县立第一高等小学；博罗的资福寺也曾被用于作校舍。东江区域内其他寺僧，亦多念佛修禅和应众做法事，少有研习佛典者。仅博罗县而言，新中国成立前夕，虽存有龙华寺、延祥寺、宝积寺、资福寺、明月寺、护国寺等寺院，但大都香火稀少，僧人寥寥。①

东江地区佛教具有自己的特色。纵观东江地区的佛教信仰，经历了从无到有、从盛至衰的历程。但是，不可否认，佛教对于东江民众的生产生活、思想行为都产生了深远的影响。在此值得特别指出的是，东江地区佛教信仰与传统中原佛教信仰相比，具有自己的特色。这一方面体现在对佛经的翻译过程中，近代东江佛学大师提出了不少创见，并对原经文进行了修正。近代东江佛学大师冯重熙、冯宝瑛，著述繁富。如冯重熙著有《学佛心传》、《密宗仪轨》；冯宝瑛著有《佛法要论》、《佛学起源》、《广东佛教史》、《博罗佛教志》、《惠州西湖佛化史》等，所论不仅阐释佛理，深达法源，且多有创见，发前所未发，补诸经论不足，深获佛教人士好评。另一方面体现在佛教传播中，给佛教文化注入了不少儒家文化和东江本土文化，使之成为具有东江特色的佛教文化。被视为惠州“盛世之宗”的杨起元，大胆地提出了“引佛入儒”的主张。在佛教与儒学融合的过程中，又将本土的、自身的文化注入佛教文化中，为之添加了一些特色。东江民众受其影响十分明显。如龙王与佛祖，黄帝、孔子与佛祖，土主与佛祖等同处一个殿堂；佛教诸神与道教神仙会聚在一幅壁画之上；观音菩萨成为家庭供奉的偶像；把“释迦牟尼”译为“能仁”，迎合儒家圣人的观念。就近代而言，东江民众选择了禅宗，究其原因，主要是禅宗简化了佛教的教义和修行程序，提出人人皆有佛性，一悟即至佛地，而不必苦苦修行，这符合东江民众讲求实惠的心理。②

2. 道教

道教经典包括《太平经》、《周易参同契》与《老子想尔注》等。道教以“道”名教，其中包括老庄学说、内外修炼、符箓方术，其教义以“道”或“道德”为核心，认为天地万物都因“道”而生，社会人生都应法“道”而行，最后回归自然。从“天”、“地”、“人”、“鬼”四个方面展开教义系统，其中最著名的是其神仙观。从这个意义上说，东江地区民间崇拜中对鬼神的崇拜、对自然的崇拜实际上也是道教信仰的一种体现。作为中国的一种本土宗教，道教在东江地区从产生到发展、演变有着漫长的历史，对东江地区的各个

① 博罗县地方志编纂委员会编：《博罗县志》，中华书局2001年版，第714页。
② 博罗县地方志编纂委员会编：《博罗县志》，中华书局2001年版，第714页。

层面产生了深远影响。

东江地区道教的形成与演变有着漫长的过程。罗浮山既是岭南佛教圣地，又是道教的发祥地。据道光《广东通志》载，秦始皇时，罗浮山已被认为是修道圣地，有“蓬莱之岛，罗浮山其一也”[①] 之说。山东琅琊人安期生，这位东海之滨的卖药翁，曾居罗浮山玉泉。此后，相继入山修道者，不乏其人，诸书记载甚多，但都带有浓厚的神话色彩。自东晋著名道教理论家葛洪到罗浮山结庐炼丹，著述行医始，才对罗浮山道教的发展起了关键的作用。晋建武元年(317)，葛洪在此撰写了《抱朴子·内篇》，整理并阐述道教理论，发展了老子的道家玄学，继承并改造了早期道教的神仙理论，将儒家忠孝仁爱的精神纳入道教体系，对道教的丹鼎派产生了重要影响，并于327年开始建庵修道。在其住处始建南庵，初称都虚观（即今冲虚观），后陆续在罗浮山之东、西、北面增建九天观、黄龙观、酥醪观等。冲虚古观是岭南道教的祖庭，葛洪也因此成为岭南道宗。至此，道教在广东开始传播，罗浮山也成为我国的道教名山，影响着整个岭南道教的发展方向。明清以后，道人四出传道建观，杭州西湖的黄龙洞、上海闸北的黄大仙庙、香港九龙的黄大仙庙、马来西亚的黄龙庙和新加坡的黄龙庙，都是由冲虚古观分支出来的。[②] 葛洪有众多弟子，其弟子黄和平，称地行仙，亦称黄大仙，对东江区域为中心的广东道教的传播起了很大的作用，成为省内及港、澳地区道众信奉的一位地方神。[③]

在隋、唐、宋、元、明时期，东江地区道教快速发展，出现了苏元朗、何仙姑、卢眉娘、申太芝、邓元起、轩辕集、邓守安、陈楠、白玉蟾等著名道士。以罗浮山为中心的东江区域内的名山胜地，均有道教宫观，如罗浮山有冲虚观、轩辕庵、黍珠庵、元妙观、九天（明福）、白鹤、黄龙等。有清一代，道教发展进入了重大转折时期。到了清道光年间，道教的流布受到限制。加之，因以洪秀全为首的太平天国农民运动，对非基督教的中国本土宗教采取了一律横扫的态度，从而使大量佛、道寺观和民间庙宇遭到摧毁，不少佛、道典籍被焚毁。资产阶级改良维新时期，康有为等人从开民智、提高国民素质的角度考虑，对道教及民间宗教信仰给予了抨击，主张兴学堂，引进西方新思想、新观念。如康有为在清光绪二十四年（1898）所上的《请饬各省改书院淫祠为学堂折》奏折中指出：“中国民俗，惑于鬼神，淫祠遍于天下，以臣广东论之，乡必有数庙，庙必有公产。”因而，他建议光绪皇帝改庙宇为学堂，以庙

① 见清道光朝《广东通志》，卷三二九。

② 《惠城文史资料》（第2辑），1987年内刊，第150页。

③ 博罗县地方志编纂委员会编：《博罗县志》，中华书局2001年版，第714页。

产为公费。上法夏商周三代，旁采欧美诸国，责令儿童六岁以上者都必须入学读书。[①]

在20世纪初，继康有为等人之后，中国文化界人士针对辛亥革命失败后中国思想界尊孔复古思潮的泛滥，举起反封建反迷信的旗号，开始了一场声势更浩大、规模更广泛的“打破偶像”活动。陈独秀、胡汉民、蔡元培等人在北京、上海等地发起了有关打破偶像的讨论。1916年，陈独秀在《新青年》杂志发表《宪法与孔教》一文，明确指出所谓宗教，实质上就是一种偶像崇拜：“一切宗教，无裨治化，等诸偶像，吾人可大胆宣言者。”[②] 在这样一股波澜壮阔的废庙浪潮冲击下，以惠州为主体的东江区域内道、佛教等宗教，逐步走向衰微。

抗日战争时期，惠州被日军占领，冲虚古观曾被辟为罗浮中学校址。1945年，中共广东军政委员会和东江纵队司令部设于观中。惠州市元妙观中神像被国民党军砸毁，随后，侵华日军又将三清殿、玉皇殿、偏殿焚毁一空。在新中国成立之初，罗浮山仍有道士90多人，被集中在九天观劳动，让他们自食其力。“此后有些年老身故，剩下的多走向外地。”从20世纪80年代初开始，由于宗教政策得到落实，罗浮山不少道观得到修复，并培养出25名道士。最有名的冲虚观有早晚功课、超度、放焰口、拜斗、祈福、转运等法事，“成为全省宗教活动较好的道观之一”[③]。

东江地区道教具有自己的特色。纵观道教在东江地区的发展，与佛教类似地经历了从无到有、从盛至衰的过程。同时，必须指出的是，东江地区道教信仰的一个重要特征，即以罗浮为中心的东江区域呈现出明显的禅道融合的倾向。

这种融合一方面体现在道教学说上。例如，罗浮山著名道人白玉蟾的道学，建立在传统的道教宇宙论的哲学基础上。他在《玄关显密论》中说：“古者虚无生自然，自然生大道，大道生一气，一气分阴阳，阴阳为天地，天地生万物，则是造化之根也。此乃真一之气，万象之先，太虚太无，太空太玄。”至于“道”，他认为，“心即是道”。这种“心”是道、儒、佛三教的共同之源，所以“天下无二道”[④]。“心”本是佛教禅学的概念，白玉蟾的道学，表现了明显的禅道融合的倾向。

---

① 《康有为政论集》（上册），中华书局1981年版，第313页。

② 陈独秀著：《独秀文存》，安徽人民出版社1987年版，第73页。

③ 博罗县地方志编纂委员会编：《博罗县志》，中华书局2001年版，第716页。

④ 赖保荣、张尚仁等著：《罗浮弘道》，花城出版社2007年版，第77页。

另一方面，这种融合还体现在对人们的日常生活的影响上。道教以“道”为最高信仰，“道”生育天地万物，万物莫不尊道而贵德。道散则为气，聚则为神。神仙既是道的化身，又是得道的楷模。“神仙”是道教中最主要的观念之一，也是东江民众信仰中的一个重要元素。道教信奉的尊神众多，每个神仙分管不同的职责。祭拜神仙是东江地区人们的重要生活内容。老百姓最熟悉的有玉皇大帝、关圣帝君，风、雨、雷、电、水、火诸神，以及财神、城隍、灶神、土地等。每种神仙的拜祭方式、时间、仪式都很有讲究。笔者在此选择几个有代表性的神仙祭拜为例，加以阐述。

（1）玉皇大帝。人们称天为“天公”、“天神”、“天神爷”、“玉皇大帝”等。人们“拜天公”多露天举行，比如家居门口、庭院天井，或摆设供桌，或撮土焚香。天公没有塑像，人们祭拜时用红纸或红木牌写上神牌供奉。东江地区从岁首到年终都有拜天公的活动，人们无论拜任何神灵，必须先拜天公。

（2）关圣帝君。也称关帝，即三国蜀将关羽。关公既是忠义的楷模，又是驱邪避恶的神灵。关帝，除了常在专门的庙中拜祭以外，也被人们奉为门神。

（3）财神。道教供奉的财神，也就是赵公明。人们过年祭祀财神，这是东江人过年时最重要的民俗活动之一。民间以此祈求财神爷庇佑财运亨通、事事顺利。

（4）城隍。又称城隍爷，是冥界的地方官，职权相当于阳界的地方官。道教把它纳入自己的神系，称之为剪除凶恶、保国护邦之神，并管领阴间的亡魂。东江民众信仰城隍，讲究一系列的等级秩序。

（5）灶神。灶神又称“灶君”、“灶王”、“灶王爷”、“东厨司命”等。东江地区客家人的灶头都设有神位，祭祀灶神，祈求管好各家灶火。农历腊月二十三日为“小年”，这一天客家人的晚餐较为丰盛，饭后祭灶，送“灶神”，常用糖瓜祭灶，为求“把灶王爷的嘴抹甜了，在玉皇大帝面前多奏好事”。

（6）土地神。土地神又称“土地公公”、“土地公”、“土地爷”。土地神是地方保护神，人们祭祀土地神即祭祀大地，现代多属于祈福、保平安、保收成之意。民间供奉土地神的庙宇称为土地庙，又称伯公庙，是东江地区分布最广泛的小型祭祀建筑。

3. 其他宗教信仰

东江地区的宗教信仰不是单一的，而是多元化的。不仅道教、佛教在此广为传播，而且源自西方的天主教与基督教也在这一地区传播开来，促使不少东江民众改信基督教与天主教，由此产生的影响不可忽视。

西方宗教信仰的流入与传播有一个渐进过程。1840 年鸦片战争后，西方资本主义列强用大炮轰开了中国大门，中英《南京条约》的签订，使广州、福州、厦门、宁波、上海五口通商，西方传教士被允许在口岸传教，西方宗教进入中国内地也就逐步取得了合法的地位。

（1）基督教的传播及演变。鸦片战争以后，欧美各国天主教、基督教新教教徒一批接一批来到广东，传教活动开始兴盛，特别是基督教新教更有后来居上之势。它首先在广州立足，战后开始在汕头推广，很快把香港、东莞发展为根据地，继而伸向粤西客家地区。第二次鸦片战争后，佛山成为基督教新教基地，珠江三角洲被纳入其布道区域，接着向韶关、东江、西江和潮汕扩展。到 19 世纪末，两阳（阳江、阳春）、德庆、罗定和海南沿海被开辟为新教区，以后则在东江地区和海南一些边远地区发展。① 基督教新教于 1852 年开始传入东江区域，其中包括崇真会、耶稣会、安息会、聚会处、浸信会和长志会六个教派，各派纷纷深入东江区域传教。崇真会教徒张多兴在香港受洗入教后，于 1852 年回五华大田樟树村传教，此乃基督教传入东江区域之始。当时，东江区域逐渐形成基督教三大教会势力：岭东基督教浸信会、中华基督教岭东大会、中华基督教崇真会总会。

民国十三年（1924），中华基督教崇真会总会在东江客家区域宣告成立。该会与信义会、礼贤会同属信义宗。总会设在龙川县老隆镇，办事处设在老隆铁场坑隆新村 96 号。次年，由德国工程师督造干事楼，于 1926 年完工，干事楼遂成为基督教崇真总会固定会所。至 1948 年，总会共有 24 个区会、一个特别区会（广州区会），支堂及布道所 167 个，遍布宝安（今深圳市宝安区）、河源、惠阳、博罗、龙门、紫金、和平、龙川、梅县、五华、兴宁、新丰、蕉岭等市县及香港，信众达 1.96 多万人。总会办有河源仁济医院、梅县德济医院等，还办有紫金古竹乐道中学、梅县乐育神学院等学校。② 至 1949 年基督教新教在广东第四区（东莞、增城、博罗、龙门）拥有教堂 35 所，仅次于第二区（台山、开平、恩平）。③

（2）天主教的传播及演变。以客家人为主体的东江区域内天主教，是由嘉应教区和香港教区、广州教区传入的。西方天主教大概于明末传入闽西地区；清代嘉庆末年（1820），天主教传入丰顺境内。清朝道光年间，天主教传入嘉应州。清道光二十四年（1844），归侨天主教徒吴东在梅县城东书院开始

① 司徒尚纪著：《广东文化地理》，广东人民出版社 1993 年版，第 331 页。

② 广东省地方志编纂委员会编：《广东省志·宗教志》，广东人民出版社 2000 年版，第 410 页。

③ 司徒尚纪著：《广东文化地理》，广东人民出版社 1993 年版，第 333 页。

传教，在1850年由汕头教区派法国籍李神父到梅县建立了第一个祈祷所，这是近代西方天主教传入东江客家地区的开端。随后，法国巴黎外方传教会在汕头设立“嘉应州天主教会”，1925年升格为“嘉应教区”，管辖梅县、兴宁、五华、蕉岭、平远、大埔、龙川、和平、连平等九个县的教会事务。[①]

总体而言，自“嘉应州天主教会”建立之后，天主教逐步从东江地区上游向中下游传播开来。清同治元年（1862），法国传教士在博罗城北面上塘设天主教堂；清同治九年（1870），罗马教廷将新安（宝安）、归善（惠阳）、海丰三县划归香港教区，于清同治十三年（1874）由天主教香港教区文神父（意大利籍）、陈兰芬神父、林荫堂神父合作，在惠州府城、平山、潭水、惠阳水口镇一条龙村、仍东村，新安县（今深圳市）南头城、横岗等地创建教堂，建立传教区。民国元年（1912），文、陈、林三神父调离后，毕令雅神父、金神父、马俊贤神父接管教务，在香港教区资助下，于惠州府城建立乡教堂，时有教徒约40人。几年后，教徒发展至2万人，遍布稔山、梁化、横沥、水口一条龙村、平潭、马安等地。[②] 当时惠阳教区的神甫有10人，总堂设在惠州，随后由于教徒人数日增，教徒们提出惠州应有一座大的总教堂，以适应教徒们聚集祈祷的需要。在香港神父卢镜如（中国籍）的支持下，惠州圣约瑟教堂于1922年创建，能容纳400多人。[③] 惠阳析出惠东后，惠阳境内天主教活动地点主要分布于横沥、水口、永湖、沥林、良井等地。

西方宗教对东江文化存在着冲击和影响。尽管西方宗教在近代中国内地广为传播，但它毕竟是西方宗教思想和神学文化，从根本上与中国以寺庙为代表的泛神信仰的传统文化不协调，因而，使中国千百年来的传统信仰与生活习惯受到冲击和挑战。而随着这种冲击和挑战的扩大与激烈，教案不断发生。进入民国后，以广州“沙基惨案”为导火线，在广东境内发生了以广州为中心的颇具规模的非暴力的反基督教运动。这次运动虽名为反基督教，实质上其矛头乃直接指向对中国侵略日益加深的西方列强。

由于近代中国积贫积弱，封建主义和西方资本主义相结合，极大限度地榨取中国人民的血汗，从而使生活在水深火热中的各阶层民众带着各自不同的动机和目的参加教会。有的是借入教祈望改变自己坎坷的命运；有的入教是希望

---

① 广东省地方志编纂委员会编：《广东省志·宗教志》，广东人民出版社2000年版，第347页。

② 惠阳市地方志编纂委员会编：《惠阳县志》，广东人民出版社2003年版；惠东县地方编纂委员会编：《惠东县志》，中华书局2003年版。

③ 《惠城文史资料》（第2辑），1987年内刊，第157页。

获得教会的一些慈善物资的接济；有的是为了寻求西方宗教势力的保护而达到自己政治、经济目的等。随着西方宗教势力的扩张，有的西方传教士为了建教堂而掠夺钱财，侵占当地农民的土地房屋，使东江区域的社会矛盾更加激化。由于东江区域山地多，土地少，历来都是“寸土寸金”，再加上广大群众对西方宗教的抵制，传教士很难随意获得建教堂的土地。因此，有的传教士便勾结不良教徒或当地奸民，采取强买强卖、强买盗卖、骗买等方式和手段取得土地。清光绪二十九年（1903），德国传教士纪希荣与惠州下角劣绅勾结强行买占下角的一块土地。此地是下角一个富户遗留下来的地产，内有房基，左右有鱼塘，前临东江，历来被视为下角人的宝地。这一举动引发了当地村民的强烈不满，民众坚决抵制，群起驱逐传教士，严防传教士动用土地。最后，德国传教士不得不放弃此地，另择横江（在今惠州市一中内）一处地方建起教堂。①

西方宗教传入东江区域，在进一步激化本来就非常尖锐的各种社会矛盾的同时，也为西方列强在东江区域的进一步渗透创造了条件。然而客观地讲，西方宗教传入封闭的东江区域，加强了这一地区与外界的联系，使这一区域内的较多民众也能感受到整个世界的脉搏，开阔了人们的视野，特别是对一些近代科学技术传入东江区域起了一定的作用。西方宗教对东江区域的影响有：

一是西方宗教的传入促使东江客家人较早接受新式教育，促使他们的思维观念、生活方式发生较大的变化。西方宗教在东江区域传播的同时，还创办了一系列的近代新式学校。清光绪二十九年（1903），信义会德国人何必力在惠州横江附设德华女子学校。清宣统元年（1909），明伦牧师（德国人）驻和平，主持成立基督教崇真会和平区会，同年创办和平东山小学。龙门传教士钟伯萌、成克明、李春田、郑云思曾创办国民小学，主要培养基督教徒，课本以圣经为主。民国九年（1920），石兰仿牧师曾在龙门办过“培德女校”、“培政训校”、“少年团”。在紫金，德国基督教教会在传教的同时也兴办学校。他们先后在古竹办有乐育中小学各一间，在荷树湾、锦口、龙窝各办乐育小学一间。与此同时，天主教会还在紫金举办妇女学道识字班和民生小学。这些教会学校，培养了一批近代化人才，为东江区域乃至整个广东社会经济的发展和进步作出了贡献。如美国福尔德主教曾资送龙川的邬保良游学美国，邬保良获得了芝加哥大学博士学位。邬博士学成回国后，先后服务于国立中山大学、安徽

① 广东省地方志编纂委员会编：《广东省志·宗教志》，广东人民出版社 2000 年版，第 347 页。

大学、国立武汉大学，并担任武汉大学化学系主任。[①] 而且，西方传教士也使近代西方的一些先进科学技术传入东江区域。如东江区域的西医西药基本上是由各国传教士在传教之时于19世纪传入的。西方传教士还用西药为当地村民治病，并促进了西医在东江区域的传播。初时，由于场地的限制，病房及医院都设置在教堂内和附近民房内。[②]

二是东江区域西方教会之教徒在接受西方宗教的同时，其信仰方式及生活方式也发生了变化。由于天主教和基督教新教有一套独特的活动内容，包括布道、洗礼、礼拜、募捐、救济，以及一系列宗教仪式，如静坐、唱诗、宣召、燃点圣灵降临烛光、考候、召请、赦罪、默想等，充满了虔诚气氛。信徒在这样的意境中求得平衡和满足，因而能为一些人所向往和追求。不少教徒由对道教、佛教或鬼神的信仰，转而信仰耶稣、上帝。仅龙川一地，至1944年，就有天主教信徒4 000多人，而基督教教徒也多达2 000多人。[③] 他们接受“圣水洗礼”，每逢星期日，教徒集中在教堂过礼拜。每年耶稣圣诞、复活节、耶稣圣心、圣神降临为重要节日，教徒会集中祈祷。传统的中国婚姻由穿马褂、旗袍变为西装、婚纱，结婚场地变为礼堂；祭祀使用的牲畜也变为由鲜花替代；西餐也逐渐变为人们喜爱的食品；许多年轻人脖子上带着十字架项链，参加教堂礼拜活动。尤其是圣诞节，各教堂挤满了教徒和非教徒，一些学校举行舞会，学生间相互赠送礼品。

（二）东江地区传统宗教信仰的特点

总体而言，东江民众是多神论者。不论是中国本土的宗教道教，还是外来宗教佛教、基督教、天主教，他们都持来者不拒的态度。正如有的学者指出：“无论是传统的，还是外来的，都能因时因地对信仰的内容与形式加以适应改造，以适应客民的口味，做到‘为我所用。’”[④] 所以，东江地区宗教信仰呈现出功利性、务实与务虚统一、形式多变的特征。

1.“功利”取向的宗教信仰

功利性是东江地区宗教信仰的最大特征。正如研究者所说：“中国人信仰

---

① 韩小林：《近代西方教会在粤东客家地区的传播及其影响述略》，《嘉应大学学报》，2003年第1期。

② 韩小林：《近代西方教会在粤东客家地区的传播及其影响述略》，《嘉应大学学报》，2003年第1期。

③ 旧版《龙川县志》卷三十，第498页。

④ 谢剑、郑赤琰：《国际客家学术研讨会论文集》，香港中文大学、香港亚太研究所海外华人研究社1994年版，第42页。

神灵的基本目的和态度，就是避灾祈福，功利性非常明显。”① 这意味着在宗教信仰中，人们趋于将世俗性与神圣性相交融，使得信仰的动机是注重个人的物质的追求，而远离了道德和灵性的生活。人们对各种宗教的信仰并非为发自内心的对某种德性和精神的信仰，而是以个人目的而取功利化的信仰。

人们祭拜佛教、道教的诸神的首要动机就是祈求升官发财、祈福消灾、满足需求、实现愿望。正是由于这种功利取向，东江地区的佛教、道教世俗化，佛、道两教相融合。对于东江民众而言，佛教和道教的区别并不重要，相信菩萨和神仙都是神通广大威力无边的超人，都是人类的主宰和救世主，能保佑自己和家人祛病消灾，招财赐福。信众表现为既信佛也信道，儒、佛两教相融为信众信仰共识，“菩萨与神仙齐餐，祖先与鬼怪共祭”。在庙会，设醮坛、道坛时，大门口都放有一根带枝叶的小松树或竹尾巴，给孤魂野鬼一个藏身之处，以便施食。佛教、道教教规、教义相互渗透，佛教、道教民俗化，居士为俗家居士，道士为俗家道士，不离尘不出家。

同样，西方宗教流入之初，东江民众对于西方宗教的接受与信仰也是源于功利化的动机。发展至今，都有不在少数的基督教信徒和天主教信徒依然是以个人功利性目的加入教会。

从上可见，东江地区宗教信仰的精神教育意义正在明显减弱，而满足个人种种预定的需求性则在增强；对神灵的参拜大多出于对自身物质或生活表层的需要，而对于所参拜神灵的内在精神实质往往忽略。这在一定程度上使得一些宗教信仰的追求更加功利化，而集体感和责任心及服务理念却大大淡漠了，这多少折射了传统公德的衰微。

2. 务实与务虚的统一

功利性是东江民众务实性和世俗化的一种体现。与此同时，东江地区的宗教信仰还具务虚性，主要体现在各种场面隆重、禁忌诸多、礼俗繁琐的宗教活动中。以打醮为例，东江地区客家人打醮往往规模盛大。现代的打醮往往将宗教、文化和经济活动合而为一，不但多请道士念经做法事，请戏班演出，还有上刀山、过火链、咬犁头等惊险节目表演。打醮时，村民多数都要斋戒，以示虔诚。此外，打醮期间到场祈福的人员众多，热闹非凡。再以庙会活动为例，人们进庙拜神祈福消灾是一种世俗化的功利行为，同时还要举行建庙、塑像、烧香、烧箔，燃放鞭炮、大办神诞宴席等形式。这些形式造成群众人力、财力的极大浪费和精神负担。如将菩萨生日定为庙会会期，庙会期间，举行迎神、抬菩萨出巡、游村等活动。村村皆有庙会，会期相互错开。会期参与者主要是

① 蔡少卿：《中国民间信仰的特点与社会功能》，《江苏大学学报》，2004 年第 7 期。

香客，也有兼探亲、访友者，以及做买卖的小商贩等。这种庙会往往造成公共环境污染及人力、财力的极大浪费。

除此之外，东江民众宗教信仰的务虚性还体现在各种禁忌上：衣服忌反着穿，反穿衣服如穿孝服，表示家中服丧事；食饭夹菜忌用筷敲击盘碗，用筷子敲击盘碗是乞丐讨饭的手法，也是逗狗猫等牲畜进食的意思，同时忌将筷子竖插在饭菜碗上，这是祭死人的方式；住房内摆设眠床忌正对屋顶横梁，认为横梁压顶预凶，且易生噩梦，床位不可直向房门，也不宜脚朝门口睡觉，这是丧事象征；出门办事忌逢“三煞日”、“空亡时”；探病时间忌在下午、晚上和农历初一、十五，下午谕日已过昼，晚上谕日落西天，初一、十五是敬神祭鬼的日子，问讯病人忌直呼病字，宜询问“哪时不自在”、“哪里不自然”；称小儿病了叫“不乖”；死人忌逢农历初一、十一、二十一，死后七天逢七叫“撞死”，认为家中会闹“风煞”，逢七的当天，全家人和共屋的邻居都要清早离家出外“避煞”，午后才能回来等。[①]

3. 信仰形式应时而生

东江地区宗教信仰源远流长，但是却古老常新，原因在于东江民众能够根据历史的变迁、社会的发展及客观环境的变化而创新自身的宗教信仰形式。20世纪80年代以来，随着改革开放的深入发展，文化传播和交流手段的现代化，人们传统的生活模式渐趋变化。在这种背景下，东江地区新的宗教信仰形式应时而生。它具体体现为：在农村，从传统以庙会、教会为主的宗教活动形式向以宗教家庭生活化为主；在城市，涌现出一系列以仁、爱、道为理念的慈善机构和慈善活动；无论农村还是城市，各地出现了风水信仰等。

首先，体现为宗教生活家庭化。从传统意义上讲，宗教组织是维系宗教与教徒之间关系的有效手段，就是在寺院、教堂中所组织的宗教礼仪，以增加教徒对宗教的情感，培养教徒的宗教意识。然而，在访谈调查中，笔者发现，经常去寺庙、教堂举行、参与宗教活动的人并不多，更多的人是需要时才去，这表明寺庙、教堂所举行的活动在这些信徒心中并不太重要，很多人在某个特殊的日子或宗教节日才去参与这些活动。在寺院、教堂作为宗教活动场所的重要性下降的同时，家庭已成为人们进行宗教活动的重要场所，这说明宗教活动的家庭化。在对博罗、惠城区等地区居民的调查中发展，大多数居民家中设有佛龛，绝大多数长者常在家中礼佛。

其次，体现在慈善活动与慈善机构涌现。许多人将佛学、儒学所倡导的仁

① 惠州市地方志编纂委员会编：《惠州市志》（电子版），广东惠州音像出版社2009年版，第4448页。

爱教义转化为对社会弱势群体的帮助，即通过从事慈善活动或加入慈善机构的形式去达到声张“善意”。虽然一些慈善活动和慈善机构与宗教组织、宗教活动并没有直接联系，但是许多人正是在从事这些慈善活动过程中表达他们的信仰，以此实际行动来体现在新社会发展时代对真善美的追求。

再次，体现在风水信仰的流行。东江地区客家人信仰风水的意识浓厚，对避凶就吉的风水宝地孜孜以求。道教的保护神“四灵”（朱雀、玄武、青龙、白虎）斋醮、祝咒、符箓等就流行于风水之中。风水的核心是人们对居住环境进行选择和处理的一种学问，范围包含住宅、宫室、陵墓、村落、城市等方面，涉及陵墓的称为阴宅，涉及其他方面的称为阳宅。阳宅基地的选择依空间、时间（年、月、日、辰）、村、山、水、田、林、路，集环境、方位、地质、建筑、美学、心理学为一体，以此选择“生气”的风水宝地，追求人身的小宇宙之“气”与周围环境的大自然宇宙之“气”协调统一。客家人对阳宅、阴宅进行选择时，需请风水先生勘择“生气”。根据灵验的程度，决定付给风水先生酬金的多寡。

（三）东江地区传统宗教信仰对东江文化的影响

东江地区宗教信仰本身属于东江文化的重要方面。东江地区宗教信仰的多神性、综合性、功利性等是东江文化的重要特性。毫无疑问，在东江地区的佛教、道教、天主教、基督教等宗教信仰中，占据主导地位的依然是佛教、道教以及以儒家学说为核心的儒教。西方宗教虽然随着对外交流的加深不断渗入东江地区，但是其地位和作用还远远不能取代传统的佛教、道教、儒教。宗教信仰对东江文化的影响深远而复杂，只有正确认识其影响才能正确引导东江地区宗教信仰走向法制化、规范化的轨道。

第一，东江地区传统宗教信仰是东江文化的重要组成部分。宗教信仰具有长期性、复杂性特征，是社会发展到一定程度的文化现象。东江地区宗教信仰与社会的政治、经济、文化、民族、民俗、民风等问题交织在一起，是拥有大量儒、佛、道、基督、天主等宗教经典、堪舆书籍，拥有信仰组织和活动场所等设施并不断开展集体活动的社会实体。

这种以佛、道、儒为主融合多种宗教、信仰多元神灵的东江地区宗教信仰本身，就是东江文化的重要特色。东江地区的宗教信仰含有一套自成体系的关于社会、人生、世界的哲学。在东江地区的信仰中，其世界观既包含了佛学的以缘生万物和色空学说，又包含道家的无为而治、顺其自然学说；其人生观是以佛学的因果轮回学说为基础的，又体现了儒家学说中的“入世”思想，强调主观的努力和积极进取；在其社会观方面，融合了佛家、道家追求出世的思想，也吸纳了儒家“天下兴亡，匹夫有责”的入世思想。在人们的现实行为选择中，这种矛盾的社会观则体现为在屡遭挫折、仕途屡遭不顺时候，强调出世的思想易起作用；而在人生顺境时，人们多取信儒家的入世观。由此可见，东江地区多元的宗教信仰为东江人们各取所需提供了条件，不同的人们根据个人境地选择信仰，从而达到个人、社会之间的平衡。这种以人的需求为主导、多种宗教和谐相处的状态正是东江文化的一大特色。

第二，东江地区传统宗教信仰中迷信色彩明显。与民间崇拜相类似，东江地区的宗教信仰中有一些糟粕，尤其是一些迷信色彩浓厚的内容，体现了东江文化消极成分的一面。在一些东江地区农村，宗教活动变成了迷信活动，如生病请巫师而不去看医生，即所谓的“信巫不信医”的现象仍存在；遇到人身伤害不是寻求社会保护，而是寻求神灵的保佑的大有人在。一些不法分子利用荒谬的迷信信仰（如拜狐狸、蛇等“妖精”），采取欺骗的手段来蒙蔽村民，使村民失去辨别是非的能力，产生精神上的依赖性和行动上的盲从。迷信是落后时代的产物，带有极大的愚昧性和欺骗性，容易误导人们的行为，阻碍社会进步。

此外，宗教信仰中对神权的顶礼膜拜，容易对社会公共权力造成干扰。在东江某些地区，宗教信仰活动与宗族势力、民间礼俗结合起来，形成了一股非制度化的约束力量，对一些制度化的公共政策构成巨大威胁，妨碍制度的执行。例如，东江地区，农村居民重男轻女、多子多福等传统儒教观念根深蒂固，他们不惜采取各种方式手段违背国家计划生育政策，给基层计生工作造成巨大阻力。又如，在基层选举方面，儒教的宗族观念、人治观念，佛教远离尘世教义，以及道教的无为而治理念，都阻碍着基层民主选举的进行。

第三，重视对宗教信仰的法制化、规范化成为东江文化发展的一个突破口。正如江泽民指出：“宗教走向最终消亡可能比阶级国家的消亡还要久远。”① 所以，在相当长的时期里，东江民众的宗教信仰存在并仍发展是不容置疑的。经过长期的发展演变，宗教信仰已经深入东江民众生活生产的方方面面。宗教信仰的变迁轨迹直接牵制着东江文化发展的方向。同时，我们应看到，宗教信仰对东江社会的发展具有两重性，既有凝聚民心、提供精神支柱等积极的一面，也有迷信、落后的消极一面。因此，我们在处理东江地区宗教信仰问题时，应该扬长避短，取其精华、弃其糟粕，即应该引导宗教信仰走向法制化、规范化的轨道，并以此为突破口推进东江文化的发展繁衍。

① 《江泽民同志在全国宗教工作会议上的讲话》（2002 年 1 月 10 日），转自王必金：《浅谈明溪客家人的宗教和民间信仰》，《客家文化研究（下）》，2004 年 12 月 1 日。

为此，我们要本着和而不同、求同存异的原则，客观地对待宗教信仰与东江社会建设的兼容性，重视宗教界对宗教教义作出符合社会进步要求的阐释。佛教倡导的“人间佛教，庄严国土，利乐有情”；道教倡导的“慈爱和同，济世渡人”均有现实意义。应引导宗教界把爱国爱教结合起来，把做好信徒与做好公民结合起来，把民间信仰活动纳入宪法和法律的范围，做到与社会主义社会相适应。同时，应实行宗教信仰自由政策，尊重和保护公民的宗教信仰自由，保护正常的宗教活动，保护宗教界的合法权益。此外，还要严格区分宗教活动与迷信活动，并严厉打击各种形式的迷信活动。

第七章　东江地区红色文化

东江地区红色文化要素，就其时间存续而言，贯穿中国民主革命的整个历史时期；就其空间分布而言，遍及整个东江流域。它的创造者、传播者和接受者，主要是东江地区的工农大众，同时也包括一切曾生活和战斗在东江地区的其他阶级、阶层的进步人士。东江地区红色文化要素在不同的历史阶段，依据当时斗争形势的需要和可能，创造和运用了各种形式的传播网络和载体，不但对当时东江地区的革命斗争产生过巨大的作用，而且薪火相传，对今天东江地区社会文化建设和政治建设，对当代和今后东江人树立正确的人生观与价值观，也将发挥重要的作用。东江地区红色文化历史资源具有的稀缺性（不可再生及极可能随着岁月的流逝而毁损、湮没）、完整性、传奇性、独特性和先进性，使得对它的抢救、发掘、继承和弘扬，成为一个意义重大的时代课题。

东江地区红色文化要素的核心内涵和实质，可以归纳为百折不挠、坚贞不渝的爱国主义精神，海纳百川的博大胸襟和择善而从的恢弘气度，敢为天下先的创新精神和勤劳务实的工作作风，昂扬向上的乐观主义精神和奋斗不已的大无畏英雄气概，砥砺品性、厚德崇文的深厚底蕴。这些，是中华民族传统文化的精华之所同在，整个中国近现代红色文化之所共享，然而在东江地区红色文化要素中，却具有突出的地方特色和内涵。

一、百折不挠、坚贞不渝的爱国主义精神

如前所述，东江地区自秦、汉始，南迁的华夏族与本地的南越人长期生活在一起，形成了以汉族为主体，杂以瑶、畲等少数民族的居民成分结构。作为东江居民主要组成部分的客家族群，或源于不愿归顺大金统治的北宋臣民，或系抗阻蒙古铁蹄的南宋后裔。心系家园，眷恋故土而又不甘被征服、被压迫的精神，一直绵延不断地流淌在东江客家人的血脉中；以身殉国的浩然正气，孕育和滋养着东江民众的爱国主义优秀传统。

东江地区位于东南沿海，处于我国近代最先遭到西方帝国主义军事侵略并被迫首批开放的广州之政治、经济、文化的辐射圈内，故对西方帝国主义的侵

略和欺凌，最早且较深地产生了切肤之痛。加之近世以来，迫于生计的驱使或政治上的避祸，东江民众多有迁徙、流亡国外者。他们在异域他国，饱受歧视和迫害。这种历史遭遇使得东江民众较早地认识到：西方帝国主义的侵略，实为近现代中华民族一切不幸和灾难的主要根源。同时，他们也较早地接受了西方近代的国家观念。在新的历史条件下，东江文化中传统的以忠君、忠于“正统”王朝为主要表现形式的爱国主义，遂演进、嬗变为反对帝国主义、反对封建主义的民族民主革命精神，在大众性的文化意义层面上，揭开了爱国主义精神传承和发扬崭新的篇章。

（一）辛亥革命前后东江爱国主义精神的彰显和创新

清末，东江地区是广东重要的斗争基地，革命党人活动频繁。爱国主义主要体现在革命党人反对清王朝的卖国投降，建立民主共和国的斗争之中。1900年10月，惠州革命党人郑士良、黄耀廷等奉孙中山之命，联合三合会党600余人，在归善坪山（今属深圳龙岗）举行三洲田起义，先后在佛子坳、镇隆、永湖等地打败清军，起义部队一度达到两万余人。1907年6月，为配合声援潮州黄冈起义，同盟会员邓子瑜又组织了惠州七女湖起义。这些斗争，都极大地促进了辛亥革命高潮的到来。1911年武昌首义之后，10月27日，增城、龙门两县革命党人起义响应，克复县城。11月1日，同盟会发动淡水起义，并于9日占领惠州，东江地区成为武昌起义后广东的首义之区。这一时期，东江地区还涌现了以廖仲恺、邓铿等为代表的一批著名的爱国民主斗士，成为整个时代爱国主义精神的重要旗手。伟大的爱国主义者廖仲恺先生出生于一个美国华侨家庭，自幼受到父亲“祖国是每个人的灵魂与生命所寄托的，灵魂没有寄托的人，生命没有寄托的人，就像树叶离开树枝一样，失去了营养的供给，便会焦枯而死”[①] 的谆谆教诲。他亲眼目睹华工在美国被无故殴打、枪杀，亲历“排华风潮”，由此萌发了为中华之崛起而努力奋斗的远大志向。回到家乡后，祖国面临的亡国灭种的严峻现实，使他抱定“结交革命贤豪，共图大事”[②] 的决心，负笈日本加入了同盟会，为建立民主共和的中国奋斗终生。资产阶级革命家邓铿年少即加入同盟会，多次领导起义，屡败屡战，矢志追随孙中山，是光复惠州的英雄，并为民主共和大业献出了自己年轻的生命。即使是功过是非尚待评说的陈炯明，早年也不乏爱国主义思想。1908年2月，他与30余位同学在家乡原属惠州之海丰县的五坡祠方饭亭宣誓缔盟，“开始民族革

---

① 程途材著：《廖仲恺》，正中书局1936年版，第3页。

② 陈福霖、余炎光著：《廖仲恺年谱》，湖南出版社1991年版，第20页。

命之运动”[①]。他加入同盟会后，一度成为孙中山的重要助手，并在惠州光复和1916年讨袁斗争中建立功勋。即使是在背叛孙中山之后，其爱国思想也未完全消退。1932年“一·二八”事变后，他坚决支持蔡廷锴、蒋光鼐率领第十九路军淞沪抗日，并明确表示中国的救亡图存不能寄希望于列强与国联，只能依靠国民的团结与奋斗。在晚年，他终于回到了抗日民族统一阵线之中，参与了中国致公党的创建活动。以上这些都证明了近代东江地区从很早开始就是爱国主义思想诞生的地区之一。

（二）“五四”运动至大革命时期东江爱国主义精神的彰显和创新

进入新民主主义革命时期后，东江地区爱国主义思想的传播，大大突破了昔日的阶级局限和时代局限。从内涵而言，更加突出了鲜明的、不妥协的反帝反封建精神；从奋斗目标而言，更加明确了革命塑造的应该是一个人民当家做主的崭新国家；从革命的领导和主力而言，开始认识到只能由无产阶级和广大农民群众分别担任。

1919年7月13日，廖仲恺在《星期评论》上发表《三大民权》一文，强调：“我们中国既然叫做中华民国，主权的主体，当然就是人民。”“吾人须知，国民革命之主要分子为国民，国民中最多者莫如农民，故国民革命之唯一要件为须得农民大多数了解与集中本党旗帜之下。”[②] 正因为给传统的爱国主义赋予了这种崭新的时代精神，廖仲恺才成为一个新三民主义和三大政策的忠实拥护者。

“五四”运动前夕，彭湃等人离日归国后，撰写和发布了《留日广东学生同乡会宣言书》，痛斥“二十一条”是亡国条约，呼吁青年学生“舍学、舍身而谋救亡也”。[③]“五四”运动的消息传到东江地区后，惠州、淡水等地的青年学生立即响应。广州高等师范学校学生黄佩伦在惠阳组织惠州省立第三中学、女子师范学校和小学学生成立惠州学生联合会，发动罢课，举行游行示威，搜查日货，并分赴农村进行爱国宣传。[④] 1919年12月，海丰、陆丰、东莞等地相继成立了学生联合会、青年联合会等团体，动员、号召、组织、领导各地知

---

① 段云章、倪俊明编：《陈炯明集》（增订本下卷），中山大学出版社2007年版，第10~12页。

② 广东省社科院历史研究室编：《廖仲恺集》，中华书局1982年版，第190页。

③ 转引自《中国共产党东江地方史》编纂委员会著：《中国共产党东江地方史》，广东人民出版社2001年版，第14页。

④ 惠州市地方志办公室编：《惠州历史大事记》，中华书局2005年版，第110页。

识分子和青年学生，示威游行、焚烧日货，并运用演出话剧等形式，宣传反帝爱国思想。[①]

随着国共合作的实现和大革命如火如荼地开展，东江地区的爱国主义情绪日趋高涨，并且突破了少数知识分子的范围，愈发广泛、愈发深入地影响和激励着工农大众，宣传的渠道和形式也由学校和报刊为主，拓宽到涉及大众文化的多种方式、多种层次和多个领域，并带着鲜明的国共合作、共同反帝反封建的爱国民主色彩。1924 年初，为了筹建黄埔军校，廖仲恺前往香港、南洋和美洲，筹集经费，得到了海外华侨的大力支持。1925 年省港大罢工爆发后，惠州民众为了支持和声援他们的反帝爱国活动，组织了各种形式的斗争和宣传。8 月 13 日，“改造惠州同志会”在广州惠州会馆开会，决议“请省港罢工委员会派纠察队赴淡水沿海一带，查缉、堵截不法商人、军阀接济英人粮食”[②]。次年 1 月，惠州农工商学各界 15 000 余人在惠州公园集会，“拥护国民党第二次全国代表大会，支援省港罢工工人”[③]。廖仲恺被刺以后，惠州地区的国共两党举行了声势浩大的追悼活动，声讨帝国主义对中国革命的破坏和右派分子的卖国行径。“县党部代表李勉周演说至最后时，咬破指头，血书‘一致对外’四字。”[④] 1926 年 5 月 30 日，为了纪念“五卅”运动一周年，惠州各界人民代表大会在第一公园召开，有 9 000 余人到会，“大会通过援助英国总同盟罢工、电请国民政府出师北伐、拥护省港罢工等五项议案”[⑤]。这一时期，为了组织和发动农民斗争，东江地区星罗棋布的农民协会纷纷发表《宣言》，散布《农会利益》传单，制定《农民协会章程》，举办农民夜校，号召和组织劳动人民尤其是广大农民，奋勇投身到反帝反封建的革命洪流之中。东江地区文化也呈现出一派新气象。产生于清光绪三十三年（1907）的中国话剧，因东江农民运动的不断高涨而被引进。博罗县 1925 年传入这一新的话剧形式后，冯重熙创办了“论心灯社”，民众教育馆组织了“前进演剧队”，演出了一些富有民族爱国精神的剧目。[⑥]

---

① 转引自《中国共产党东江地方史》编纂委员会著：《中国共产党东江地方史》，广东人民出版社 2001 年版，第 14 ~ 19 页。

② 惠州市地方志办公室编：《惠州历史大事记》，中华书局 2005 年版，第 128 页。

③ 惠州市地方志办公室编：《惠州历史大事记》，中华书局 2005 年版，第 134 页。

④ 惠州市地方志办公室编：《惠州历史大事记》，中华书局 2005 年版，第 128 页。

⑤ 惠州市地方志办公室编：《惠州历史大事记》，中华书局 2005 年版，第 136 页。

⑥ 博罗县地方志编纂委员会编：《博罗县志》，中华书局 2001 年版，第 630 页。

（三）土地革命时期东江爱国主义精神的彰显和创新

第二次国内革命战争时期，在中国共产党的领导和教育之下，东江民众的爱国主义思想和精神提升到一个崭新的高度。

1927 年9 月24 日至31 日，南下的南昌起义军曾在汕头驻扎了七天，潮汕人民称这七天为“七日红”。期间，起义军发布了安民告示和布告，出版了三天《革命日报》，26 日还在牛屠地召开了有数万群众参加的大会，周恩来、贺龙、叶挺等在大会上都作了讲话。这些文告、报纸和群众大会上领袖人物的讲话，都给东江人民指明了大革命失败后挽救国家危亡的道路与方向。

1927 年 10 月 15 日，中共中央南方局和中共广东省委召开联席会议，决定实行土地革命，明确提出“一切权利归工农兵代表大会（苏维埃）”。中共东江特委、东江革委坚决贯彻执行上述指示，而东江民众经过宣传，“深刻知道苏维埃而赞同与希望其成立”[①]。这一时期，东江地区的爱国主义精神，集中体现在为创建、巩固、捍卫和扩大中国历史上从未有过的真正为劳苦大众掌握和服务的新型国家政权——苏维埃政权的英勇奋斗中。1929 年 12 月，海陆惠紫革命委员会根据党的“六大”精神，颁布了 12 条政纲，前三条即是：反对帝国主义；推翻豪绅地主阶级的反动统治；建立工、农、兵、贫民代表会议苏维埃政府。[②] 1930 年 5 月，东江第一次工农兵代表大会颁布的《革命政纲》也明确规定了推翻帝国主义、豪绅地主、军阀和国民党的统治等内容。为了卓有成效地贯彻执行这些政治纲领，东江地区党组织和各级苏维埃政府采取多种行之有效的措施，教育广大群众，使他们接受新的爱国主义思想。

1. 创办各类学校和培训班

1928 年 1 月，海陆丰苏维埃政权建立后，东江特委在海丰县创办了东江党校，学员约 100 人，学习时间为每期一个月。陆定一到东江巡视时，曾给党校学员讲课。[③] 1929 年 3 月 21 日至 4 月 6 日，中共东江特委为整顿潮普惠三县党组织，专门开设了县委负责人训练班，召集各县委负责人约 30 人，训练一周。东江特委负责人林道文等亲自讲课，使学员感到受益颇多，“空肚来饱

---

① 中共东江特委：《巡视员给中央的报告》，1928 年 4 月，转引自中共广东省委党史研究室编：《论东江苏维埃》，广东人民出版社 2000 年版，第 71 页。

② 中共广东省委党史研究室编：《论东江苏维埃》，广东人民出版社 2000 年版，第 145 页。

③ 中共东江特委：《关于开办党校事给广东省委的报告》，1928 年 1 月 19 日，转引自中共广东省委党史研究委员会等：《东江革命根据地史》，中共党史资料出版社 1989 年版，第 61 页。

肚回”①。1930年，东江特委机关转移到大南山后，开办了学员训练班。之后，又陆续开办了多期“干部训练班”、“青年训练班”、“妇女训练班”。1929年秋，东江特委还开办了“红军第六军第六师军事政治学校”（后为纪念彭湃、杨殷二烈士更名为“彭杨军校”），初办时设在八乡山，不久，随东江军委转到大南山。第一期毕业生约40人，第二期近300人。东江地区各县也根据需要举办了多种形式的学习培训班，如五兴龙根据地于1930年1月在大塘肚举办了党员学习班。②

2. 充分发挥革命报刊的宣传、鼓动作用

海陆丰苏维埃政权建立前后，东江地区各级党团组织陆续出版了各种报纸和杂志，宣传革命思想，鼓舞斗争士气。东江革命委员会出版了《革命日报》，海丰县委出版了《出路》杂志和画报。1928年初，普宁县委公开出版《赤化》半周刊，翻印《红旗》、《布尔什维克》等中央机关刊物，澄海县委出版党内刊物《滔滔之光》和公开刊物《澄海红旗》；东江特委还出版了《东委通报》、《政治通讯》、《支部生活》，翻印《省委通讯》作为内部刊物。1929年4月，东江特委成立了以颜汉章（后为贺遵道）为书记的宣传委员会，出版《党的生活》（不定期）、《东江红旗》（旬刊）、《工农兵半月刊》、《画报》（不定期）、《红军生活》等刊物，摘编《布尔什维克》中重要文章及其他专论。1929年6月18日召开的东江党代表大会，把宣传工作列为会议的主要内容之一。各边界县委成立后，潮普惠县委出版了《潮普惠红旗》；蕉平寻县委创办了《赤报》（三日刊）、《支部生活》（旬刊）、《红旗》（月刊），县团委也创办了《团的生活》、《蕉平寻青年》。1930年初，海陆惠紫特委组织了宣传教育委员会，出版了《群众之路》（后改为《战鼓》）；海丰县委出版了《红报》；陆丰县委出版了《暴报》；惠阳县委出版了《革命小报》；紫河特区出版了《劳动大众》和《学习》。1932年，潮惠善县团委还出版了《红五月》、《革命画报》；县文艺先锋队出版了《红操场》。③ 这些刊物对向苏区广大党员、红军战士和人民群众宣传、灌输新型的爱国主义思想起了巨大的作用。

---

① 中共广东省委党史研究委员会等编：《东江革命根据地史》，中共党史资料出版社1989年版，第214页。

② 参见中共广东省委党史研究委员会等编：《东江革命根据地史》，中共党史资料出版社1989年版，第215页。

③ 参见中共广东省委党史研究委员会等编：《东江革命根据地史》，中共党史资料出版社1989年版，第211页。

3. 利用各种文艺形式进行宣传鼓动

东江苏区活跃的各种文艺形式中，红色歌谣最为广大群众喜闻乐见，“正所谓‘红色歌谣万万千，一人唱过万人传’”。这些红色歌谣有的热情地讴歌了新生的苏维埃政权：“一生烧香无米粮，加入农会不烧香；建立政权苏维埃，自己当家正久长”；有的洋溢着翻身后的喜悦：“共产党人好主张，土地回家唱一场，每年割到多少谷，唔使担过别人仓；有食有穿有春光，幸福不忘共产党。”尤其是苦难最为深重的妇女，不但用歌谣控诉旧社会带来的压迫和不幸，更用歌谣来唤醒、号召姐妹们起来革命。如《妇女解放歌》唱道“一早起来到日落西，风吹雨打无人知，真痛苦呀真可怜，劝我妇女们，快快觉悟起……热心加入工农会，打倒旧封建，实现新社会”，抒发了加入革命以后的巾帼豪情。流行于海陆丰的《铁姑娘》唱道：“姑娘革命住山窝，日夜高唱出征歌。姑娘一心救社会，杀尽豪绅与恶魔，革命大旗翻红波。”有些歌谣还将传统的情歌发展成为革命加爱情的苏区浪漫曲，如《送郎出征歌》唱道：“情郎参军喜洋洋，锄头换上驳壳枪；带上红十一军帽，走起路来气昂昂。……郎出征，妹送郎，妹在灯下绣衣裳；衫中绣上七个字：革命成功好回乡。”革命根据地还成立了舞狮队、锣鼓队、演唱队、白话剧团等文艺组织，到各地进行宣传。海丰苏维埃兴建了可容纳数万人的红场，并设有演说台和工农兵娱乐部。大南山根据地在大坡桥头也建了一个红场，并筑有戏台。1930 年秋，潮普惠县委领导成立了一支 30 多人的“白话剧”队，后来人员增加，改名为“赤花剧社”，全盛时约有 60 人，演出的剧目共有 30 多个。如《广州暴动》、《二七惨案》等。县委宣传部长林锦梅于 1929 年创作了革命戏曲剧目《平江潮》，把旧的戏剧注入革命的内容，成为东江革命根据地红色文化的一大特色。这个剧社经常到苏区各地演出。演出时舞台两边挂着：“赤帜飘扬大南山，花灯灿烂临工农；剧烈推翻旧世界，社会主义定实现”（以“赤花剧社”四字冠于四句之首）的对联。饶和埔县委也组织了“游艺委员会”，排演文艺节目。在梅埔丰根据地的水尾村，设有一个小型戏院，组织一支宣传队，经常演出保卫苏区、土地革命的节目。蕉平寻根据地有的乡村还建有剧团、俱乐部、娱乐社等文艺组织和文艺娱乐场所，活动形式多样，有山歌对唱、歌舞、话剧、活报剧等。节目大多由群众自编自演自唱，成为团结人民、打击敌人的锐利武器。[①]

① 中共广东省委党史研究委员会等编：《东江革命根据地史》，中共党史资料出版社 1989 年版，第 215 ~ 216 页。

4. 召开群众大会，组织群众示威游行

1929 年 12 月 11 日，梅县畲坑区召开“广东暴动”两周年纪念大会，到会群众两万多人，红旗招展，热闹非凡。1930 年“四·一五”纪念日，“丰顺全县有三万余人的示威游行，其中最足记述的，就是一、四、五三区集合在距离县城十五里的一万八千余群众的大会”。方圆六七十里的到会群众在聆听各团体代表演说后，“一声令下，由总指挥领导，向县城出发，斯时口号声、歌声震天动地，在县城附近的反动派，见人们来势汹涌，俱跑往县城。县城的反动派，也死守城隅，不敢轻出”①。1930 年 5 月 1 日，东江第一次工农兵代表大会在八乡山召开，群众兴高采烈，敲锣鼓、放鞭炮，排着长队前去祝贺，会场布置得朴素庄严。主席台上挂着马克思、列宁的画像，两旁有红旗和彩旗，会场前面竖着用杉木接起来的旗杆，一面斧头镰刀红旗迎风招展。会场大门口悬挂着“庆祝东江第一次工农兵代表大会胜利召开”的红布横额，大门两侧贴着一幅醒目的对联：“斧头劈开新世界，镰刀割断旧乾坤。”少先队向出席大会的 184 名代表致敬、献花，青年妇女热情地为大会烧水、做饭，这一切，充分表达和激发了苏区人民对苏维埃政权的热爱。

5. 镌刻石头标语，宣传革命思想

土地革命时期，中共东江特委组织民众在大南山麓交通要道和革命活动场所镌刻了许多石刻标语。潮阳县成田镇后坪村人翁千，从 1930 年至 1932 年，率数人冒着生命危险，顶烈日、战风雨，锲而不舍地在大南山的盐岭、汤坑至雷岭径绵延数十里的摩崖大石上，镌刻了几十条标语，至今尚存 35 石、57 幅、461 字。内容有“巩固苏维埃政权”、“扩大苏维埃区域”、“工农兵团结起来”、“实行土地改革”、“拥护中国共产党”等。②

（四）抗日战争时期东江爱国主义精神的彰显和创新

抗日战争时期，东江地区爱国主义精神具有更加集中和更加鲜明的时代内容，即将日本帝国主义赶出家乡，粉碎日本帝国主义灭亡中国的狼子野心！

早在全面抗战爆发之前，东江地区的抗日救亡运动就已经如火如荼地展开了。“九·一八”事变后，梅县松源青年学生在中共党员陈仲平的影响带动

① 《广东东江（包括潮梅十五属）苏维埃代表的报告》，1930 年 9 月 10 日，转引自中共广东省党史研究委员会等编：《东江革命根据地史》，中共党史资料出版社 1989 年版，第 118 页。

② 陈登贵：《光荣史篇，育人课堂——发挥东江革命根据地史迹的教育作用》，见中共广东省委党史研究室编：《论东江苏维埃》，广东人民出版社 2000 年版，第 420～421 页。

下，开展各种抗日救亡宣传活动。“一二·九”运动爆发后，“群众革命基础较好的梅县深受影响，松口、松源、丙村、雁洋、梅城、南口等地进步青年开展了抗日救亡宣传，建立了梅县抗日救国会，梅县抗日义勇军等抗日救亡团体”①。1936年秋，中共南方临时工作委员会委派人以“华南救国会”名义“在东江地区之惠阳、东莞、海丰、龙川、和平、紫金等地相继成立‘民众抗敌后援会’、‘民众御侮救亡会’、‘民众抗日统率委员会’，并组织抗日救亡团体、壮丁队、妇女队、少年先锋队和自卫队”，掀起了宣传抗日救亡的热潮。②抗日战争全面爆发后，1937年8月中旬，香港惠阳青年会剧团“在惠阳、宝安等地演出《放下你的鞭子》、《死里逃生》、《有钱出钱、有力出力》等抗日文艺节目”。1938年1月，在中共南方临时工作委员会的领导下，在“广州学生抗敌救亡会”、“救亡呼声”、“平津同学会”、“青年群社”、“留东抗敌后援会”、“中山大学抗日先锋队”、“中大附中青年抗日先锋队”等团体基础上组建成的“广东青年抗日先锋队”更是以饱满的热情深入东江区域各地做宣传抗日的工作。这样，“以惠州为主体的东江区域各地民众在中共东江组织的切实领导和青年学生为主体的社会抗日团体宣传鼓动下，其政治热情和民族爱国精神被最大限度地焕发出来”③。如：“梅县迅速掀起规模空前的抗日救亡群众运动，公开的抗日救亡团体如雨后春笋般涌现，据有关资料表明，全县共有各种救亡团体100多个，各区普遍建立了三至五个以上，较多的有松口、松源、南口、丙村等地，都在十个左右，属全县性质的有14个。当时上海《救亡报》发表了一篇题为《抗日救亡歌声昂扬》的报道，大力宣扬松口的抗日救亡运动。1937年8月，在召开的华南救国会总部会议上，松口的抗日救亡工作受到了表彰。”④ 东江地区的一批爱国爱乡的新式剧社，以及一些学校、城镇、乡村临时组织的剧社团，都经常进行戏剧创作和演出，不仅弘扬了民族爱国精神，而且丰富了人们的娱乐生活，促进了社会风气的改善。

中国共产党领导的东江地区各抗日民主根据地，始终把驱逐日本侵略者的爱国主义教育和宣传工作当作主要任务之一，具体做法如下：

第一，通过各种文告、宣言，将抗日救国思想广泛传播到人民群众之中。

---

① 古锡桧 、林柿华：《东江革命根据地的建立对梅县革命斗争的影响》，见中共广东省委党史研究室编：《论东江苏维埃》，广东人民出版社2000年版，第366页。

② 成晓军等著：《近现代东江社会变迁研究》，河北人民出版社2008年版，第212页。

③ 成晓军等著：《近现代东江社会变迁研究》，河北人民出版社2008年版，第213页。

④ 古锡桧、林柿华：《东江革命根据地的建立对梅县革命斗争的影响》，见中共广东省委党史研究室编：《论东江苏维埃》，广东人民出版社2000年版，第366页。

1943 年 12 月 2 日，《广东人民抗日游击队东江纵队成立宣言》用慷慨激昂的语言呼吁："东江前线敌后的抗日军民，必须千百倍团结起来，组织起来，坚决自卫，保卫东江前线敌后抗日基地，把日本帝国主义赶出国土，建设独立自由幸福的新中国！"① 1945 年 3 月至 4 月，东江纵队召开国事座谈会，参加会议的各界代表一致通过《对于建设东江抗日根据地的施政纲领》，颁布全区执行。该纲领共 17 条，其中第一条为："坚持抗日民族统一战线，驱逐日本帝国主义出中国。"②

第二，举办各种形式的军政干校，培养抗日斗争的干部和骨干。1939 年秋，中共广东省委在惠阳县坪山香园墩等地举办党员、干部训练班，对东江抗日游击队的中、小队干部进行短期轮训，地方组织也派干部参加。1942 年 2 月，广东人民游击总队政治部举办"华南队"学习班，集中培训中、小队政治干部。1943 年 11 月，总队在东莞县双岗村举办军政训练班。③ 1944 年 7 月，东江纵队军政干部学校在大鹏城正式成立，并创造条件改为"抗大"第七分校。④ 1944 年 8 月，东江纵队政治部在大鹏城又开办了青年干部训练班，共举办了七期，每期学员 100 ~ 200 人。训练班贯彻执行延安"抗大"团结、紧张、严肃、活泼的办校方针，纵队首长曾生、林平等都曾亲自给学员上课。⑤尽管处在游击战争的艰苦条件下，部队从上到下仍然十分重视对党员的教育工作。如 1941 年 9 月，第三大队第二分队（大华队）坚持大岭山的反顽斗争，政训员陈志强抓住战斗间隙，在大山深处的茅寮里给全体党员上了两次内容丰富的党课，讲党的理想和当前的形势任务，阐明了每个共产党员都要树立为共产主义而斗争到底的信念，当前的首要任务是打败日本侵略者，求得中华民族的解放，只有完成了这一伟大任务才能逐步实现共产主义的道理。⑥

第三，创办报刊作为宣传抗日救国的重要工具。1941 年 1 月，广东人民抗日游击队第三大队创办了《大家团结》报，2 月，第五大队创办了《新百姓》报。这两张报纸是抗战时期东江抗日游击队最早创办的报纸。同年 7 月，两报合并为《新百姓》报。1942 年 1 月，《新百姓》报易名为《东江民报》。

---

① 《东江纵队志》编辑委员会编：《东江纵队志》，解放军出版社 2003 年版，第 629 页。

② 《东江纵队史》编写组编：《东江纵队史稿》，广东人民出版社 1983 年版，第 112 ~ 113 页。

③ 《东江纵队志》编辑委员会编：《东江纵队志》，解放军出版社 2003 年版，第 250 页。

④ 《东江纵队史》编写组编：《东江纵队史稿》，广东人民出版社 1983 年版，第 104 页。

⑤ 《东江纵队志》编辑委员会编：《东江纵队志》，解放军出版社 2003 年版，第 251 ~ 252 页。

⑥ 《东江纵队志》编辑委员会编：《东江纵队志》，解放军出版社 2003 年版，第 238 页。

1942年3月，《东江民报》改名为《前进报》，作为总队的机关报。1943年12月东江纵队成立后，《前进报》成为纵队的机关报，由纵队政治部直接领导。报社设有编辑部、出版部、发刊部、油印室（1945年5月起才有印刷厂）、资料室，并在各区派驻特派记者，共有工作人员40多人。纵队领导十分重视《前进报》，纵队领导人曾生、林平等经常为报纸撰写指导性政策性文章。1944年2月，纵队作出《关于加强〈前进报〉工作的决定》，指出："《前进报》应当成为有严正的立场，有政治家的风度，一举一动都是代表我军的一份报纸。"此决定还要求大力发展通讯网，培养工农兵通讯员，健全发行工作。各连队要普遍开展读报活动，并组织部队驻地的群众读报，"使《前进报》真正成为激发广大军民抗日热忱的报纸，能真正起到宣传与组织群众的作用"。《前进报》出刊之初只能油印，报社无固定社址，工作人员有时住破茅棚、蹲山洞，有时藏于深山窑井里或灌木丛中，以藤篮工具箱当桌子，将留声机的唱针栓上筷子当刻蜡版的钢笔，把木板钉上胶布当刷子，进行撰稿、刻写、油印。1945年3月，《前进报》社随东江纵队领导机关进驻罗浮山，以罗浮山为社址。5月，中共博罗县党组织将当地国民党逃跑时丢弃的铅印机运上山，《前进报》遂改为铅印。当时，编辑部设有国际国内地方新闻和副刊编辑，在路东、路西和北江游击区派驻有特派记者。1945年8月，鉴于抗战局势急剧变化，部队指战员和人民群众渴望认清形势，了解时局，《前进报》加快出版频次，由周报改为五日刊。日本投降后，还出版过江南版和江北版。《前进报》从1942年3月至1945年9月共出版发行了100期，发行范围遍及东江地区、北江、珠江、粤中、粤北、西江、韩江和南路等抗日游击区和部队，在华南敌后具有广泛的影响。《前进报》社还为部队出版了《政工导报》、《锻炼》、《广东党人》等刊物，并印发政治教育材料、整风学习文件，供部队教育之用。中共"七大"闭幕后，还出版了毛泽东《论联合政府》和朱德《论解放区战场》等单行本。抗战期间，东江抗日根据地还出版了《军民周刊》、《东莞新闻》、《抗日杂志》、《岳中导报》、《党与党报》、《新大众报》等报刊。①

第四，通过各种文艺活动大力宣传爱国主义思想。东江纵队领导的每一片游击区和每一支独立作战的部队，大多有自己的剧团（队）或政工队、艺宣队，先后有二三十支人数不等的文艺队伍。1938年12月，东江华侨回乡服务团属下的"东江流动歌剧团"，是活跃在东江地区的第一支专业文艺队伍。这

① 《东江纵队志》编辑委员会编：《东江纵队志》，解放军出版社2003年版，第255～258页。

支队伍巡回演出行程数百里，沿途张贴抗日标语，出墙报，印发救亡抗日歌曲等。1939 年夏，安南（越南）华侨青年国防话剧流动宣传队 19 人回国抗战，编为新编大队政工队，在坪山、龙岗、横岗一带巡回演出。1940 年 10 月间，第三大队推进大岭山区后，立即组织了“三大”流动宣传队。1943 年，在广九铁路以西（简称“路西”）地区成立了“东江流动剧团”（简称“东流剧团”），属路西第一支队领导。1944 年 10 月，以“拖拉机”为代号的东江纵队政工队在大鹏湾王毋圩组成。成员多是第一期青年干部训练班的学员。1943 年 12 月，中共广东省临委指示韶关国民党第七战区大队的中共地下党员和进步青年撤回东江游击区工作，他们之中的很多人成为部队文艺队伍的艺术骨干，促进了游击区文艺队伍艺术水平的提高。与此同时，党组织又在粤北国民党统治区动员了大批进步青年和学生到游击区来，经过在‘青干政校’的短期学习，先后分配到以“海燕”、“星火”、“铁流”、“云雀”为代号的政工队工作。1945 年春，北江支队在新区吸收一批韶州师范、英东中学的进步学生，组成代号为“马达”的政工队。同年夏天，纵队政治部决定“拖拉机”政工队随军北上，并决定把“海燕”、“铁流”、“星火”等队的艺术骨干集中起来成立“鲁迅艺术宣传队”，随主力部队北上。这些文艺队伍除演出一些较流行的抗日救亡戏剧、歌曲外，还特别重视创作和演出反映东江敌后游击区抗日军民斗争生活的作品。例如：当东江纵队武工队深夜潜入敌伪占据的宝安县城南头，消灭作恶多端、民愤极大的汉奸、叛徒骆忠后，东流剧团立即采访，编出活报剧《奇袭南头》、《打骆忠》，当晚就在军民祝捷大会上演出。东流剧团在一个基督教教徒较多的村庄，根据调查访问所得材料，创作了短剧《圣诞节之夜》，揭露日军杀害基督教教徒的罪行，激发宗教界人士投入抗日民族统一战线。随着游击区不断扩大，根据地逐渐稳固，文艺队伍还创作和演出了规模较大和较完善的剧目。东流剧团创作了《新的区长》等十多个剧本，其中五幕话剧《路西一年》，真实地反映了路西游击区军民团结抗击日伪顽军、建设民主政权和保卫、发展抗日根据地的战斗历程，群众倍感亲切，引起强烈的共鸣。此外，歌咏活动在游击区也十分活跃和普遍。文艺战士创作了大量反映游击区战斗生活的歌曲，其中《东江赞歌》、《梧桐山颂》、《胜利反扫荡》等在部队和群众中极为流行。一些部队领导也亲自创作曲目。纵队政治部主任杨康华常给剧团、政工队推荐题材，指导创作和排练，并创作了《献给同志们》。为了使歌曲更为群众喜闻乐听，文艺战士经常用广州方言、客家方言演剧，用客家山歌、龙舟歌等民间形式演唱，同时又进行方言歌曲的创作。根据粤北民歌《唱春牛》改编的《正面战场打败仗，敌后战场打胜仗》，创作的客家方言歌《东江水》、《反抢粮》，广州方言歌《人民军队来啦》、《光荣输出》，海陆丰方言歌《你这只坟头猪》唱遍了东江南北游击区。在孤悬敌后、艰苦作战的日子里，当指战员们唱起“我们有伟大中国共产党的光荣领导”、“我们是八路军，新四军的兄弟”（《东江纵队之歌》）时，大家心头都油然产生一种自豪感和光荣感。《延安颂》、《延水谣》、《游击队歌》、《在太行山上》、《吕梁礼赞》、《冲破敌人封锁线》等北方解放区传来的歌曲，在东江敌后也到处传唱，把南北相隔万里的革命战士的心、把东江与延安紧紧连在了一起。①

东江人民百折不挠、英勇不屈的爱国主义精神还体现在该地区广大华侨、港澳同胞深深的爱国爱乡情怀之中。抗战爆发以后，祖籍东江的海外侨胞和港澳同胞纷纷投身祖国的抗战行列，为民族解放事业英勇奋斗。1937 年 8 月至 1939 年 10 月，香港的惠阳青年会、海陆丰同乡会等组织“救亡工作团”，分三批先后回到惠、宝沿海地区和海陆丰地区参加抗日斗争。1938 年 10 月以后，港澳同胞组织十多个抗日服务团队支持东江游击队的斗争，前后共三四百人。惠宝人民抗日游击队总队副总队长、参谋长郑晋曾亲自赴吉隆坡参加“南洋华侨救乡会”，共筹集捐款约 1 000 万元。② 据初步统计，抗日战争期间，东江籍华侨子弟和港澳爱国青年参军抗战者达 1 500 余人，英勇牺牲者 40 余人。③ 从 1937 年至 1941 年，单就南洋救亡总会，共捐献和筹集资金多达近四亿元（国币）。④ 1940 年以前，曾生部队的被服、军鞋、药品等物资，主要来自华侨和港澳同胞的捐献。⑤

总的说来，东江地区红色文化要素不但继承了中华传统文化的核心元素——爱国主义精神，而且由居民成分和时代背景所决定，爱国主义精神彰显得尤其浓郁和厚重。更重要的是，东江地区长期以来一直是为数不多的在反动势力不断围剿中仍坚持战斗的几个革命根据地之一。因而，一方面可以凭借革命政权之力，将爱国主义精神随时代的变迁而升华到一个新的历史高度；另一方面又不得不在艰难困苦的条件下，充分利用、改造旧的文化表现形式，并尽可能地接纳、提倡新的文化载体和传播方式，将富有时代内容的爱国主义精

---

① 《东江纵队志》编辑委员会编：《东江纵队志》，解放军出版社 2003 年版，第 282 ~ 290 页。

② 《东江纵队史》编写组编：《东江纵队史稿》，广东人民出版社 1983 年版，第 28 ~ 29 页。

③ 成晓军等著：《近现代东江社会变迁研究》，河北人民出版社 2008 年版，第 221 页。

④ 《中国共产党东江地方史》编纂委员会著：《中国共产党东江地方史》，广东人民出版社 2001 年版，第 292 页。

⑤ 中共惠阳县委员会、惠阳县人民政府编：《大亚湾风云》，广东人民出版社 1992 年版，第 104 页。

神，唱响成东江红色文化的主旋律。

二、海纳百川的博大胸襟和择善而从的恢宏气度

多民族、多族群共居，且为重要的侨乡，这种居民结构特点养成了东江民众开放包容的文化心态。近代以来，为了寻求救国救民之道，东江地区的志士仁人放眼世界，博采世界各民族现代文化之长，为我所用，海纳百川的博大胸襟和择善而从的恢宏气度，遂成为东江地区红色文化的特点之一。

（一）资产阶级民主革命党人对西方新观念新思想的吸纳和对革命力量的改造利用

早在旧民主主义革命时期，东江地区的一批资产阶级民主革命家，就勇敢地冲破封建文化的牢笼、摒弃传统文化“华夷之辨”的陈规，大胆地向西方寻觅救国救民的真理。廖仲恺是孙中山的主要助手中为数不多的通晓英文的人才，能够直接阅读欧美的政治理论原著，及时了解、吸收欧美最新的政治思想。他对西方政治著作的翻译、介绍和研究，为孙中山创立和完善三民主义理论提供了可贵的素材和帮助。1905 年 11 月《民报》创刊号发表了廖仲恺翻译的亨利·乔治关于单一税的著作《进步与贫乏》的序言和开头两段，对孙中山“平均地权”的主张不无启迪。之后，从 1906 年到 1907 年，廖仲恺在《民报》上发表了选译美国学者柏律氏所著《社会主义史大纲》及译作《无政府主义之二派》、《无政府主义和社会主义》、《虚无党小史》等。他真诚地表示：自己对世界各种新的主义“深喜研究其真相，并拟一一绍介之于学界，但恨学识浅陋，言不成章，故立志专译泰西东西各国名著，以导我先行”①。他于 1919 年将美国学者威尔科克斯所著《全民政治》翻译并作序发表于《建设》杂志，所创“全民政治”一词，被孙中山等援引，书中所介绍的创制权、复决权、罢官权，被孙中山置入民权理论之中。就连戴季陶也承认：“就思想上说，仲恺是在中国鼓吹‘全民政治’的第一人。”② 尤其值得敬佩的是，廖仲恺先生比较全面、系统地介绍了社会主义的源流、派别、代表人物和发展变化，其中还突出介绍和肯定了马克思、恩格斯领导的社会主义运动：“拉萨尔、麦喀氏（马克思）、英盖尔（恩格斯），导其先路，遂成一八四八年之

① 尚明轩、余炎光编：《双清文集》（上卷），人民出版社 1985 年版，第 22 页。

② 戴季陶：《无涯的悲痛与无限的责任》，载《廖仲恺先生哀思录》，1925 年 8 月内刊，第 8 页。

《共产党宣言》，……于是一八四九年，乃有政治的及社会的革命之爆发。”他还引述了《共产党宣言》的结束语和“全世界无产者联合起来”这一口号。[①]在比较无政府主义和社会主义时，廖仲恺指出：“若夫社会主义，若论实际，则比无政府主义，更可信其确保个人之自由”，“社会主义者，为欲得自由，宜利用国家”，而无政府主义者，则欲废国家而力主“实行暗杀主义，使用爆烈弹与毒药，大抵十之八九……若是者，实社会主义所最讨恶者也”，“两者之间，真有黑暗和光明之别矣！”[②] 他指斥巴枯宁之流为“破坏之信徒”，“万国同盟（按：即第一国际）几为之破釜沉舟”，“一八七二年海牙大会，遂不得已而为之解散之举，然万国同盟因之而后活，社会主义因之得救”[③]。其褒贬爱憎，跃然纸上。

东江地区的民族资产阶级革命家的博大胸怀，还表现在对会党的态度上。由于近代东江地区自然经济遭受西方资本主义入侵而逐步解体，大批破产农民、失业手工业者和游民迫于生计，加入了会党。20世纪初，与其他地区相比，东江区域的会党呈现出两个突出的特点：一是当时“长江流域的哥老会头目，很快就惑于重利，转投保皇党。仅珠江流域的三合会经过郑士良的工作，坚定地拥护民主革命”[④]。二是原先会党的首领和骨干“大多文化素质不高，政治觉悟较低”，而现在“惠州会党中的不少重要骨干和首领，或是受过新式教育的知识分子，或是加入兴中会或同盟会的会员，是具有明确的反封建斗争目标的革命志士”。如三洲田起义的领导人郑士良、七女湖起义的会党首领邓子瑜和陈纯。[⑤] 可以看出，东江地区会党特点的形成，是东江地区民族资产阶级革命家对其长期不懈的争取和教育的结果。

（二）国民党左派人士对苏俄的向往和与中共的合作

新民主主义革命时期，廖仲恺等资产阶级左派人士将关注的目光更加明确地转向了苏俄。1924年，廖仲恺在追悼列宁的演说中，赞扬列宁是“打破帝国主义的实行革命家”，是“一个革命党里为主义奋斗、牺牲的人物”，“是革命党领袖”，列宁所做的事都是“为被压迫民族奋斗，为无产阶级而奋斗”，

① 渊实：《社会主义史大纲》，载《民报》第7号。
② 渊实：《无政府主义与社会主义》，载《民报》第9号。
③ 渊实：《无政府主义与社会主义》，载《民报》第9号。
④ 郭绪印编著：《红帮秘史》，上海人民出版社1996年版，第217~218页。
⑤ 成晓军等著：《近现代东江社会变迁研究》，河北人民出版社2008年版，第135页。

中国“将来实在不知受他多少利益”[①]。廖仲恺一再表示对苏俄的倾慕，主张效法苏俄：“我们知道苏俄自有组织有计划的共产党掌握了政权以后，国家改造的一切事业，都能够表现出有统一的组织、统一的意志和统一的精神来，所以成为苏维埃共和国的新生命”，故而“想救中国，只有三件事：就是要统一的组织，统一的意志，统一的精神”[②]。他推许“俄国革命以后，私有废除，生产分配之事，掌诸国家机关与人民合作社，空前之举，震慑全球，前途曙光，必能出人群于黑暗”[③]。正是开放豁达的胸襟和择善而从的气度，成为廖仲恺坚定支持孙中山改组国民党，联合苏俄，实行国共合作的重要文化及心理因素。他曾代表国民党和孙中山频频与共产国际代表马林、苏俄代表越飞会谈，达成了许多共识。正如《中国国民党第二次全国代表大会政治报告》所称：“此时东方人士未知道的许多事情，廖同志便知之甚详。如俄国的现状，俄国对东方被压迫民族之态度，和俄国何以想和中国携手之原因，都已十分了解。所以十二年春，廖同志由东京回广州帮助总理做联俄的工作，当时许多同志怀疑，而廖同志却很勇敢，很坚决去干，其中是有缘故的。”[④] 1923 年 10 月后，廖仲恺成了苏俄政府驻广州常设代表鲍罗廷与孙中山之间沟通的桥梁。廖仲恺对改组国民党做了大量的工作。他亲自抓广州地区的国民党改组，支持中共党员阮啸仙、刘尔崧、杨匏安、周其鉴、周文雍等 22 人当选为各区党部或区分部委员。在中国国民党第一次代表大会讨论《中国国民党选举章程》时，国民党右派方瑞麟等人提出“本党党员不得加入他党”的提案，企图阻挠国共合作。廖仲恺挺身而出，义正词严地指出：“对方君之提案，表示反对。……只要加入的人，是诚意来革命的，此外，即不必多问。此次彼等（按：指共产党员）之加入，是本党一个新的生命。”[⑤] 廖仲恺执笔拟定的国民党中央执行委员和候补委员 41 人名单中，有共产党员李大钊、谭平山、毛泽东、瞿秋白、林祖涵等 10 人。他还建议由共产党员谭平山出任国民党中央组织部长、林祖涵出任农民部长，杨匏安、冯菊坡、彭湃任组织部、工人部、农

① 廖仲恺：《在广州中国国民党追悼列宁大会的演说》，见尚明轩、余炎光编：《双清文集》（上卷），人民出版社 1985 年版，第 609 ~ 610 页。

② 廖仲恺：《救国的三条件》，见尚明轩、余炎光编：《双清文集》（上卷），人民出版社 1985 年版，第 641 页。

③ 廖仲恺：《消费合作社论》，见尚明轩、余炎光编：《双清文集》（上卷），人民出版社 1985 年版，第 931 页。

④ 《中国国民党第二次代表大会中央常务报告》，第 3 页。

⑤ 廖仲恺：《在中国国民党第一次全国代表大会的发言五件》，见尚明轩、余炎光编：《双清文集》（上卷），人民出版社 1985 年版，第 604 ~ 605 页。

民部的秘书。1924 年 2 月，孙中山委派廖仲恺为国民军军官学校筹备委员会代理委员长。5 月 9 日，孙中山委派廖仲恺为军校党代表。廖仲恺始终团结军校内国共两党师生，与共产党人精诚合作、亲密无间。周恩来于是年 11 月担任军校政治部主任，就是“由张申府推荐，经廖仲恺寄旅费到法国，邀请回来的”①。对于当时革命阵容内的其他政治人物，廖仲恺均能在坚持革命原则的前提下，尽力团结和帮助，即使是对为人刚愎自用、难于共事的蒋介石，廖仲恺也一再奔走联络，尽量促其为孙中山效力。

（三）中国共产党领导下的东江民众海纳百川、择善而从的广阔胸襟

在理论上，东江地区的共产党人和革命群众与时俱进，找到并接受了当代最科学、最革命的理论。东江地区是马克思列宁主义最先传入我国的地区之一。早在 1918 年，在广州就读的东江籍学生刘尔崧、赖炎光、阮啸仙、周其鉴、张善铭等就组织团体，共同研讨马克思主义。1922 年 8 月，已加入了中国共产党的刘尔崧与赖炎光、张志强、刘琴西等同学回到家乡，组织成立了“紫金青年学生社”，办报宣传马克思主义学说和俄国十月革命的伟大意义。回到惠州的阮啸仙、黄卓如、高恬波等，也利用办报刊、夜校、演讲会等形式，介绍俄国十月革命，宣传马克思列宁主义学说。彭湃、李春涛、杨嗣震等人，早在留学日本时就成立了“赤心社”团体，出版“赤心”杂志，研讨马克思主义。1921 年 5 月，彭湃归国后，与郑志云创办“社会主义研究社”，向青年学生讲解《资本论入门》、《唯物史观》、《世界第一个社会主义国家——十月革命后的俄国》，为马克思主义学说在海陆丰等地的传播做了大量的工作。与此同时，他们深入城镇乡村，向工人、农民宣讲马克思主义常识，创办“劳动者同情会”，组织入会者学习文化，增强阅读马克思主义书籍的能力。一些归国华侨青年和留学欧美的东江籍知识分子，也将《社会主义史略》、《五一劳动节史略》等介绍马克思主义学说的书刊在潮州、汕头、澄海、揭阳等地广为销售。②

在斗争实践中，东江地区的共产党人和革命群众一贯以博大的胸襟，团结、争取一切可以团结争取的力量，为革命事业共同奋斗。东江地区是革命统一战线开展得最早和最有成效的地区之一。1925 年 5 月 1 日，海陆丰、惠阳

① 蒙光励著：《廖家两代人——廖仲恺何香凝和廖梦醒廖承志》，暨南大学出版社 2001 年版，第 69 页。

② 《中国共产党东江地方史》编纂委员会著：《中国共产党东江地方史》，广东人民出版社 2001 年版，第 19 ~ 22 页。

县举行了声势浩大的“五一”纪念活动，初步显示了工农学商结合的威力。同月，彭湃和阮啸仙在长堤码头迎接东征回师的周恩来，并促膝长谈，他们开始紧密合作，共同努力推动东江地区的革命统一战线工作。[①] 后任东征军总政治部主任的周恩来，曾深刻地总结过：“打平东江，不是军队的能力，而是工人、东江农民，与革命军联合的势力。”[②] 二次东征胜利后，国民政府委任周恩来为广东东江各属行政委员，周恩来全力建立革命统一战线。1926 年 2 月东江各属行政会议召开第一次会议，周恩来“主张以行政会议的形式，让首席议政长官与下属官员及农工商学等人民团体的代表，齐集一堂，共论革命治理”[③]。土地革命时期，东江地区党组织和苏维埃政权十分重视争取广大人民群众的工作。海丰、陆丰两县苏维埃领导广大劳动群众得到了土地，取消了债务，“所以他们都是喜气洋洋的舞狮唱曲演剧以表示快乐和胜利，对于一切的工作，都很热烈地参加和拥护”[④]。1930 年 9 月 7 日，《广东省东江苏维埃惠州十属特别委员会代表报告》指出“群众方面受了党政治影响的天天扩大，斗争勇气加剧高涨”，不但农民、工人积极投身革命，而且连“商人都由反对共党而至准备欢迎，供给伙食，而且每一次大会或攻打某个地方都有群众数千至一万以上来参加”[⑤]。“过去有一部分受了敌人欺骗而怀疑惧怕甚至反对共产党者，现在受了党的影响，工作的推动，也转变为倾向共产党而拥护共产党了。”“共产党在群众的影响只有天天扩大深入，而群众也有日益增加信仰及拥护共产党的决心。”尤其是原先被压在最底层的劳动妇女，得到了翻身解放，“除一概加入农民协会苏维埃外，有的地方也另外组织贫民妇女协会”，“在各级苏维埃农会工会等多数有妇女青年为委员参加指导机关的工作”，不少妇女“已加入红军为看护、宣传、洗缝、运输等队”。[⑥] 抗战伊始，东江地区中共领导人即争取到了东莞驻军部分将领、东莞县政府负责人、东莞县地方实力派代表人物等的同情和支持，培训了一批军事骨干，获得了一些枪支弹药

---

① 蔡洛、余炎光、刘林崧、罗可群著：《彭湃传》，人民出版社 1986 年版，第 98 页。

② 金冲及主编、中央文献研究室编：《周恩来传》（上），中央文献出版社 1986 年版，第 118 页。

③ 陈汉初：《第一个具有人民代表大会性质的会议——记大革命时期周恩来主持召开的东江行政大会》，载《人民之声》2004 年，第 49 页。

④ 中共海丰县委党史研究室编：《苏维埃之光》，广东人民出版社 1997 年版，第 69 页。

⑤ 中共海丰县委党史研究室编：《苏维埃之光》，广东人民出版社 1997 年版，第 167 页。

⑥ 中共海丰县委党史研究室编：《苏维埃之光》，广东人民出版社 1997 年版，第 175～177 页。

和生活给养，组建了最初的几支抗日武装。东宝惠边人民抗日游击大队和惠宝人民抗日游击总队接受了国民党军队的番号，但仍保持原来的党组织和独立的编制。在作战行动、军政训练、干部任免和经济上，完全独立自主。这样在坚持独立自主原则下，取得合法地位，更有利于发动群众和取得华侨与港澳同胞的支援。① 东江地区的一部分会党也在中共的争取和感召下，加入抗战行列，或是配合东江人民武装打击日寇和国民党顽军，或是直接加入中共领导的东江纵队等武装，有的人还成为人民军队的下级指导员。② 1945 年 1 月，东江纵队对大鹏城民主人士李伯球控制的地方武装进行团结争取的工作，与其在赞成民主、坚持抗日的原则下并肩战斗。③ 东江地区抗日民主根据地在政权建设中也一贯注意争取、团结开明士绅和上层人士，“如龙华乡工村老归侨、老国民党员卓凤康，担任了龙华乡乡长，积极为我军收集情报，筹集物资”④。博罗县联合乡士绅叶均龙参加了乡政管理，惠东行政督导处吸收了陶陶然、陈浩然等一些地方知名人士参加民主政府文化部门的工作。⑤ 东江纵队政治委员林平 1944 年 1 月 21 日接受《前进报》记者访问时郑重声明：“我们拥护与实行三三制，即共产党在一切民意机关与行政机关中只能占三分之一，以便各党各派及无党派的人士均能参加民意机关的活动和行政之管理。共产党与一切党外人士实行民主合作，不会一意孤行，把持包办。”“保证一切抗日人民（地主、资本家、农民、工人、水上渔民）的人权、政权、财权与言论、出版、集会、结社、信仰、居住、迁移之自由权。”1944 年 3 月底至 6 月中旬，中共东江组织分别主持召开了路东、路西、惠东和博罗等地国事座谈会。参加会议的有农民、工人、民主党派、社会名流、渔民海员、青年妇女等各界代表。会议充分发扬民主，广泛争取和征求了各界人士对根据地各项方针政策的意见和建议。⑥ 正是在东江共产党坚持的抗日民族统一战线的政策指导下和共产党人对朋友和衷共济、肝胆相照精神的感召下，不但工人、农民、知识分子，就连一些资本家和地主也或出钱出物，或送子女亲友奔赴抗日前线。“东江抗日根据

---

① 《东江纵队志》编辑委员会编：《东江纵队志》，解放军出版社 2003 年版，第 241 ~ 242 页；又参见《东江纵队史稿》，广东人民出版社 1983 年版，第 24 页。

② 成晓军等著：《近现代东江社会变迁研究》，河北人民出版社 2008 年版，第 137 页。

③ 《东江纵队志》编辑委员会编：《东江纵队志》，解放军出版社 2003 年版，第 245 页。

④ 《东江纵队史》编写组编：《东江纵队史稿》，广东人民出版社 1983 年版，第 48 页。

⑤ 《东江纵队志》编辑委员会编：《东江纵队志》，解放军出版社 2003 年版，第241 ~ 242 页。

⑥ 《东江纵队志》编辑委员会编：《东江纵队志》，解放军出版社 2003 年版，第 242 页。

地内，各阶级和阶层人民之间关系一时成了同志之间的关系。”①

东江人民虚怀若谷、豁达宽厚的文化情愫，还表现在抗战期间他们对国际反法西斯统一战线作出的积极贡献上。1941 年太平洋战争爆发后，九龙游击队积极营救盟国被俘人员：先后将英军被俘人员 42 名、印度人 54 人、丹麦人 3 名、挪威人 2 名、俄罗斯人 1 名、菲律宾人 1 名，从日军集中营营救出来，通过东江解放区，安全送到大后方。② 被营救的英国海军中尉葛荣来信说："我们从你们处所获得的伟大的仁慈和殷勤的款待，我心底充满着真挚的、非文字所能形容的感激。"③ "我们得到九龙游击队很好的招待。他们供给我们的各种便利和舒适，我们很感谢。"④ 1942 年 7 月，英国国防部在桂林组建了英军服务团（以下简称"英团"），并在惠州设立前方办事处。主任祁德尊写信要求东江纵队合作调查和拍摄日军香港集中营的情况和位置，协助做好营救工作。东江纵队的工作人员，冒着生命危险，有效地帮助"英团"组建情报站，布置秘密交通线，筹划进一步营救英军被俘人员。由于国民党当局的嫉恨和破坏，1943 年 8 月，"英团"突然无故决定与东江纵队停止一切联络，但东江纵队本着国际反法西斯统一战线的精神，仍然给"英团"以帮助，继续营救了一批盟国友人。对此，"英团"成员感慨地说："行动较言语说得更响亮"，"如果没有你们帮助，我们是不会做出什么工作来的"。1946 年 7 月，英国外交部代表英国政府在下院作报告，对东江纵队在香港帮助英军安全逃出的可贵援助给予高度赞扬，并授予东江纵队港九大队国际工作小组组长黄作梅勋章一枚。⑤ 东江纵队还积极将对日作战遇险的美国空军飞行员，从日本的搜索中营救出来，辗转护送到大后方。被营救的美国第十四航空队飞行员克尔中尉万分感激地对东江纵队指战员说："你们战斗员面对着强大武装日军的非常严密的搜索拯救了我"，并表示"无论在战争里以及和平的时候，我们永远是你们的同志"。由于东江纵队在国际合作中的突出表现，盟国对其日益重视。1944 年 7 月美国《美亚杂志》专题发表了《东江纵队与盟国在太平洋的战略》一文，突出地论述了东江纵队在太平洋反法西斯战争中的战略地位，肯定它"对于盟军将来在华南沿海作战具有极大重要性"，盟国应同东江纵队"建立密切的

① 成晓军等著：《近现代东江社会变迁研究》，河北人民出版社 2008 年版，第 221 页。

② 《东江纵队志》编辑委员会编：《东江纵队志》，解放军出版社 2003 年版，第 144 页。

③ （香港）《华商报》，1946 年 2 月 19 日，转引自《东江纵队志》编辑委员会编：《东江纵队志》，解放军出版社 2003 年版，第 62 页。

④ （香港）《华商报》，1946 年 2 月 19 日，转引自《东江纵队史》编写组编：《东江纵队史稿》，广东人民出版社 1983 年版，第 117 页。

⑤ 《东江纵队志》编辑委员会编：《东江纵队志》，解放军出版社 2003 年版，第 144 页。

工作关系”，“这对于我们将来进攻日本的胜利，已具有头等的重要性了”。[①] 1944年10月，美国第十四航空队戴义来到东江纵队，要求合作建立电台，收集日军情报和气象资料等。对于盟军的合作请求，东江纵队遵照党中央的指示，精心挑选了200多名工作人员，组成一个特别的情报工作部门，建立了遍布东江敌占区的情报站，收集到许多日军的重要情报资料，报请党中央同意后向盟军提供。1945年3月9日，美国派一个工作组到东江解放区，进行沿海测量工作，准备盟军登陆的对日作战资料。东江纵队根据盟军的请求，给予了大力的协助。对此，美海军工作组负责人致函曾生司令员说：“我要表示我对我所工作的地区中你的部队所给予的光辉的合作的真诚谢意，由于他们的努力，使我们能获得工作上必需的情报。”[②] 东江纵队还专门设立了敌工科，加强对日本俘虏的管理和教育，向他们讲明法西斯战争的非正义性，在生活上对他们给予优待和照顾，使他们觉悟起来和中国人民站在一起，进行反法西斯战争。经过我军的宣传教育，日军战俘志愿成立反战组织。1945年6月，先后成立了“日本人民反战同盟华南支部”、“台湾人民解放同盟”和“朝鲜人民独立同盟华南支部”。当时日本共产党总书记冈野进特发来贺电，祝贺反战同盟的成立，感谢东江纵队对他们的帮助。反战同盟成立后，主动编制日文的反战传单，到前沿阵地进行宣传。[③]

东江地区历来是中华民族大家庭中诸多民族、诸多族群的共居之地，中原的农耕文明、江南的水乡文明、闽粤的渔业文明，乃至塞外的游牧文明，早已在此汇集和融合，形成了东江民众特有的开放兼容的文化心态。近代以来，东江地区成为重要的侨乡，同时毗邻港澳，形成了其面向世界的可能和必然，更形成了东江文化中与内地文化相对内敛、禁锢大异旨趣的特色。而在近代革命过程中，东江地区的革命领导人和人民群众，从实践中深深体会到：要完成复杂、艰辛的革命任务，多团结一些力量便多一分成功的保证；多学习、借鉴、吸取一些先进思想和正确意见，便多一分胜利的把握。因而，在东江地区红色文化要素中，海纳百川的博大胸襟和择善而从的恢弘气度，也就必然不断得到发扬光大。

---

① 《东江纵队志》编辑委员会编：《东江纵队志》，解放军出版社2003年版，第61～64页。

② 《东江纵队志》编辑委员会编：《东江纵队志》，解放军出版社2003年版，第63～65页。

③ 《东江纵队志》编辑委员会编：《东江纵队志》，解放军出版社2003年版，第65～66页。

三、敢为天下先的创新精神和勤劳务实的工作作风

东江地区自然环境恶劣，先民在筚路蓝缕的开拓历程中，逐渐形成了埋头苦干、不尚空谈的朴实作风和敢为天下先的创新精神。在近现代革命斗争中，这一优秀传统得到了进一步发扬光大，成为东江地区红色文化要素的又一重要特色。

（一）资产阶级民主志士对创新精神和务实作风的践履与彰显

早在资产阶级民主革命时期，东江地区的先进人物在向西方寻求救国之道的时候，就不盲目地顶礼膜拜西方资本主义。廖仲恺就曾直言不讳地指出：资本家仅仅是为自己利益而生产的，所以欧洲自产业革命以后，生产愈多，贫民愈众，这种怪现象，正是资本主义制度的破绽。① 廖仲恺对西方近代多种学说并不生吞活剥、死搬硬套，对于孙中山的思想，也能加以补充和修正。1923年10月，廖仲恺受孙中山之托在中国国民党恳亲大会上作训词，他说："吾人醉心欧美，若曰能得一选举权足以了事。然而于大家生活上，无若何之变化与裨益。吾人须知得民权还要达到经济上平权，苟得选举权，便诩人曰目的已达，未免欺骗同志。"② 同年10月11日，他在国民党党务会议上作《民权主义之极则》的演讲，在将民权分为法律民权、政治民权之后，更加强调了经济民权，而经济民权正是孙中山的民权主义理论中未曾提及的内容。在政治民主方面，廖仲恺也不同意孙中山的所谓"先知先觉"、"后知后觉"和"不知不觉"的社会划分理论，指出应当警惕这种社会精英主宰的国家主义实际上将平民仍然置于无权的状态。1919年10月，他在《革命继续的功夫》一文中指出，在代议制下，"代表立他自家以为很有利、很正当的法，选民的意思怎么样，于人民有利没有，正当不正当，他们是不过问的。再坏的就拿人民代表的资格，定出种种压制的政策、殃民的法律，勉强人民去服从他……这一来民权两个字的实质，就化为一个昙花水月"③。在实际工作中，廖仲恺也不唯领袖之马首是瞻，在重大原则问题上敢于坚持自己的正确主张。1923年11月13

---

① 廖仲恺：《〈各派社会主义与中国〉序》，见尚明轩、余炎光编：《双清文集》（上卷），人民出版社1985年版，第740页。

② 邓泽如编著：《中国国民党二十年史迹》，第413～415页，转引自陈锡祺主编：《孙中山年谱长编》（下卷），中华书局1991年版，第1704页。

③ 广东省社科院历史研究室编：《廖仲恺集》，中华书局1983年版，第65页。

日，国民党临时中央执行委员会和区分部委员举行特别会议，鲍罗廷提议制定土地法和劳动法，规定没收地主土地分配给农民和工人、实行八小时工作制、规定最低法定工资和休息日。15日，中执委举行第六次会议，孙中山致信会议，称国民党员对鲍罗廷的上述建议普遍反对。廖仲恺宣读了孙中山的信后，仍表示他个人赞同鲍罗廷的提议，敦请大家和他站在一起，并建议设立一个专门的委员会来讨论土地问题。①

陈炯明投身资产阶级民主革命之时，也十分强调凡事要实事求是，从实际出发，反对盲从。他提出其行事和为人的原则是："虽可跟人走路，但不能闭起眼睛而瞑目以行；若灼知其行之非路，必明以相告，告而不听，让其试验，不加反对可也；免从其强拉，同入迷途，每每不肯迁就。"② 他不愿宣誓效忠孙中山个人，所以与黄兴一样拒绝加入"中华革命党"。他明确反对孙中山将国民革命分为军政、训政、宪政三个时期之主张，认为，"训政之说，尤为失当。此属君政时代之口吻，不图党人袭而用之，以临吾民。试问政为何物？尚待于训耶！民主政治，以人民自治为则，人民不能自治，或不予以自治机会，专靠官僚为之代治，并且为之教训，此种官僚政治，文告政治，中国行之数千年，而未有长足之进步。国民党人有何法宝，以善其后耶？徒使人民不得自治机会，而大小官僚，反得籍训政之谬说，阻碍民治之进行"③。陈氏思想，其正确与否暂且不论，但其不迷信权威、独立思考的精神和意识，却也是东江文化这一特色的体现。

（二）中共东江地方组织和东江民众对创新精神和务实作风的践履与彰显

中国共产党独立领导新民主主义革命以后，东江地区的党组织和广大人民更加注重实事求是的原则和开拓创新的精神，根据当地的革命环境和条件，创造了许多新的斗争形式和斗争方法，使东江地区在远离革命指挥中心，交通困难、通信落后，很难得到上级及时指导和帮助的极端困难条件下，始终站在中国革命斗争的前沿。

中国共产党创立之初，全党都将注意力集中于发动、组织工人斗争之时，彭湃就认清了占东江人口绝大多数的贫苦农民"终日在地主的斗盖、绅士的

---

① 丹·雅布格斯：《鲍罗廷到广州》，见《国外中国近代史研究》（第5期），中国社会科学出版社1983年版，第199～200页。

② 涤尘：《述孙陈之见》，《努力》周报第16期；王聿均访问、谢孙记录：《莫记彭先生访问记录》，中央研究院近代史研究所1997年版。

③ 段云章、倪俊明：《陈炯明集》（下卷），中山大学出版社1998年版，第1045页。

肩头和官府的剥削压迫下，过着水深火热的日子”，农民中蕴藏着极大的革命热情。① 在彭湃等人深入细致的宣传、发动和组织下，东江农民运动迅速兴起和发展。1922 年 7 月，“六人农会”成立；是年秋，赤山约农会创立；1923 年元旦，海丰总农会诞生。在短短不到两年的时间内，东江地区的农民运动如火如荼，顿成燎原之势，紫金、普宁、惠来、五华等县及惠州周边之惠阳，相继成立了农会组织。1923 年 7 月，惠州农民联合会改称广东省农会，东江流域成为广东乃至全国农民运动的中心，结出了马克思列宁主义与中国革命实践相结合的最早一批硕果。彭湃等东江共产党人，成为中国现代农民运动的先驱。

大革命失败的教训，使得中国共产党人深深懂得了掌握武装、开辟农村革命根据地的重要性。东江地区从一开始就是中国共产党武装斗争的重要地区之一。1927 年 8 月南昌起义之后，部队就南下进入东江，同年 12 月，广州起义失败，其部队随后也进入东江地区。在两支革命先驱部队的影响下，东江地区农村革命根据地的火种被迅速点燃，并成燎原之势。1927 年 11 月，海丰、陆丰县苏维埃政府成立。这是中国最先建立的县一级工农政权。当时的中共中央机关刊物《布尔什维克》曾发表长篇专文，赞扬海陆丰“建设了工农兵苏维埃政权，实际开中国革命史上光荣记载的伟大革命前途的新纪元”，“在中国革命史上，无产阶级革命史上，最值得纪念的光荣历史”，肯定它是“中国第一个苏维埃”，“是中国破天荒的苏维埃”②。1927 年 11 月，海陆丰第一次工农兵代表大会通过了《没收土地案》，在全国最先开展没收和分配土地的运动。对此，中共中央临时政治局会议给予了高度评价，盛赞“各县农民暴动中以海陆丰的胜利为最大”，“在中国革命之中，这是第一次由几万几十万农民群众自己动手实行土地革命的口号，第一次组织成立工农兵群众的无限制的政权”，号召“将海陆丰政权之丰富材料，它的胜利，它的经验，应当充分运用到一切农民暴动中去”。③ 1927 年 12 月 31 日中共中央给湖南省委的指示信中，把海陆丰树为榜样，指示湖南“应在湘赣边境或湖南创造一个深入土地革命的割据局面——海陆丰第二”。1928 年 1 月 21 日，中共广东省委发出第 6 号通告，明确指出：“海陆丰之在广东有苏俄在世界上同样的意义，海陆丰苏维埃政权的存在不单可以不断地刺激全省工农群众斗争的勇气并且可以实力帮

① 中共惠阳区委党史研究室编：《不朽的丰碑》，人民出版社 1996 年版，第 108 页。

② 罗浮：《中国第一个苏维埃》，见《布尔什维克》，1927 年第 1 卷第 8 期。

③ 《中共中央临时政治局会议决议案》，1928 年 1 月 3 日，见《广州起义》，中共党史资料出版社 1988 年版，第 259、282 页。

助各地的斗争。”① 在白色恐怖甚嚣尘上、猖獗一时的紧急关头，东江地区的共产党人毅然决然地组织农民进行武装暴动、开创农村革命根据地，充分显示了他们善于从具体情况出发，敢为天下先的英雄气概和革命首创精神。东江地区的共产党人和劳动人民，凭借着“且看实际功夫，切莫空头谈革命”（1930年5月1日东江第一次苏维埃代表大会会场大门对联的上联）的信念，开创了革命根据地，成为第二次国内革命战争时期中共领导的重要农村革命根据地之一。

抗日战争时期，东江地区也是中共和中国人民自力更生、艰苦创建抗日根据地的重要典范。1938年10月22日，八路军驻香港办事处主任、中共广东省委委员廖承志召集中共香港市委负责人研究开辟东江敌后革命根据地问题，最终批准由“惠阳人，语言通，了解情况”的曾生回东江主持工作。这种人选的确定正是为了让东江地区党的工作能够从当地的实际情况出发，尽可能地避免教条主义的发生和危害。毋庸置疑，整个抗日战争时期，党中央和中共南方局的路线、方针、政策的正确，是东江地区抗日战争得以开展并取得胜利的根本保证，但东江地区党的干部和抗日军民能够创造性地将党中央的指示与本地斗争实际结合起来，进行机动灵活的斗争，也是东江地区抗日战争取得胜利的重要原因。毛泽东于1945年2月12日在一份关于广东问题的电报批示中指出：时任东江纵队政治委员的林平“此人似很有办法”，正是对此的充分肯定。② 抗战时期，东江地区的抗日军民在斗争实践中创造了许多具有独创性的经验，为抗日战争作出了重要贡献，同时也体现了东江地区红色文化的开拓创新精神。香港沦陷后，根据香港地域狭小、又多日伪军警驻守的城区和圩镇，回旋余地不大的特点，东江地区抗日武装建立了港九大队，分别组织了短枪队、长枪队和海上队，采取机动灵活的战术，以打小仗、打巧仗为主，时聚时散，声东击西，来无影去无踪，捕捉各种时机进行破袭战、奇袭战、伏击战、捕捉战，有力地打击了敌人。在整个抗日战争中，在敌人盘踞的中心城市活跃着这样一支强大的抗日武装，这在全国也是极为少有的。“东江总队护航大队和港九大队海上中队，开展海上游击战三年多”，这支被人们誉为中国的“土海军”，“驰骋在南海之滨，勇敢地以小船攻打敌人的大船，多次取得击沉或俘获敌船、全歼敌人的重要战果，使大亚湾和大鹏湾成为我军的内海”。③ 由

① 转引自张秀玉：《中共中央对东江革命根据地的指导》，见中共广东省委党史研究室编：《论东江苏维埃》，广东人民出版社2000年版，第63页。

② 《东江纵队志》编辑委员会编：《东江纵队志》，解放军出版社2003年版，第540页。

③ 《东江纵队志》编辑委员会编：《东江纵队志》，解放军出版社2003年版，第101页。

于经济文化落后，东江地区缺医少药，卫生条件差，疾病流行的情况历来十分严重。为满足斗争的需要，东江抗日部队根据本地实际情况，大力培养本地人才，兴办医疗卫生事业。1941 年 12 月后，“部队相继在宝安岗头仔村的沙梨园、东莞的翁窑村、惠阳的竹坑村等地设立了医务所和医院”。1944 年后，东江纵队所辖每个支队和大队都设有医疗机构。“北江支队插进英德后，也建立了医院，有医务人员 30 余人。”1945 年 5 月，东江纵队指挥机关迁到罗浮山后，创办了一所能接收 100 名伤病员的医院，中医师江枫任医院负责人，为了提高纵队医务人员的业务水平，进一步扩大卫生员队伍，纵队司令部在土洋、洋坑、五亩、罗浮山等地举办了四期卫生员训练班。“在西药奇缺的情况下，医务人员每到一个村落，就访问民间医生，采用土法、偏方，用中草药医治各种常见病和作清凉饮料，都取得了一定的疗效。”“除了给纵队战士医治伤病外，医务人员还热情地为群众看病治病，同时大力宣传卫生知识。”① 不仅如此，东江地区党组织和抗日军民还十分善于总结经验教训，及时检查和纠正错误与失误，严格遵循实事求是的工作作风。1945 年初，东江纵队政治部发现前段妇女工作中存在“空喊妇女解放，提出一些脱离实际的空头口号”的问题，即于2 月 21 日发出“关于发展本区妇女运动的指示”，对此提出批评，并下令纠正。通知指出：“有许多封建恶习，有了几千年的历史传统，不是一下子就能改变过来的，要靠我们耐心说服解释工作。在工作过程中，一些妇女接受了革命的思想，由于过分的热情，不免会提出一些过左的要求的……对于这些妇女群众，我们应该很好安慰她们，指出妇女解放、男女平等不是马上就可以完全实现的，还要经过艰苦的斗争才可以，要鼓励她们重回到家庭内很好地团结妇女，努力生产，做一个革命的贤妻良母、生产英雄。”② 所有这些，都充分证明了东江地区的党组织一贯非常注意根据实际情况制定各项方针、政策和进行具体工作，力戒空谈和不切实际的倾向。

（三）东江民众的创新精神和务实作风在社会生活习俗演变中的明显体现

东江人民不拘成规、勇于创新的品性，还表现在生活习俗的各个方面。民国时期，东江地区举凡马力机帆船、公路、铁路、电报局、邮政局、无线电台、长途电话等现代交通、通讯设施，均有所兴建，男剪辫，女放足，西装、

① 《东江纵队志》编辑委员会编：《东江纵队志》，解放军出版社 2003 年版，第264～268 页。

② 《东江纵队志》编辑委员会编：《东江纵队志》，解放军出版社 2003 年版，第712～715 页。

中山装、学生装创制并迅速流行。[①] 在文娱体育方面，新型话剧、篮球、排球、乒乓球、足球等新型运动项目，也逐渐普及开来。民俗方面，一些带政治性的节日，如妇女节、植树节、劳动节等日渐流行，“以其新思想、新观念和新的生活方式影响着东江民众”[②]。民间婚俗也显示出主体演变与局部延续的特征。受西风东渐的影响以及随着广东资产阶级改良派人物如康有为、梁启超，革命派人物孙中山、廖仲恺等对封建婚姻观念和制度的抨击，自由恋爱、自主婚姻、男女平等及离婚自由等习尚，逐渐流传开来。“进入民国以后，东江区域相继发生的重大历史事件和先后出现的众多政治家、革命家，特别是东江农民运动的兴起和高涨，两次东征在东江，东江苏维埃政权的创建和东江抗日根据地的创建和建设，又从不同侧面促使着旧婚俗在东江的演变。”[③] 在丧葬礼俗方面，丧事戴黑纱、送花圈、开追悼会等新式丧礼在城乡率先出现。“1925 年 3 月 20 日，淡水各界在谭公祠举行大会，悼念孙中山逝世；1925 年 9 月 16 日，国民党惠阳县党部组织惠州各界 3 000 余人在惠州公园举行追悼廖仲恺大会；1925 年 10 月 16 日，东征军指挥部在惠州城第一公园追悼攻打惠州阵亡将士大会。此外，在东江苏维埃根据地和东江抗日根据地内，对那些壮烈牺牲的中共党员、革命将士举行追悼会以示纪念等活动，都从一定程度上为改变旧有丧葬礼俗，树立丧葬新风尚产生过作用。”[④] 礼俗也发生了明显的变化。“‘同志’、‘握手’、‘您好’、‘敬礼’ 等新的方式和社交方式，不仅在城市、在上层社会、在公职人员和知识界中出现，而且在革命根据地和革命军队中，在工人、农民、学生的各种组织中也较普遍地出现，社交礼仪中反映出的平等精神，在一定程度上影响着东江民众社交方式的更新。”[⑤]

上述东江区域近代文化生活方面的诸种变化，有的直接与革命斗争息息相关，承载着浓郁的红色文化内涵；有的虽然并不直接与政治斗争相连，但仍然反映出东江民众敢于对新事物、新思想取“拿来主义”的态度，同样从一个侧面表现出东江文化中积极进取、敢于开拓的创新精神。

---

① 惠东县地方志编纂委员会编：《惠东县志》，广东人民出版社 2003 年版，第 883 页；博罗县地方志编纂委员会编：《博罗县志》，中华书局 2001 年版，第 703 页；惠阳市地方志编纂委员会编：《惠阳县志》，广东人民出版社 2003 年版，第 1642 页。

② 成晓军等著：《近现代东江社会变迁研究》，河北人民出版社 2008 年版，第 280 页。

③ 成晓军等著：《近现代东江社会变迁研究》，河北人民出版社 2008 年版，第 283 页。

④ 成晓军等著：《近现代东江社会变迁研究》，河北人民出版社 2008 年版，第 291 页。

⑤ 成晓军等著：《近现代东江社会变迁研究》，河北人民出版社 2008 年版，第 294 页。

四、昂扬向上的乐观主义精神和奋斗不已的大无畏英雄气概

构成客家文化重要元素之一的自强不息、坚韧不拔的奋斗精神，在东江红色文化要素中得到了充分的展现和继承发扬。东江人民在革命斗争过程中，一旦认准了目标，便义无反顾、前仆后继地投入革命洪流之中。遭遇挫折和失败时，从不气馁和悲观，从不丧失信心和斗志；在面对死亡的威胁时，从不畏惧和退缩。这种昂扬向上的乐观主义精神和奋斗不已的大无畏英雄气概，不但表现在东江人民的革命斗争实践中，而且也在革命先烈和斗士们留下的诗词、歌谣、文章、书画中，得到了淋漓尽致、有声有色的体现。

（一）东江地区先驱者的奋斗牺牲精神

廖仲恺先生一生出生入死，历险无数，然其勇毅果断、取义成仁的革命精神，从未受到影响。1910 年，他奉孙中山之命到天津、东北进行秘密工作。面对清王朝的黑暗势力，他始终保持着坚定信念和革命乐观精神，在《吉林岁暮杂感》一诗中写下“松柏励初志，风霜改素颜”的诗句。1922 年 6 月 14 日，陈炯明诱捕了廖仲恺，将其囚于石井兵工厂 62 天。在身陷囹圄、生死未卜之际，廖仲恺作《留诀内子》，高呼“生无足羡死奚悲，宇宙循环活杀机”、“我身虽去灵明在，胜似屠门握杀刀”，同时所作之《诀醒儿承儿》诗，用浅俗的话语教导年幼的儿女：“躯体本是臭皮囊，百岁会当委沟壑。人生最重是精神，精神日新德日新。”《在壬戌六月禁锢中闻变有感》诗中，他大义凛然地怒斥“窃钩盗国”之流，抒发“征羽不调弦亦怨，死生能一我何哀”的胸中块垒，置生死于度外的坦荡从容，表现得淋漓尽致。[①] 1925 年 8 月，有人欲刺杀廖先生的传言不胫而走，廖仲恺丝毫不为所动。他对夫人何香凝直言道：“我生平为人做事凭良心，自问没有对不起党，对不起国家，总之，生死由他去，革命我总是不能松懈一步的。”他对朋友们说：“听说他们（指国民党右派）暗杀的家伙，不是用手枪，而是用盒子枪、手提式机关枪，我倒要尝尝它的滋味呢！”在 8 月 18 日国民政府的一次会议上，汪精卫递给他一张纸条，告之有人将对他不利。廖仲恺当即表示：“为党为国而牺牲，是革命家的夙愿，何事顾忌！”8 月 19 日，又有人向他报告关于行刺的确切消息，廖仲恺慷慨激昂地答道：“值此党国多事之秋，个人生死早置之度外，所终日不能忘怀

① 尚明轩、余炎光编：《双清文集》（上卷），人民出版社 1985 年版，第 62、398 ~ 399、406、396 页。

者，为罢工运动及统一广东运动两问题尚未解决！”[①] 英勇豪气，掷地有声！廖仲恺先生擅长书法，其书于1924年冬“富贵不能淫，贫贱不能移，威武不能屈”之立轴及“不问动机，但观结果，杀身成仁，死得其所”之墨宝，[②] 大气磅礴，质朴淳厚，凝炼饱满，力透纸背。这既是先生立身处世的座右铭，也是他崇高情操的真实写照。

优秀的民族民主革命家邓演达先生，一贯忠于新三民主义和三大政策。当国民党反动派背叛革命之后，面对白色恐怖，他大义凛然，坚持与国民党作坚决的斗争，并组建农工民主党，直至最后献出宝贵的生命。另一位东江地区的伟大的革命家叶挺将军，戎马一生，历经磨难，屡受委屈和误解，但始终保持着坚定的革命信念和昂扬向上的乐观精神。无论是在大革命失败之后被迫出走欧洲，还是在极端困难的情况下执掌新四军，抑或幽禁于国民党上饶集中营和暗无天日的桂林山洞，从未动摇过革命的信心，并在狱中写下了正气凛然的《囚歌》，发出伟大的呐喊：“我只期望着那一天，地下的火冲腾，把这活棺材和我一起烧掉，我应该在烈火与热血中，得到永生！”[③]

东江苏区中共领导人古大存也是一位豪放诗人。他曾吟诗一首：“自怜非蠢亦非狂，战事输赢孰可量。本为斯民出痛苦，敢将败北怨存亡！梅开雪岭何知冷，剑伏丰城愈见芒。同志坚持心铁石，万钧重任我担当。”1934年底，古大存一行数人转战到一座大山路口，忽见石壁上写着一首劝降诗：“共产十年闹翻天，上山游击苦难言。山重水尽已无路，赶快投降莫迟延。”他鄙夷地一笑，沉思片刻，顺手拾起一块木炭，在劝降诗旁奋笔疾书：“幼习兵戎未习诗，诸君何必强留题。江南美味你先食，塞北寒风我自知。解带结缰牵战马，扯袍割袖补征旗。雄师百万临城下，且看先生拱手时。”[④] 东江地区早期领导人也是五兴龙革命根据地的创建人之一的古柏，慰问苏区受灾军民时，曾挥毫赋诗勉励大家：“已经革命掀高潮，要有坚贞不屈挠。任你飘摇多挫折，中流矗立阻波涛。风交夜宿多欢渡，弹雨枪林莫惧劳。故土家乡休恋念，与民团结共同袍。”[⑤] 这些诗句充分体现了共产党人刚毅不屈的英雄气概，洋溢着坚信

---

① 周兴樑著：《廖仲恺和何凝香》，河南人民出版社1989年版，第247页。

② 尚明轩、余炎光编：《双清文集》（上卷），人民出版社1985年版，书前插页“廖仲恺手迹之一”及“之四”。

③ 卢权等著：《叶挺传》，河南人民出版社1987年版，第210页。

④ 袁小伦：《东江苏区的红色歌谣》，见中共广东省委党史研究室编：《论东江苏维埃》，广东人民出版社2000年版，第223页。

⑤ 廖兴军：《试论五兴龙革命根据地斗争的经验教训》，见中共广东省委党史研究室编：《论东江苏维埃》，广东人民出版社2000年版，第331页。

"共产主义一定要实现"的万丈豪情。而当时苏区流行的革命歌谣，则用通俗、质朴的语言，表达了同样的心声："山歌唔唱唔风流，猪肉唔煎唔出油。黄麻唔打唔成索，共产唔行唔自由。敢于革命妹唔愁，唔怕白鬼杀我头。……柬多姊妹你莫愁，唔怕白鬼杀我头。藤断自有篾来驳，革命成功就出头。"①即使是在大南山根据地丧失后，东江人民对革命必胜的坚定信念仍毫不动摇。一个老战士写道："南山劫后剩火灰，人心不屈像火煤。灰盖火煤保火种，春风一到遍地飞。"②

（二）东江民众的奋斗牺牲精神

东江地区先驱者的高尚品德，为在争取自由和解放的征途中勇往直前的东江人民提供了不可遏制的精神和文化动力。土地革命时期，国民党反动派重兵"围剿"东江革命根据地。1932 年，敌人实行白色恐怖的烧杀"剃头政策"。每到一处，"发狂地焚烧杀劫，逢人便杀，逢屋便烧，逢山烧山"③。1934 年初，海陆紫的革命斗争也遭到失败，根据地全为敌人所占领。"仅据紫金炮仔一地统计，从 1928 年到 1933 年，国民党反动军队进行了 32 次'围剿'，全家被杀光的 320 多户，被掠去拍卖和被围困饿死的干部、群众 3 000 多人，房屋被烧毁 15 000 多间，耕牛被劫走 2 000 多头。"④ 但是，苏区人民并没有被敌人的嚣张气焰吓倒，没有因暂时的失败和挫折而沮丧。他们到处传唱这样的歌谣："张内（古大存的化名）同志起因头，领导穷人晤使愁。革命总有成功日，茅屋烧掉住洋楼"；"小溪出水大溪流，同志姐妹处处有。今日重上铜鼓嶂，来日下县打九州"，继续顽强与敌人斗争。⑤ 东江民众紧跟共产党，为保卫苏维埃政权抛头颅，洒热血，可歌可泣的事例不胜枚举。如龙川县登云桥头村共产党员郑秋林，1928 年 4 月不幸被捕牺牲。其父被捕入狱之后，自豪地对狱中难友说："我有这样的儿子，无上光荣，秋林死当无愧！"敌人迫其写

① 廖兴军：《试论五兴龙革命根据地斗争的经验教训》，见中共广东省委党史研究室编：《论东江苏维埃》，广东人民出版社 2000 年版，第 229 页。

② 中共广东省委党史研究委员会等编：《东江革命根据地史》，中共党史资料出版社 1989 年版，第 285 页。

③ 中共广东省委党史研究委员会等编：《东江革命根据地史》，中共党史资料出版社 1989 年版，第 250 页。

④ 中共广东省委党史研究委员会等编：《东江革命根据地史》，中共党史资料出版社 1989 年版，第 261 页。

⑤ 中共广东省委党史研究委员会等编：《东江革命根据地史》，中共党史资料出版社 1989 年版，第 100 页。

信劝告儿子美林自首，他拍案怒斥反动派猪狗不如，最后也被折磨致死于狱中。秋林父子牺牲后，秋林的儿子文庆、文杰、文丙、文华在叔父美林的指引下，继承祖父、父亲的事业加入革命队伍。其后，文庆、文丙兄弟也先后为革命壮烈牺牲。苏区的人民正像红色歌谣传唱的那样："父亲殉难子接枪，丈夫牺牲妻向前。哥哥战死弟冲上，叔伯阵亡侄儿顶。"[①] 1935年到1936年，国民党反动派千方百计妄图炸毁潮汕大南山的石刻革命标语，群众则竭尽全力进行保护，同敌人进行坚决、持久而又巧妙的斗争。他们或在石刻标语上涂盖上纸进行保护，或在其旁边焚烧藤草进行遮盖，或发动全村人挑土把路面抬高，把石刻标语掩住。[②] 至今，这些石刻标语仍在，成为东江人民不屈不挠的革命精神象征。

在中国大地上，很少有哪个地方像东江地区那样在辛亥革命、大革命、土地革命和抗日战争各个时期一直都成为革命和反革命剧烈对峙的战场。人口相对稀少的东江人民为此付出了巨大的代价和牺牲，仅在土地革命斗争中，东江人民为革命事业献出生命的就超过1.3万人。[③] 抗日战争期间，中共领导的东江地区抗日武装据不完全统计，牺牲指战员2 500多人。然而，东江民众的革命斗争火焰，一刻也未曾熄灭过。如果在文化和精神的层面上，没有昂扬向上的乐观主义精神和奋斗不已的大无畏英雄气概，这种情况是绝不可能发生的。

五、砥砺品性、厚德崇文的深厚底蕴

崇文必厚德。东江民众的淳朴和正气，造就了一大批刚正不阿、清正廉洁的历史名人。这一优良传统，在东江地区红色文化中，也得到了继承和升华。

（一）廖仲恺等人对东江地区厚德崇文等传统的继承和发扬

在资产阶级民主革命家中，廖仲恺无愧为一位品德高尚的佼佼者。民国元年以后，他屡掌财权，20多年如一日，每次卸任移交时，"没有一笔不清楚的

① 中共广东省委党史研究委员会等编：《东江革命根据地史》，中共党史资料出版社1989年版，第197页。

② 中共广东省委党史研究委员会等编：《东江革命根据地史》，中共党史资料出版社1989年版，第284页。

③ 中共广东省委党史研究委员会等编：《东江革命根据地史》，中共党史资料出版社1989年版，第275页。

账目，没有一宗无本人签字的收条的支款”[①]。时人称颂他“署中无一私人，取受无一私财”。跟随廖先生多年的职员心悦诚服地感叹道：“我们任职财政部门十余年，所见长官不少，然无一人能及廖勤政廉洁者。”[②] 一次，香港的亲戚给廖先生带来一些牛奶、饼干、罐头等礼物，他却叮嘱犯病的女儿不要吃，把这些礼物全都送给了有病的工人。[③] 大革命时期，廖仲恺先后担任过20多个党政要职，经常一天工作十六七个小时。为筹办黄埔军校，廖仲恺殚精竭虑、呕心沥血。军校创办之初，经费不足，他四处向亲戚、朋友筹借，甚至多次拿出自己家的财物去典押。连蒋介石也不得不承认：“学子成业，党军成师，皆赖先生之殷勤训诲，辛苦经营。”[④] 1924年12月，广州市郊区第一区芳村农民协会委员长林宝宸被地主民团枪杀，廖仲恺得知后，十分气愤，断然拒绝亲戚说情，立即要求将主谋袁础立（为廖仲恺妹夫的妹夫）逮捕法办。廖仲恺生前常说：“为官不能爱钱，爱钱则民穷，民穷则国弱。”[⑤] 他长期掌管国民党的财务，而牺牲时家无余财。他多次语重心长地告诫身边的同志，社会恶习就像传染病一样，也能传染人。要自加珍重，才能免受感染。1925年9月广东追悼廖先生大会盖棺定论，谓廖仲恺“若论其人格，则仁慈平易，勇猛精进，忠诚坦率，廉朴狷介，兼而有之”[⑥]。

廖仲恺高尚品德的形成，与其自幼即浸润中华文化的背景分不开。他曾表白过：昔读宋史，十分敬佩不畏权贵、除奸为国的陈了翁之人格。[⑦] 对先贤的敬慕和学习，是塑造高尚灵魂的重要途径，所以廖仲恺十分重视民智的启迪和文化的普及。他总结道：“国家的主权在人民，人民必须具有主义，有精神，有远大眼光，国家才能兴盛，不然国家总归衰弱，……所以识字问题是最紧要解决的问题，如被无知识的人来做个主权者，一定弄到国家陷于崩坏的情形，这是亡国的兆头。求国家发达，而不解决识字问题是自相矛盾的。……国家必先解决识字问题，然后可以得太平。”[⑧] 国共合作初期，廖仲恺大力提倡开办劳工学校，支持广州工人代表会开办工人运动讲习所，培养工人运动骨干，指

---

① 何伯言等著：《廖仲恺》，中国文化服务社1941年版，第32页。

② 周兴樑著：《廖仲恺和何香凝》，河南人民出版社1989年版，第51页。

③ 周兴樑著：《廖仲恺和何香凝》，河南人民出版社1989年版，第193页。

④ 陈以沛编著：《廖仲恺研究》，广东人民出版社1989年版，第111页。

⑤ 廖梦醒：《缅怀遗爱话当年》，载《大众电影》，1983年第10期。

⑥ 仲恺先生纪念筹备委员会印：《廖陈两同志死难周月告国民》，载《廖仲恺先生哀思录》，1925年8月内刊，第1页。

⑦ 广东省社科院历史研究室编：《廖仲恺集》，中华书局1983年版，第231页。

⑧ 广东省社科院历史研究室编：《廖仲恺集》，中华书局1983年版，第163～164页。

示国民党宣传部与工人部组织“广州市工人演说比赛会”，以收训练工人骨干之效。他积极为广州工人运动讲习所的开办解决经费、校舍等困难，在讲习所第一、二、三届开办后，百忙之中仍坚持兼课，亲自给学生讲授“农民运动所应注意的要点”等课程。陈炯明是秀才出身，自幼饱读儒学典籍。“他早年即重视社会改革，主张厉行禁赌，要求停止就地正法，提拔祖尝以兴工艺，带头纠举惠州知府，注重社会均平。”他从事政治活动之初，即在海丰兴办学校、报纸，并鼓吹在广东全省设立游民教养院、联合教育会劝学所、女子小学等。他尤其重视平民教育：“余以为救中国之危亡，非急施以一种平民的精神教育，以促国民自觉自决，而图根本之改造不为功”，强调积极办义务教育、社会教育、职业教育“极切要”。他还主张倡导建新大学，向欧美派遣留学生，期望留学生能反哺祖国。接受了“五四”运动的洗礼后，陈炯明深切关注思想启蒙运动，形成了中国改革事业必须思想领先的思路：“我们如要创造一个新世界，完成健全的进化，一定先要改造全人类的思想。”1922 年 3 月到 4 月间，手握数万雄师的陈炯明为修葺惠州西湖发起募捐。他在其所撰《修理惠州募捐序》中开宗明义指出：“民德之陶冶，莫良于美育，此治群者之所同认也。顾美莫过于天然，而天然莫过于山水，……然则山水之美，非将以游息焉而已，无形之中，所以养成人类纯洁之志操，与渊懿之意识者，至深见伟，而于有道君子，则契合尤深。”① 从这些人物的言行中不难看出，近代东江地区的主流文化中，崇尚文教、提倡德政已成共识。

（二）中共领导下的东江民众对东江地区厚德崇文等传统的继承和弘扬

在革命斗争实践中，东江地区的共产党员和红军战士，将中国传统文化中一贯推崇的仁、义、廉等美德，升华为全心全意为人们服务，为人民利益而无私奉献的共产主义精神。土地革命战争时期，党组织坚持对全军将士进行经常性的群众纪律教育，不断清除旧军队的各种恶习，使官兵自觉地做到以人民为父母，对人民利益秋毫无犯。共产党员更是以身作则。军长古大存每到连队，都告诫指挥员要关心乡亲的生活问题，要多听群众意见。对乡亲代买或借来的门板、草席等卧具，必须在离开前归还原主或放回原位，临时驻地必须打扫干净后部队才能撤走。特别是红十一军被围困或转移到深山幽谷的困难时日，所借粮菜均登记清楚，一旦打土豪弄来粮食、食盐等物资，或者从白区购运蔬菜

---

① 段云章：《惠州西湖蕴涵深——陈炯明等〈修理惠州西湖募捐序〉窥探》，见成晓军主编：《东江文化纵横谈——首届东江文化全国学术研讨会论文集》，暨南大学出版社 2010 年版，第 209 ~ 217 页。

粮副食品回来，都先如数还给群众。“军长率先垂范，与全体官兵在政治上、生活上保持平等。红十一军成立前后的近一年中，仅发过两次饷钱（生活费），每次是小洋毫银四角，战士同军长皆同等待遇。古大存同志绝无例外津贴。当年发给每人一套新军装，许多同志都欢欢喜喜地穿起来，唯独古大存军长仍穿着补丁衫裤。据说，他把新军装先给身边的战士穿，等到新衣褪色变旧了，他才取回来穿。”“1930 年 6 月，红十一军攻陷揭阳新亨镇后，军长、政委亲自看望生病伤员。为了更多的伤病员能用药，古大存等将领生病了也极少去取药。”① 1933 年 3 月，为了应对敌人的围剿，中共东江特委对党政军干部做出了节衣缩食的决定，“对机关人员的药费、穿衣、零用以及招待来往人员的伙食费都一一做了详细的规定”，坚决厉行节约，官兵平等。② 东江革命根据地的“交通员多次到中央苏区提款上送，带着黄金、银元和现钞，有时黄金多达几斤、十几斤，长途奔波，历尽艰辛，饥寒交迫。可是，他们一身正气，严于律己，绝不动用自带经费一分半毫，全部送交党组织”③。在某种意义上可以说，素来为群众赞扬、推崇的旧时体现在个别优秀人物身上的高尚品德，业已成为每一个共产党员、红军战士自觉遵循的道德规范。

文化教育方面，东江地区自古就有重教兴文的传统。清末“新政”之后，东江地区开始出现新式学堂。中华民国成立后，各种新式学堂陆续增加。不仅如此，自清末至民国初年，不少东江地区青年进入省城广州和外地读书，“有的还留学德、法、日、美等发达资本主义国家”④。大革命时期，东江地区的党组织和根据地政权，十分重视教育和知识分子的作用。一大批知识分子被吸收进党内，成为革命的骨干和领导者。海陆丰根据地初创时期，“东江特委贯彻执行了广东省委‘尽量吸收在此次暴动中勇敢的工农兵和知识分子入党’的指示”，大南山根据地也在干部政策上“相当程度的抵制和纠正了王明所谓‘彻底改造党的领导机关’、排斥知识分子干部的错误政策，明确提出：‘对愿意终身为无产阶级利益而奋斗的许多知识分子，是不应当拒绝的。’”⑤ 1932

---

① 洪汉文：《略论红十一军建军的基本经验》，见中共广东省党史研究室编：《论东江苏维埃》，广东人民出版社 2000 年版，第 151 ~ 153 页。

② 李秀珍：《东江苏维埃法令的制定与现代化法制建设》，见中共广东省委党史研究室编：《论东江苏维埃》，广东人民出版社 2000 年版，第 219 ~ 220 页。

③ 陈万安：《继承和发扬革命前辈勇于开拓的精神》，见中共广东省委党史研究室编：《论东江苏维埃》，广东人民出版社 2000 年版，第 118 页。

④ 成晓军等著：《近现代东江社会变迁研究》，河北人民出版社 2008 年版，第 160 页。

⑤ 转引自中共广东省委党史研究室编：《论东江苏维埃》，广东人民出版社 2000 年版，第 128 页。

年4月，东特委扩大会议改组了特委。改组后的特委委员共11人，其中知识分子占6人；5名党委中知识分子占了3人。[①] 土地革命时期，尽管武装斗争的枪声从未间断，东江革命根据地的党政组织仍然十分重视学校的开办和教育的普及。1929年12月，海陆惠紫革命委员会制定的12条政纲中，第六条就规定："增加教育经费，普及工农教育。"1930年5月召开的东江第一次工农兵代表大会通过了《革命政纲》，其中第九条规定："妇女在政治上、经济上、教育上与男子平等。"第十条规定："兴办免费学校，增加教育经费，提高小学教师生活（水平）。"[②] 抗日战争期间，东江纵队和各抗日民主根据地都非常重视教育。1943年2月21日，东江纵队政委林平在致中共中央《东江这一年工作的报告与今后工作方针》的报告中，汇报到今后的工作任务，共计十条，其中第六条即强调："适应群众生活与要求，广泛组织民众，提高民众文化水平。"[③] 1944年2月1日，"东江纵队政治部对当前政治工作的指示信（纵一号）"第四条第五款指示："半年内须达到全军扫除文盲的目的，对于新旧战士必须实施一千字的文化识字教育（教材由本部发出）。"[④] 1945年2月21日，《东江纵队政治部关于发展本区妇女运动的指示》，第三条指出："大大开展妇女识字运动，提高妇女的觉悟。照以前妇女工作经验，要很好地发展妇女工作，必须要与识字运动联系起来，从组织妇女识字过程中去提高妇女的觉悟性。"[⑤] 1945年3到4月，东江纵队政治部召开的路西、路东和惠东国事座谈会通过的《对于建设东江抗日根据地的施政纲领》第八条规定："实行战时教育，普及农村文化，加紧培养干部，提高人民文化水平及政治水平，保护与优待流亡学生及失业青年。"[⑥] 纵队领导还不断总结经验，根据实际情况，对文化教育工作提出切实可行的建议和指示。1944年1月21日，纵队政委林平在"关于中国共产党在东江地区实施各项政策问题的谈话"中着重指出："在文化教育政策上，第一，积极推动、开办学校、识字班、夜校，使所有儿童、青农、妇女都有读书识字的机会，实行普及教育。第二，实施成年补习教育，加

---

① 中共广东省委党史研究委员会等编：《东江革命根据地史》，中共党史资料出版社1989年版，第248页。

② 中共广东省委党史研究委员会等编：《东江革命根据地史》，中共党史资料出版社1989年版，第140页。

③ 《东江纵队志》编辑委员会编：《东江纵队志》，解放军出版社2003年版，第503页。

④ 《东江纵队志》编辑委员会编：《东江纵队志》，解放军出版社2003年版，第650页。

⑤ 《东江纵队志》编辑委员会编：《东江纵队志》，解放军出版社2003年版，第713页。

⑥ 《东江纵队史》编写组编：《东江纵队史稿》，广东人民出版社1983年版，第112页。

强干部教育，推广通俗书报，奖励自由研究，提倡科学知识和文艺运动，欢迎科学艺术人员，保护流亡学生与失学青年，实施公务人员的两小时学习制。第三，在遵守政府法令的原则下，允许任何外国人在本区作宗教与文化的活动。”① 由于党组织的高度重视和民主政权的大力提倡，东江敌后抗日根据地的文化教育事业迅速发展。“东江行政督导处创办了一所新型的‘东宝中学’，培养革命人才。惠东行政督导处召开中小学会议，重新制定教学大纲，修改教材，广泛开办识字班和夜校。”② 在抗日游击区，几乎村村都有夜校，群众到学校学习文字、算账等文化知识和抗日救亡的道理。不少群众通过学习，深受教育和启发，走上了革命道路。”③

抗日战争期间，东江民众厚德崇文的事例中，最令人难忘的是营救失陷香港的一批文化精英的壮举。从 1942 年 1 月 11 日开始，遵照党中央南方局的指示，经过几个月的紧张营救工作，担负直接营救任务的中共广东地方组织和东江游击队，几经周折，历尽艰险，克服重重困难，终于将文化界人士、爱国民主人士共 800 余人从日军虎口中胜利营救出来。其中文化界知名人士就有何香凝、柳亚子、茅盾、邹韬奋、夏衍、胡绳等 300 余人。“这场秘密大营救行动，规模之大，历时之久，行程之远，涉及面之广，被营救人之多，都是前所未有的。”④ 在大营救的过程中，东江游击队指战员遇到了如经费不足、敌情严重、缺食少药、与外省的文化人之间语言不通等困难。但是，他们都想尽办法一一克服。如有的文化人士为了减轻负担，把行李丢掉，战士们就一件件捡起自己背，当时部队和群众生活极为艰苦，长期只能以稀饭、瓜菜及野果充饥，但仍千方百计筹办粮食和肉类，供给文化人士，用奇缺的药品为他们治病，并邀请他们参加部队各项政治文化活动，召开座谈会听取他们对部队工作的意见，发自内心的热情和尊重，使文化人士深受感动。这次成功的营救行动，“保护了祖国一大批文化界精英，对于进一步密切中国共产党同知识分子和爱国民主人士的关系，进一步调动知识分子和爱国民主人士的积极性，促进抗日民族统一战线的发展和巩固，以及对后来解放战争时期的人民革命统一战

① 《东江纵队志》编辑委员会编：《东江纵队志》，解放军出版社 2003 年版，第 643 页。

② 《东江纵队史》编写组编：《东江纵队史稿》，广东人民出版社 1983 年版，第 111 页。

③ 肖红松、杨学新：《深入挖掘东江根据地革命文化内涵，拓进东江文化研究》，见成晓军主编：《东江文化纵横谈——首届东江文化全国学术研讨会论文集》，暨南大学出版社 2010 年版，第 205 页。

④ 广东省档案局编：《东江纵队史料》，广东人民出版社 1984 年版，第 67 页。

线的发展和巩固均起到了积极作用，产生了深远的影响”①。

六、开发利用东江红色文化资源的意义与途径

东江地区红色文化资源是一个巨大的思想宝库，它为中国红色文化的形成和绽放作出了重要贡献，并由此奠定了东江地区在中国近代革命史上的独特地位。今天，我们应当在继承和研究的基础上，积极开发利用东江地区红色文化资源，使之在东江地区物质文明、精神文明和政治文明建设中发挥出应有的独特作用，并使其精神内核在历史发展的新时期，得到进一步的发扬光大。

（一）应准确、科学地总结和把握东江地区红色文化要素的内涵

我们在准确、科学、深刻地总结和研究东江红色文化要素的过程中，应利用各种渠道把对其认识全面、深入地宣传到全社会之中，使之成为东江地区每一个社会成员的共识。东江红色文化博大精深，论者可以从不同的角度、不同的层次加以论述和阐释。但是，对于它的实质，它的独特内涵，我们必须全面、准确和鲜明地加以理解和归纳。东江地区红色文化要素既与全国的红色文化具有相同的、共通的革命元素，同时又具有因其独特的历史和现实斗争经历而凝聚起的特色；既包容了东江地区传统文化的优秀成分，又具有新的时代内容和阶级特征。因此，我们对它不能停留在表象的、泛泛而谈的议论中，而应该从大量的、多姿多彩的文化现象中，归结出它的合理内涵。更重要的是，我们应该运用多种方式（包括报刊文章的宣传、乡土教材的讲授、学术会议的探讨、展馆故址的显示等等），尽可能地把东江地区红色文化要素的精神融入每一代东江人的血液之中，成为他们为人处世的重要准则和坚定不移的价值标准。

（二）必须处理好继承和发扬的关系

我们学习和研究东江地区红色文化，不仅是为了使不断更迭的东江人不忘先辈的丰功伟绩，不至于失落自己的文化根基；更重要的是应该薪火相传，将革命先烈的崇高品德发扬光大、代代相传，为先辈们未竟的伟大事业继续奋斗。时代在进步，历史在前进，后代不需要也不可能重复先辈们做过的事，后代面临的具体任务，并不与革命先烈们的如出一辙。但是，东江地区红色文化

① 成晓军主编：《东江文化纵横谈——首届东江文化全国学术研讨会论文集》，暨南大学出版社2010年版，第138～141页。

的精髓，它的根本原则，却具有永恒的价值。今天，我们固然无须再去为祖国救亡图存，然而，振兴中华的爱国主义精神却仍然是我们每个人的最高指导思想。今天，我们固然不必再去向西方去寻觅救国救民的真理，然而，在放眼世界，敢于和善于向他人学习的精神的同时，不故步自封、勇于创新，却同样是我们必须具备的胸襟。今天，我们固然无须审时度势地为东江地区创建和巩固革命根据地而殚精竭虑，但我们依然必须根据自己的条件，为东江地区的兴旺繁荣而辛勤努力。今天，我们固然无须怀疑暂时的失败和挫折会断送我们的美好前程，无须付出生命的代价去追求自由和解放，但是，在困难和挫折面前保持乐观主义的信念，为社会主义现代化事业贡献出自己的一切的思想却仍然具有普遍的意义。今天，我们固然不会再陷于愚昧、迷信和自私、卑劣之中，然而，渴求知识、尊重人才、树立高尚品德依然是我们必须追求和努力实践的目标。

（三）在讲求实效的过程中切忌急功近利

开发和利用东江红色文化资源，既要讲求实效，又要防止急功近利。当前和今后相当长的一个历史时期，经济建设是我们一切工作的重心，开发、利用东江红色文化资源，应该也能够服务于这一中心任务。大打红色文化品牌，提升东江地区在全国乃至世界的知名度；利用名人效应，扩大商机，吸引先进技术和投资，开设工业园区，带动和促进旅游观光业的发展……这一切，本来都是开发、利用红色文化资源的应有之义，也是促进东江地区经济腾飞的特殊优势，但是，我们必须清楚地看到，对于红色文化资源的开发、利用，归根到底是对东江人灵魂的塑造，是对东江人正确的人生观、价值观的培育。这是开发东江地区红色文化资源的本和纲。我们决不能本末倒置或以目乱纲。

（四）开发、利用的前提是发掘、维护、整理和研究

对红色文化资源开发、利用的前提，是发掘、维护、整理和研究红色文化资源。红色文化的载体，有物质性的，也有非物质性的。由于岁月的流逝，环境的变迁，既有人为的因素，也有自然的因素，都使这些载体易于损毁和湮没。对于这些红色文化载体的发掘、维护和研究，我们现在既有充分的能力，也负有十分紧迫的责任。近些年来，我们虽然在东江地区红色文化资源的发掘和建设上取得了重大的成就，整理和出版了一批相关历史文献，建立了一批纪念场馆，但同一些对红色文化利用和建设的先进地区相比，我们仍然存在着很大的差距，仍有许多重要工作有待完成。我们必须下大力气做好东江地区红色文化的讨论、整理和研究工作，并持之以恒。只有做好了这些工作，才能充分

利用东江地区的红色文化资源。

总之，东江地区这块无数先烈用鲜血滋润了的大地，蕴涵了丰富、深厚的红色文化资源。我们坚信，东江地区在社会主义现代化建设事业中，对红色文化资源的开发、利用，大有可为，也必将大有作为。

参考文献

1. 陈泽泓著：《潮汕文化概说》，广东人民出版社 2001 年版。

2. 田广林主编：《中国传统文化概论》，高等教育出版社 1999 年版。

3. 司徒尚纪著：《广东文化地理》，广东人民出版社 1993 年版。

4. 惠州市地方志编纂委员会编：《惠州市志》，中华书局 2008 年版。

5. 司徒尚纪著：《珠江传》，河北大学出版社 2001 年版。

6. 惠州市地方志办公室编：《惠州历史大事记》，中华书局 2005 年版。

7. 谭力浠等著：《惠州史稿》，1982 年内刊。

8. 清宣统朝：《续修广东通志》，上海商务印书馆 1934 年影印本。

9. 清光绪朝：《惠州府志》，惠郡城北文昌宫 1881 年刊本。

10. 清乾隆朝：《归善县志》，1988 年内刊。

11. 张友仁纂修：《博罗县志》，1988 年内刊。

12. 民国年修：《龙门县志》，羊城汉元楼 1936 年铅印本。

13. 吴颖纂修：《潮州府志》，广东人民出版社 1996 年影印本。

14. 惠东县地方志编纂委员会编：《惠东县志》，广东人民出版社 2003 年版。

15. 博罗县地方志编纂委员会编：《博罗县志》，中华书局 2001 年版。

16. 惠州市惠城区地方志编纂委员会编：《惠州志・艺文卷》，中华书局 2004 年版。

17. 惠阳市地方志编纂委员会编：《惠阳县志》，广东人民出版社 2003 年版。

18. 张习孔等编：《中国历史大事编年》，北京出版社 1986 年版。

19. 黄敏著：《惠州人才史稿》，江西人民出版社 2005 年版。

20. 中共广东省委党史研究室编：《论东江苏维埃》，广东人民出版社 2000 年版。

21. 《中国共产党东江地方史》编纂委员会著：《中国共产党东江地方史》，广东人民出版社 2001 年版。

22. 成晓军等著：《近现代东江社会变迁研究》，河北人民出版社 2008

年版。

23.《东江纵队志》编辑委员会编：《东江纵队志》，解放军出版社 2003 年版。

24. 广东省档案馆编：《东江纵队史料》，广东人民出版社 1984 年版。

25. 成晓军主编：《东江文化纵横谈——首届东江文化全国学术研讨会论文集》，暨南大学出版社 2010 年版。

26. 祝基棠等主编：《惠州名人》，文心出版社 1999 年版。

27. 惠阳县教育局编：《惠阳县教育志》，1999 年内刊。

28. 徐志达等著：《惠州文化教育源流》，广东人民出版社 2008 年版。

29. 张友仁编：《惠州西湖志》，广东高等教育出版社 1989 年版。

30. 杨奕青等主编：《惠州历史人物传》，中国文史出版社 2006 年版。

31. 中共广东省委党史研究室等编：《东江革命根据地史》，中共党史资料出版社 1989 年版。

32.《东江纵队史》编写组编：《东江纵队史稿》，广东人民出版社 1983 年版。

后　记

目前，全国各地都在重视文化建设的深入推进。文化建设，首先是对人的素质的培养提高；而人的素质，则涉及思维观念、价值取向、道德情趣、生活方式等深层内核。这就是文化对人、对社会的影响力。在文化建设的过程中，地区性、区域性文化的影响力、竞争力显得非常重要，因此各地都在花大力气深入挖掘本地历史文化资源，以求凸显自己的文化建设特色。而要深入挖掘本地历史文化资源，要凸显“人无我有，人有我独”的文化建设特色，就很自然地面临着对本地文化的科学定位问题。因为只有对本地文化作出合适的、科学的定位，才有可能对本地历史文化资源加以合适而科学地总结、梳理、开发、利用。

近十年来，在有关惠州文化如何定位的问题上，经历了一个不断探索、不断深化的过程。2004 年，惠州官方对惠州文化提出了旧“四东文化”的定位。由于这个定位的不科学性在文化建设的推进过程中日渐显现出来，2007 年则有新“四东文化”的提法。然而，新旧“四东文化”的定位，始终存在着缺陷，无法凸显惠州文化建设需要总结、梳理、开发、利用历史文化资源的特色所在，从而使人们对“四东文化”的定位问题一直存在质疑。尽管从一开始就有钟宣等一批具有厚重历史使命感和责任感的本土文化人，利用其丰富的学识和极强的思辨能力，对这个文化定位提出了不同的意见，但并未引起有关方面的高度重视。这是我最近才了解到的，当时并不知道这种情况。所以，当我在 2004 年开始就“四东文化”这个定位问题的合理性和科学性产生怀疑，着手对惠州文化定位问题进入专深探讨的时候，几乎是孤军奋战。经过两年思考之后，我于 2006 年申报获得校立项目“东江文化研究”，并同时申报获得惠州市科技局软科学项目“惠州文化竞争力与惠州城市综合竞争力关系研究”，发表了《惠州城市文化竞争力的几点思考》等多篇文章，且有三篇专题文章由市政府办以《调研论丛》形式印发，供市委、市政府、市人大、市政协班子领导传阅。在这个初步研究的基础上，我在将省社科基金资助项目“近现代东江社会变迁研究”成果结题之后，于 2008 年主持申报获得另一个省社科基金资助项目“东江文化研究”。由此，我对东江文化的研究步入了一个团队共同协作的阶段。

三年来，我们在发表中期研究成果的同时，利用各种方式宣传、推介东江历史文化，并将研究成果融入学科专业建设，收到了较好效果，产生了较大的学术反响和社会影响。2009 年 12 月，在时任惠州学院院长杨海涛教授和时任惠州学院副院长彭永宏教授的鼓励、支持之下，举办了首届东江文化全国学术研讨会，来自于全国七省市 80 余位专家学者，就“东江文化名称定位和东江文化属性”以及“东江文化开发利用”等七个专题，展开了富有学术价值和现实指导意义的讨论，多家新闻媒体对此次会议的学术观点作了专题报道，获得了较广泛的社会影响和学术反响。与此同时，《惠州学院学报》开辟了“东江文化研究”专栏，为校内外专家学者深入探讨东江历史文化提供了合适平台。随后，现任惠州学院院长彭永宏教授，无论在公开场合或私下交谈中都明确主张，惠州学院专家学者理应充当地方文化建设的引领者和开拓者，并将东江文化研究纳入惠州学院特色办学之中加以多方位扶植。2011 年 5 月，又在彭永宏院长和杨海涛书记等惠州学院领导的正确决策下，惠州学院东江文化研究院正式宣告成立。由此，东江文化的研究从人力、物力和财力方面都得到切实保障。我和“东江文化研究”项目组的成员们，在这三年来的研究过程中，不仅体会到学术研究的喜悦，同时感受到执著追求学术研究的客观性和科学性，显得多么必要和重要！2011 年底，由我主持申报的“东江文化综论系列课程”广东省优秀教学团队项目获得立项。今年 1 月，陈奕威市长在政府工作报告中明确将“东江文化”与“岭南文化”、“客家文化”并列定位，这从一个侧面说明，我们项目组成员多年执著研究东江文化所付出的辛劳没有白费。同时，这又无形之中激励着我们深入推进东江文化的研究，只有深入总结、梳理、开发、利用东江历史文化资源，为惠州文化建设提供合适的、科学的历史借鉴，才是回报惠州官方和社会各界给予我们研究成果的认可和厚爱的最好途径。

《东江文化概论》各章撰写者分别为：导言（成晓军）；第一章（成晓军）；第二章（成晓军、郑鲁晶）；第三章（成晓军、万齐洲）；第四章（杨凤）；第五章（余彬）；第六章（吴映萍、张菊梅）；第七章（徐旭阳）。全书由成晓军审订定稿。

《东江文化概论》属于集体合作研究成果，难免存在这样那样的缺点甚或错误。尽管文责自负，但我作为项目主持人，理应承担该书一切学术责任，而且首先要接受读者善意的批评指正。

《东江文化概论》既是学术专著，供热心东江文化的社会各界朋友参考借鉴；同时，更是为惠州学院有关学科专业必修课和选修课编写的必备教材。为此，我们在此书内容阐述过程中尽力兼顾学术专著和课程教材两重性。这是需要对读者加以特意说明的。

成晓军

2012 年 2 月于惠州学院困知书屋